L'ÈRE LIEBERMANN
à l'Opéra de Paris

Les auteurs

Mathias Auclair est conservateur en chef à la Bibliothèque-musée de l'Opéra (Bibliothèque nationale de France)
Christophe Ghristi est directeur de la dramaturgie, de l'édition et de la communication à l'Opéra national de Paris
Sylvie Jacq-Mioche est professeur d'histoire de la danse à l'École de danse de l'Opéra national de Paris
Martine Kahane est directrice du Centre national du costume de scène de Moulins
Aurélien Poidevin est attaché temporaire d'enseignement et de recherche en Histoire à l'Université Paris 8 Vincennes – Saint-Denis

Remerciements

L'éditeur et les auteurs souhaitent témoigner toute leur reconnaissance à Hugues Gall, membre de l'Institut, pour sa participation.

Ils tiennent également à remercier Nicolas Joel, directeur de l'Opéra national de Paris, qui a soutenu cet hommage depuis le début, ainsi que Brigitte Lefèvre, directrice de la danse, et Olivier Aldeano, administrateur du Ballet. Ils désirent aussi remercier l'Association pour le Rayonnement de l'Opéra de Paris (AROP) pour son soutien et notamment Jean-Louis Beffa, son président, et Jean-Yves Kaced, son directeur ; Stéphane Löber ; Catherine Heuls ; Monique Caron ; et enfin le laboratoire photographique de la direction technique de l'Opéra national de Paris pour son travail remarquable, et tout particulièrement Christian Leiber, Elena Bauer et Christophe Pelé.

Ils souhaitent remercier, enfin, à la Bibliothèque nationale de France :
Bruno Racine, son président,
Jacqueline Sanson, sa directrice générale,
Denis Bruckmann, son directeur des collections,
Thierry Grillet, son délégué à la diffusion culturelle,
Marc Rassat, son délégué à la communication,
Ariane James-Sarazin, chef de service, et Joël Cramesnil au service des expositions,
Françoise Tannière, à la mission Graphisme et charte graphique,
Cyril Chazal, Pieric Hirzel, Estelle Richard et Philippe Salinson au département de la Reproduction,
Joël Huthwohl, directeur, Caroline Raynaud et Laurence Moreau au département des Arts du spectacle, Pierre Vidal, directeur, Jean-Pierre Blanché, Guillaume Colin, Boris Courrège, Pauline Girard, Bruno Goueto, Maria Da Ajuda Santana, Jean-François Trémouille et Jean-Michel Vinciguerra à la Bibliothèque-musée de l'Opéra, Céline Eytens, Xavier Loyant, Marine Rigeade et Alessandra Lipari qui ont travaillé aux annexes de ce livre dans le cadre de stages au sein de cette institution.

Conception et réalisation : **PAPIER AND CO** pour les éditions Gourcuff Gradenigo
http://www.gourcuff-gradenigo.com
ISBN : 978-2-35340-095-9
Dépôt légal : 4e trimestre 2010
© 2010 Gourcuff Gradenigo, 8, rue de Lilas - 93189 Montreuil

Les documents présentés dans ce livre proviennent des collections de la Bibliothèque-musée de l'Opéra et du département des Arts du spectacle de la Bibliothèque nationale de France.

En application de la loi du 11 mars 1957 (art. 41) et du Code de la propriété intellectuelle du 1er juillet 1992, toute reproduction partielle ou totale à usage collectif de la présente publication est strictement interdite sans autorisation expresse de l'éditeur. Il est rappelé à cet égard que l'usage abusif et collectif de la photocopie met en danger l'équilibre économique des circuits du livre.

L'ÈRE LIEBERMANN
à l'Opéra de Paris

Sous la direction de Mathias Auclair et Christophe Ghristi

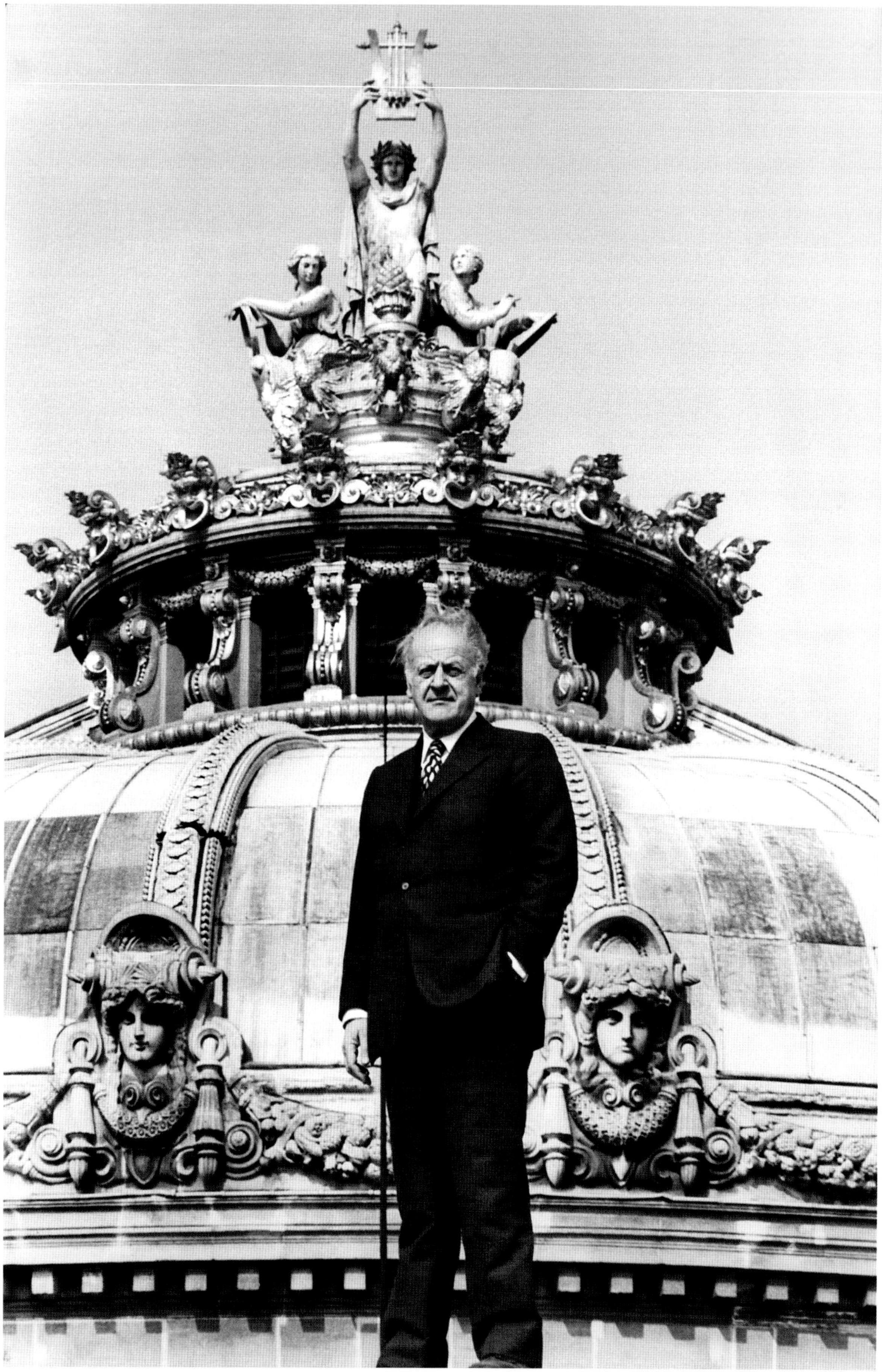

Sommaire

6   **Préface**
       Nicolas Joel

7   **Préface**
       Bruno Racine

9   **Trente ans après**
       Mathias Auclair et Christophe Ghristi

19   **« Ah mes amis, quel jour de fête… »**
       Martine Kahane

35   **Rolf Liebermann, administrateur de l'Opéra de Paris** (1973-1980)
       Mathias Auclair et Aurélien Poidevin

63   **La programmation lyrique de Liebermann**
      Un miracle inéluctable
       Christophe Ghristi

77   **Le ballet sous la direction de Rolf Liebermann**
       Sylvie Jacq-Mioche

85   **Sur scène**

271 **Annexes**
       Opéras, ballets, soirées, récitals et concerts
       donnés sous le mandat de Rolf Liebermann
       Sources et bibliographie
       Table des illustrations

Préface

par NICOLAS JOEL *directeur de l'Opéra national de Paris*

Musicien, compositeur, homme de culture, administrateur visionnaire, Rolf Liebermann restera comme l'un des directeurs les plus importants de l'Opéra de Paris. Les sept années de son mandat ont correspondu à une mutation profonde et nécessaire de notre institution : outre la modernisation de son administration, Liebermann sut reconstruire son répertoire et invita les artistes les plus significatifs de son temps – chefs d'orchestre, metteurs en scène, chorégraphes, décorateurs, artistes lyriques… Sans nul doute, il a remis l'Opéra de Paris au premier rang des grands théâtres lyriques internationaux. Au moment où Liebermann est arrivé à Paris, j'étais un jeune mélomane et ce sont notamment *Les Noces de Figaro* confiées à Giorgio Strehler qui m'ont montré ma voie à l'opéra. Tout y était, et d'abord la musique retrouvée de Mozart, la beauté, la sensibilité et la juvénilité. Il se trouve que de nombreuses années plus tard, j'ai retrouvé l'un des artisans de ce spectacle, le décorateur Ezio Frigerio, et qu'il est devenu l'un de mes collaborateurs les plus proches. En cette année où nous fêtons son centième anniversaire, l'Opéra national de Paris se devait et est heureux de rendre hommage à Rolf Liebermann. Nous avons repris à l'Opéra Bastille ces immortelles « Noces » et elles ont fait salle comble tous les soirs. En collaboration avec la Bibliothèque nationale de France, nous présentons aussi une exposition au Palais Garnier et un catalogue exhaustif : s'ils ranimeront de beaux souvenirs à beaucoup d'entre nous, ils dresseront pour tous le bilan complet d'une programmation exemplaire, sachant réconcilier la passion d'un artiste et les exigences du service public.

Préface

par BRUNO RACINE *président de la Bibliothèque nationale de France*

L'amateur d'art lyrique que je suis ne peut pas évoquer Rolf Liebermann sans qu'immédiatement, de merveilleux souvenirs ne me viennent à l'esprit : l'éblouissement produit par *Les Noces de Figaro* dans la mise en scène de Giorgio Strehler ou par Teresa Stratas dans la *Lulu* d'Alban Berg, si extraordinairement mise en scène par Patrice Chéreau dans les décors spectaculaires de Richard Peduzzi… Pour moi comme pour beaucoup d'autres qui ont eu le privilège de connaître cette époque, l'« ère Liebermann » était entrée dans la légende avant même qu'elle ait pris fin. J'ai donc accepté avec beaucoup d'enthousiasme que la Bibliothèque nationale de France, en collaboration avec l'Opéra national de Paris, organise une exposition dans les espaces de la Bibliothèque-musée de l'Opéra pour célébrer le centenaire de la naissance de celui que ses collaborateurs appelaient affectueusement et respectueusement « le patron ». Directeur artistique hors pair et administrateur toujours attentif au bien public, Rolf Liebermann a donné un nouveau souffle à l'Opéra de Paris. Il a été aussi un directeur soucieux de préserver, de valoriser et d'enrichir le patrimoine de son théâtre, veillant tout particulièrement à ce que la Bibliothèque-musée de l'Opéra puisse collecter régulièrement les archives artistiques des différents spectacles qu'il a conçus : nous lui en sommes aujourd'hui encore très reconnaissants. L'exposition et cet ouvrage qui l'accompagne rendent bien compte, d'ailleurs, de l'incroyable richesse des documents produits sous son mandat par les créateurs qu'il a conviés à Paris. Si le « miracle Liebermann » reste aussi en mémoire de ceux qui ont eu la chance d'y assister ou d'y participer, les prodigieuses collections laissées à la Bibliothèque-musée de l'Opéra grâce à l'action de ce grand directeur témoignent à ceux qui n'ont pas connu l'ère Liebermann que, par-delà les témoignages émus, par-delà la légende, elle a bien été l'une des plus fastueuses époques de l'Opéra de Paris et une importante étape dans l'histoire générale du théâtre et des arts.

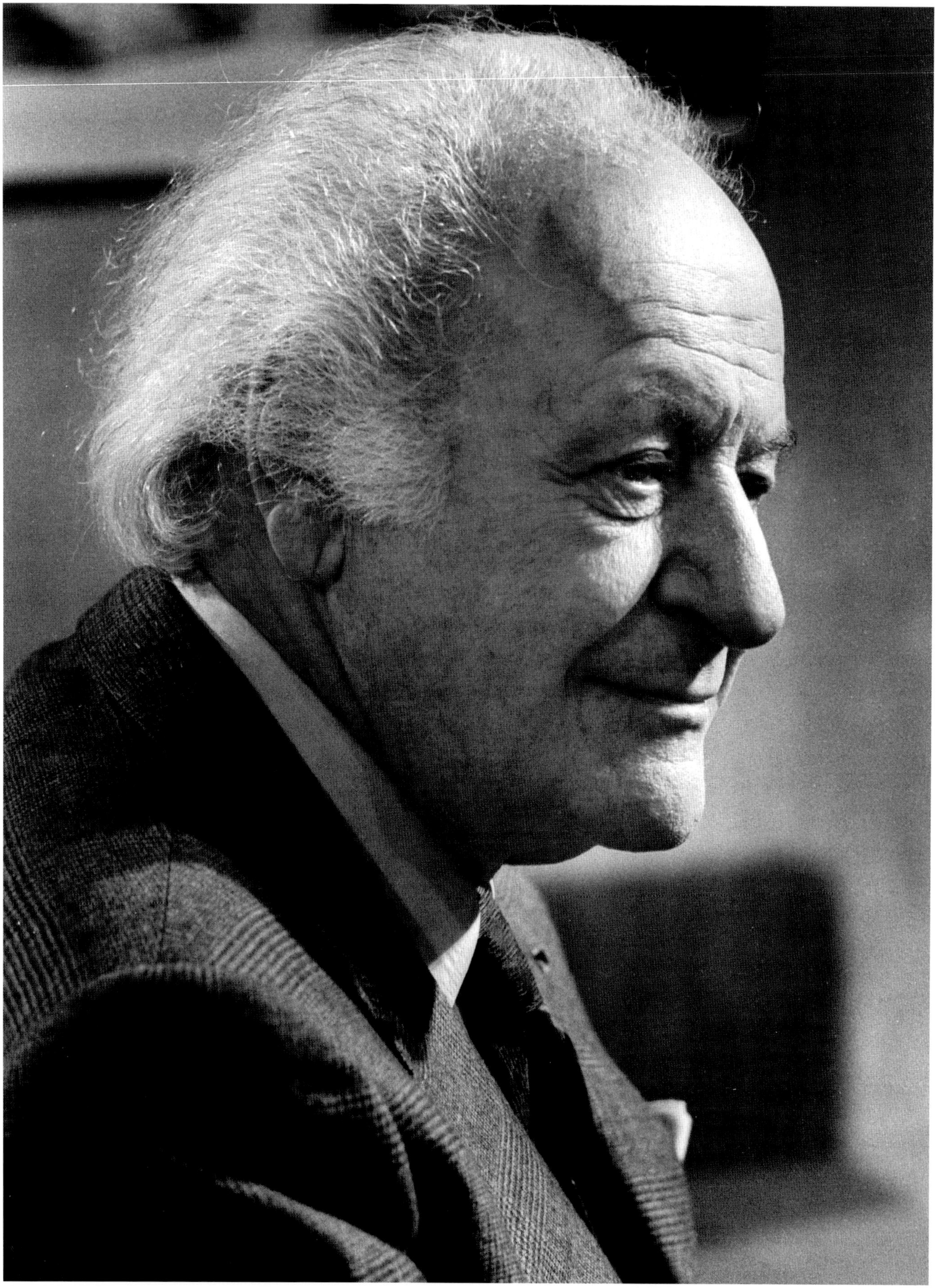

Trente ans après
par Mathias Auclair et Christophe Ghristi

L'histoire de l'Opéra de Paris est d'une rare stabilité et connaît pourtant de soudaines accélérations ou des tournants essentiels. En 1973, l'arrivée de Rolf Liebermann à la tête de cette institution tricentenaire et ses sept années de directorat ont relevé des deux à la fois. Ce qui est devenu l'ère Liebermann fut l'époque d'une restauration – celle d'un niveau comparable aux grandes maisons internationales et du prestige qui en découle – comme d'une révolution dans la politique artistique et administrative. En quittant la direction de l'Opéra en 1980, Rolf Liebermann avait dressé lui-même son bilan dans son livre *En passant par Paris*. Trente ans plus tard, à l'occasion du centenaire de sa naissance et de l'exposition présentée au Palais Garnier, il a semblé important à l'Opéra national de Paris comme à la Bibliothèque nationale de France de reprendre ce bilan, de le compléter et de l'illustrer. Entre-temps, nombre de ces spectacles – des *Noces de Figaro* de Strehler à la *Lulu* de Patrice Chéreau – et des artistes qui y ont collaboré – de Placido Domingo à Rudolf Noureev – sont devenus mythiques. On les retrouvera ici dans leur éblouissante jeunesse. Les différents essais qui dressent le portrait de Rolf Liebermann, qui expliquent son métier d'administrateur et qui évoquent sa politique artistique, sont complétés par une galerie en images des plus importants spectacles du mandat. Enfin, de volumineuses annexes décrivent minutieusement la programmation de cette légendaire « ère Liebermann ».

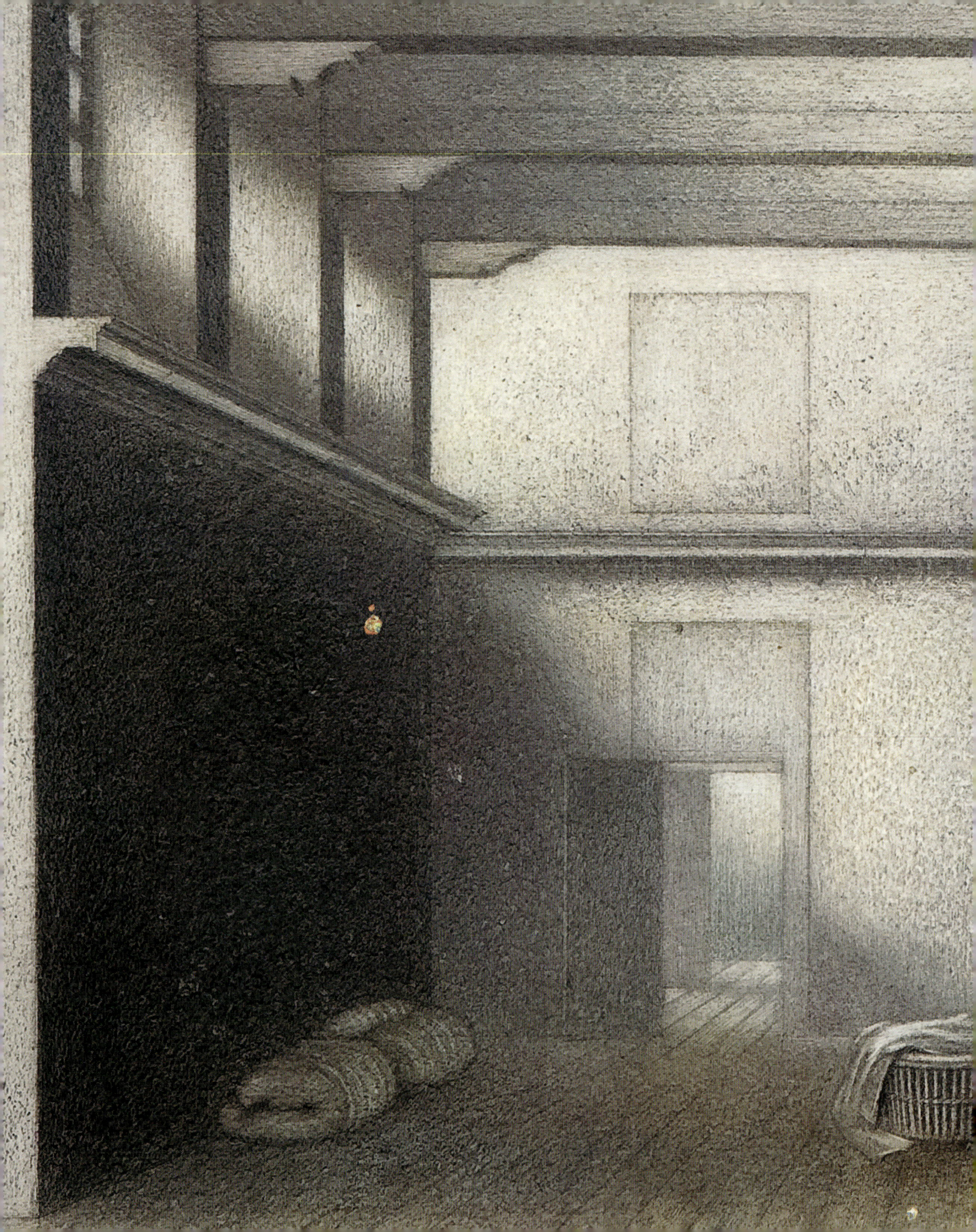

Ezio Frigerio. Une antichambre
esquisse de décor pour le premier acte des *Noces de Figaro*, 1973.

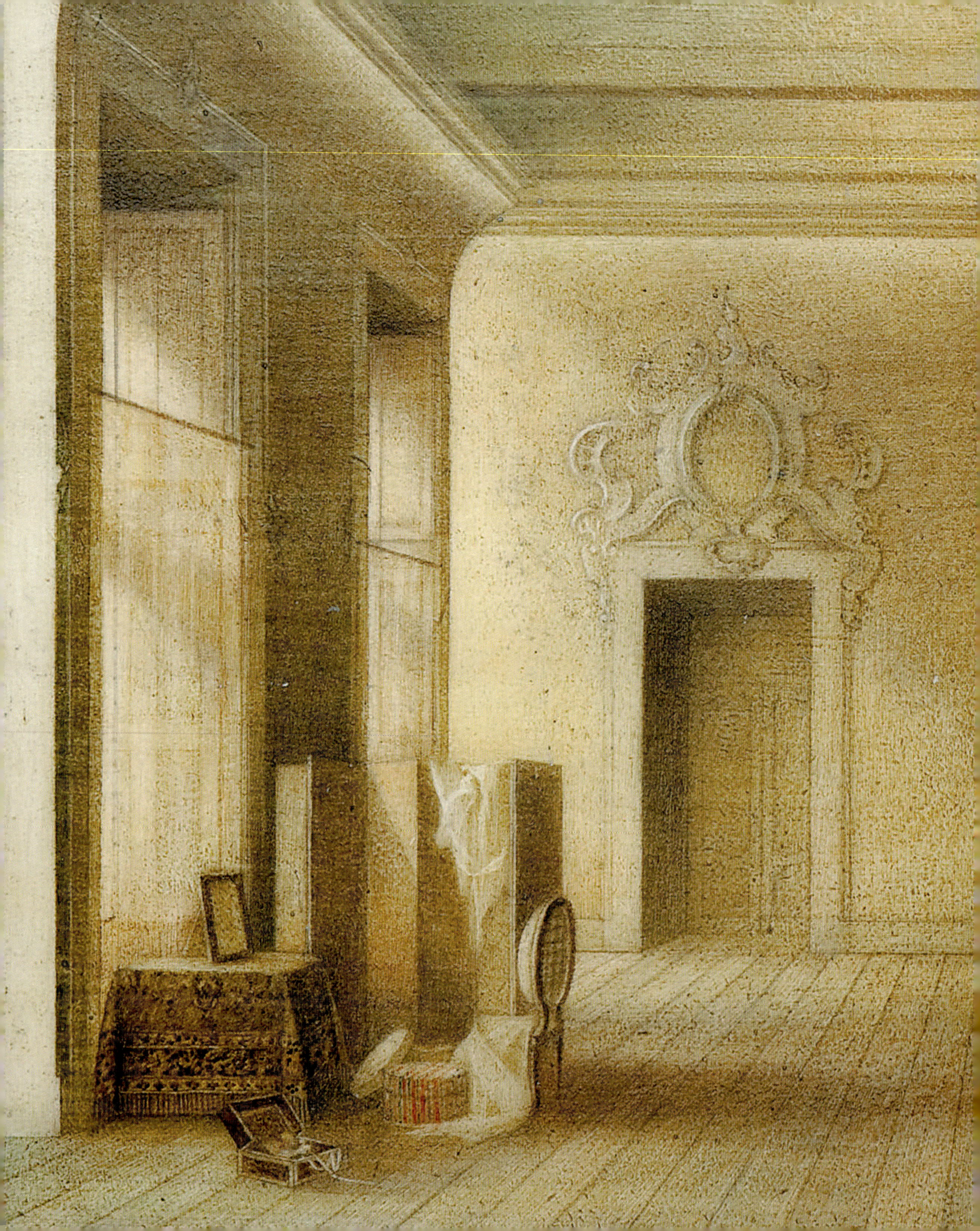

Ezio Frigerio. La chambre de la Comtesse
esquisse de décor pour le deuxième acte des *Noces de Figaro*, 1973

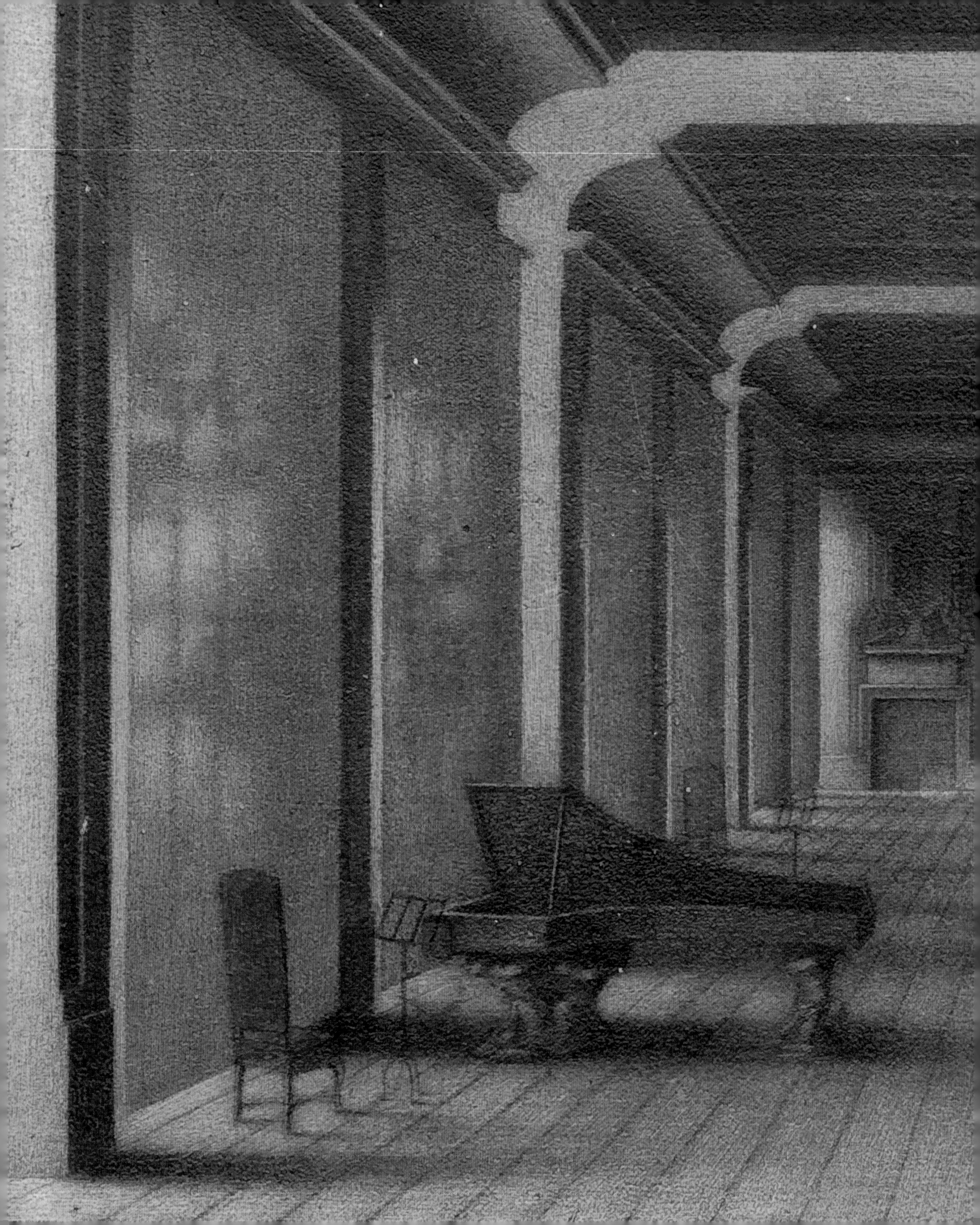

Ezio Frigerio. Une grande salle
esquisse de décor pour le troisième acte des *Noces de Figaro*, 1973.

Ezio Frigerio. Susanna
maquette de costume pour les *Noces de Figaro*, 1973.

Ezio Frigerio. Le Comte
maquette de costume pour les *Noces de Figaro*, 1973.

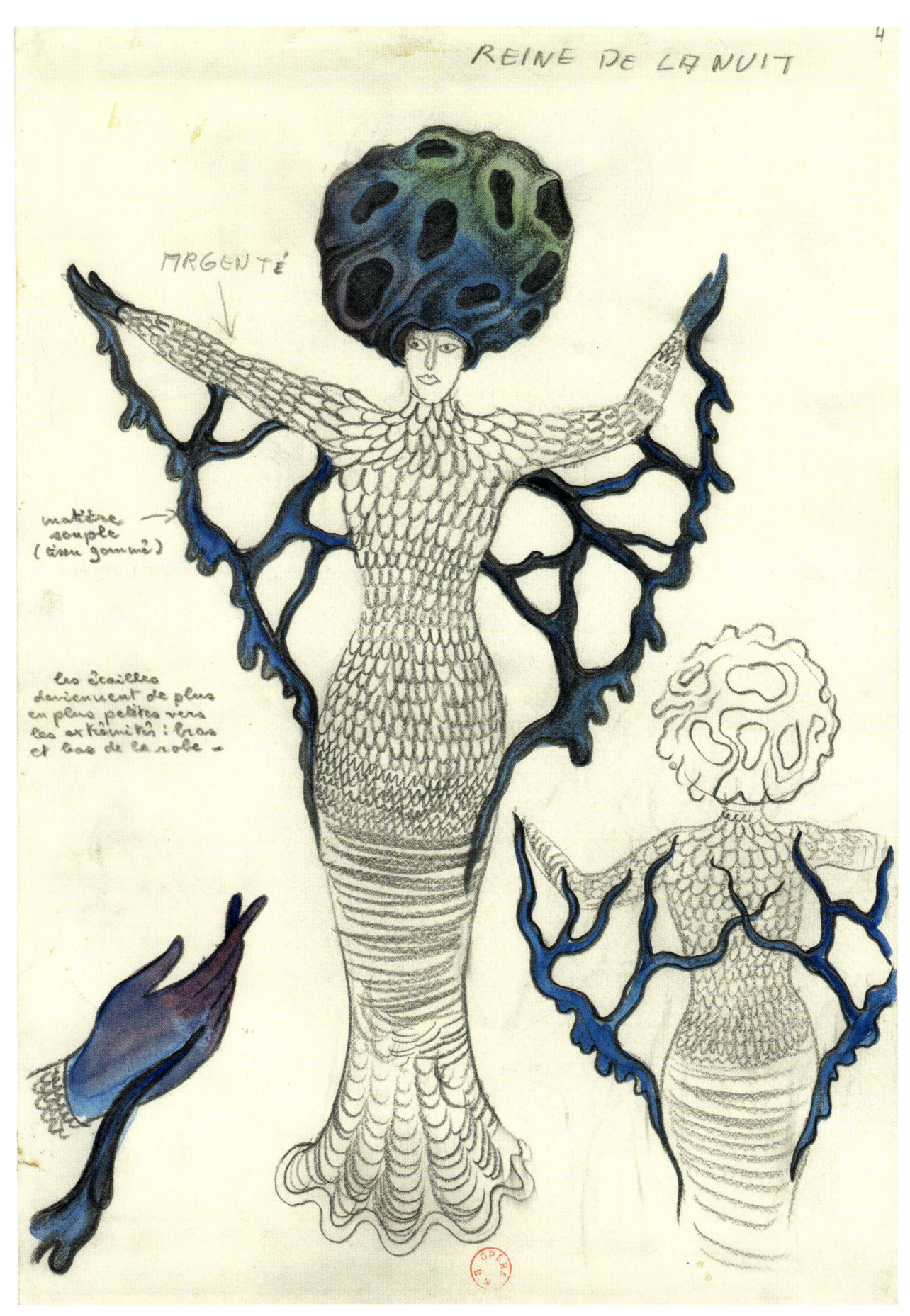

Arik Brauer. La Reine de la nuit : maquette de costume pour *La Flûte enchantée*, 1977.

« Ah mes amis, quel jour de fête… »
par Martine Kahane

Nous l'appelions « patron » et il a signé une des périodes les plus heureuses de nos vies.
Voilà la déclaration que bien d'entre nous, membres de l'équipage du Palais Garnier dans les années 1970, applaudiraient à tout rompre !
De 1973 à 1980, Rolf Liebermann, dit « le patron », a régné sur l'Opéra de Paris. Régné est peut-être d'ailleurs un mot trop faible, puisque fut utilisé pour sa direction, pour la première fois dans ce contexte, le mot d'ère, jusque-là réservé aux époques préhistoriques et historiques. Consacrée par l'usage, il y eut donc une « ère Liebermann ».
Prononcer son nom évoque d'abord sa présence physique. Grande et massive silhouette, impeccablement vêtue de gris. Visage aux traits accusés, auréolé d'une manne de cheveux blancs, éclairé d'un regard bleu, attentif toujours, malicieux souvent. Cet homme de pouvoir, prompt aux grands rires, avançait en tanguant, comme un marin, comme un capitaine de vaisseau, parcourant les coursives de son royaume d'opéra. Il ne pouvait entrer dans une pièce sans immédiatement attirer l'attention.
Vainqueur sur tous les registres : naïf et avisé, léger et grave, il maniait le charme et l'humour en séducteur accompli. Le parcours qu'il avait déjà accompli lorsqu'il arriva à Paris lui donnait une maîtrise absolue de son métier, métier pour lequel il n'existe pas d'école ni d'université, celui de directeur d'Opéra.
Dans des vies antérieures, il avait été un fils de famille, un musicien pauvre, un jazzman, un champion de bridge, un play-boy, un étudiant en composition, un pianiste de cabaret, un compositeur d'avant-garde, un réalisateur de films, un directeur de radio, un directeur d'Opéra… Il avait bourlingué, pris des risques pour assouvir sa passion de la musique, tout comme, pendant la Seconde Guerre mondiale, sa passion de la liberté. Quand il nous arriva, il avait à la fois la sagesse et l'appétit, il était prêt pour de nouvelles aventures.
Son métier, il l'exerçait en grand européen. Il ne connaissait pas de frontière dans cette Europe de la culture, traversée à grands pas, qui lui était familière dans tous ses aspects, langues, littératures, musique bien sûr, et bons restaurants à l'occasion. Appartenant à cette génération de directeurs d'Opéras légendaires, Bing à New York, Grassi à Milan, il avait eu pour amis et complices Willi Schuh, Hermann Scherchen et Günther Rennert, Igor Stravinsky et Alexander Calder, Hans Mayer et Nicolas Nabokov.

Humaniste, fondamentalement bienveillant, d'une grande liberté d'esprit, il était sans agressivité en toute occasion, peu de choses le mettaient hors de lui, le mensonge et l'arrogance mis à part. Combien de fois l'avons-nous entendu fustiger cette arrogance des grands et des puissants envers ceux qu'il appelait tendrement « les petits ». Il ne pouvait supporter la critique, faite de bons mots et de méchancetés, envers les artistes dont il défendait la dignité, soulignant combien l'art des chanteurs, notamment, était fragile, dépendait d'une goutte de salive, d'un zeste de déprime.

Paris lui fut une fête dont il s'émerveilla tout d'abord, se délectant de la beauté de la ville et de l'infinie variété de ses habitants, de l'élégance des réceptions et des dîners mondains dont il devint un des familiers.

Brillant directeur de l'Opéra de Hambourg, Rolf Liebermann fut amené en France par Jacques Duhamel alors ministre de la Culture, et son conseiller Dominique Ponnau, sur le conseil de Hugues Gall. Il fut, depuis Lully, le seul étranger à diriger l'Opéra. Cela lui valut quelques désagréments, comme de trouver, collés sur les portes de l'entrée des artistes du Palais Garnier, des placards stipulant « Les Juifs et les étrangers dehors », ou encore de recevoir un coup de téléphone nocturne, son interlocuteur anonyme lui assénant « Savez-vous que depuis Guillaume Tell les Suisses n'ont jamais rien fait de bon ? ». Sa mission était claire, rendre à l'Opéra de Paris éclat et réputation.

Une fois dans les lieux, il s'entoura d'une garde rapprochée qui mêlait savamment les vieux routiers du métier et les jeunes pousses. L'Opéra fut semblable à l'atelier d'un peintre ou d'un architecte, « bottega » dont sortirent combien de directeurs d'Opéras, de metteurs en scène, d'artistes… qui pourraient aujourd'hui se réclamer de son enseignement.

Le patron sut donner à la bande de jeunes gens que nous étions alors des repères pour la scène, des repères pour la vie. Point n'était besoin de demander, il suffisait de prendre. Chacun pouvait y trouver son miel, car le patron soignait tout autant les seconds rôles dans ses productions que dans ses équipes. L'attention qu'il vous donnait était sans faille. Occupé de mille problèmes importants, sollicité par tous, il était tout à vous pendant le temps juste, celui du conseil ou du réconfort. À sa suite, nous avons vécu toutes ces années immergés dans le théâtre et pour le théâtre, dans le sous-marin Garnier, à ce point qu'à la vie réelle, celle du dehors, il nous semblait toujours manquer une dimension.

Paris n'est pas Hambourg et la programmation du « festival permanent » qui dura sept saisons est bien spécifique. On y compte peu de créations lyriques, mais de nombreuses commandes de partitions pour le ballet. Si le monumental *Saint François d'Assise* de Messiaen ne fut terminé qu'après le départ du commanditaire, Dutilleux, au grand regret du patron, ne composa pas d'opéra pour le Palais Garnier… Les soirées d'œuvres contemporaines données sur la scène de l'Opéra-Comique ne connurent d'ailleurs jamais le succès qui faisait vibrer le Palais Garnier.

Non, décidément, il fallait autre chose pour Paris. Il l'avait bien senti, notre apôtre de l'opéra contemporain, quand il lança la première des *Noces de Figaro* dans le Théâtre Gabriel bleu et or du château de Versailles, se plaçant ainsi d'emblée dans la filiation des directeurs de l'Académie royale de musique, prenant rang dans l'histoire de ce que nous appelions alors « la Maison ». Pendant les sept années de la direction de Rolf Liebermann, aller à l'Opéra fut pour le public une fête. Frémissant d'impatience et de curiosité, les spectateurs qui purent se procurer des places, – pour lesquelles il fallait batailler de bon matin dans la file d'attente à la location, séduire les portiers d'hôtel, obtenir enfin un abonnement, voire mettre une petite annonce dans un grand quotidien du matin – découvrirent les mises en scène de Strehler, de Lavelli, de Chéreau, de Stein et de Grüber, les décors et les costumes de Frigerio, de Bignens, de Peduzzi, de Svoboda, de Ponnelle, de Schœndorff, de Schmidt… Bernard Daydé avait été chargé de rénover les ateliers de décors et de costumes. Personnalité solaire, il avait voyagé sous bien des cieux de toile peinte et se mit à la tâche avec tout l'appétit de l'ogre généreux qu'il était. Paris, qui voit avant d'entendre, baigna dans les délices de ces esthétiques toujours renouvelées. Ah ! le décor des *Noces de Figaro*, feu d'artifice de début de mandat, et son jardin de toile peinte ; ah ! le quai londonien des *Contes d'Hoffmann* et l'entrée en scène d'opéra de Chéreau et Peduzzi ; oh ! l'escalier vertigineux des *Vêpres siciliennes* de Svoboda ; oh ! le pavillon Baltard du *Faust* de Lavelli et Bignens, quel scandale, mes amis… Et puis Paris écouta, découvrit ces distributions soignées comme de grandes fresques, où chaque artiste, du plus grand rôle au plus petit, avait été choisi pour lui-même comme en fonction de ses partenaires. Les citer est impossible, il n'en faudrait oublier aucun et la liste en serait trop longue. Grands interprètes de toutes nationalités, français et étrangers, que Paris connaissait bien ou qui s'y présentèrent pour la première fois, puis devinrent des habitués du Palais Garnier où on les retrouvait presque chaque saison. Le soir de la première comme à la xième reprise, la distribution était tout aussi brillante. Les chefs se succédaient, Solti, Krips, Böhm, Stein, Abbado, Ozawa, Boulez… Les nommer suffit. Tout commençait par des conversations avec Joan Ingpen, grande dame anglaise jusqu'au bout des dents, grande spécialiste des distributions, exaspérée par les travers français qui la plongeaient dans l'étonnement désapprobateur le plus profond, et dont une phrase sur deux commençait par « Je ne comprends pas… »… la légèreté, les retards, les réunions fleuves, la bureaucratie, les grèves… Il en sortait des listes, toujours des listes, notées en caractères majuscules bâtons de la grande écriture maladroite de Joan. Cérémonial secret des contrats. Arrache cheveux et prise de tête des plannings pour faire entrer les répétitions nécessaires dans les locaux exigus du Palais Garnier, relâches trop nombreuses pour ces répétitions, dont le Ballet fit souvent les frais, il faut l'avouer. Trois lieux seulement se prêtaient à ce jeu de taquin : la scène, la salle Bailleau dans la coupole, la rotonde Zambelli. Pour loger le lyrique et le chorégraphique à la fois, c'était bien peu. Et puis, un soir, tant de soirs, dans la salle sombre, le patron, assis à l'orchestre, un bras passé sur le dossier du fauteuil à côté du sien, assistait aux répétitions. Toujours présent, soir après soir, sans interventionnisme, assumant quoi qu'il advînt, le corps détendu, le regard aiguisé, l'oreille aux aguets. Si la production était réussie, c'était grâce à ses auteurs ; si elle était ratée (il y en eut), c'est qu'il s'était, lui, trompé dans leur choix. Le dernier bébé était toujours le plus beau, et gare à celui ou à celle qui laissait percer le plus léger doute. Jamais une représentation ne commença sans qu'il ait fait le tour des loges et salué les artistes. C'était un devoir de plaisir car il aimait les artistes, ce qui peut paraître une lapalissade quand il s'agit d'un directeur d'Opéra, mais est pourtant une rareté dans ce métier. Et au tomber du rideau, on le trouvait dans la coulisse, prêt pour ce moment de vide et de trop-plein mêlés qui clôt tout spectacle, allant, les mains tendues, vers les chanteurs. Les entractes appartenaient au public. On ne parlait pas encore de « réseaux sociaux ». Les soirs de première, le public de la corbeille et des premières loges jetait les derniers feux du monde proustien, avec çà et là quelques îlots de survivances du XIXe siècle. Ces riches et ces puissants, du jour ou de la veille, n'étaient pas pour le patron un miroir, ils lui servaient d'agents de communication. Le lendemain matin, le Tout-Paris et ses satellites savaient qu'il n'était de spectacle qu'à l'Opéra. Dans les hauteurs, pointait une nouvelle génération de spectateurs, les pionniers du baroque, les fanatiques du *bel canto*… Les amateurs de théâtre rejoignaient les rangs des fans de lyrique. Venus pour les mises en scène, ils découvraient avec émotion ce moment magique, quand, à rideau fermé, la musique s'élève depuis la fosse d'orchestre. On y avait des admirations inconditionnelles, des rejets pathologiques, c'était la fièvre des soirs de première. On s'arrachait le cœur pour le donner à Margaret Price, on succombait devant Domingo ou Raimondi. Mais on bataillait ferme pour jurer que *Le Couronnement de Poppée* ne pouvait être donné que par un baroqueux, tout en reconnaissant que le couple wagnérien Gwyneth Jones - Jon Vickers était parfaitement hollywoodien.

De découverte en découverte, il y eut aussi de grands chocs, qui vous ébranlent l'âme durablement, comme les deux mises en scène de Chéreau. Aucun de ceux qui ont vu *Les Contes d'Hoffmann* n'ont oublié l'arrivée du sulfureux Docteur Miracle-Tom Krause, cheval noir, calèche noire, manipulant Antonia-Christiane Eda-Pierre toute de blanc vêtue, comme une grande virgule, et ce pathétique « loser » de Nicolai Gedda-Hoffmann. La création mondiale du dernier acte de *Lulu* fut peut-être le moment le plus violent. Dans le monumental décor de marbre jauni, pissotière du métro berlinois, Jack l'éventreur-Franz Mazura, le chapeau en auréole, remontait en sautillant l'escalier pour se perdre dans une nuit de pleine lune, tandis que Lulu-Teresa Stratas agonisait.

Voilà quelques-unes des raisons – il en est bien d'autres – pour lesquelles de respectables quinquagénaires et sexagénaires, durs bretteurs des crises économiques du jour, ont aujourd'hui un ton rêveur et l'œil perdu en évoquant cette époque.

Après la série de représentations, l'heure était à la critique sans jamais qu'elle fût blessante pour les hommes. Le patron admettait sans pessimisme que l'affaire n'avait pas donné le résultat escompté. Sans s'y arrêter, il passait à la suite car il avait toujours un temps d'avance.

Il y eut de rudes combats, comme pour *Faust*, faute de défilé de la victoire, sifflé par une partie du public le soir de la première, plébiscité lors des reprises ; comme pour *Pelléas et Mélisande*, faute de cheveux, ce dont s'hérissèrent les héritiers ; comme pour *L'Or du Rhin* et *La Walkyrie*, débuts d'un *Ring* interrompu, faute de crédits.

Mais résister à la pression était pour le patron une seconde nature, comme on le constata aussi avec cette production avortée de *La Dame de pique*. Alors que la construction du spectacle était commencée, le metteur en scène engagé, Lioubimov, fut « retenu » en URSS. Malgré les interventions de tous bords, Rolf Liebermann annula tout bonnement la programmation de cette œuvre plutôt que de la confier à un autre.

Il y eut bien des combats d'arrière-garde, tel député dont l'histoire ne retiendra pas le nom, s'offusquant de ce que le titre des productions était indiqué sur les affiches dans la langue originale de l'œuvre. Ciel ! *Die Walküre* !

Le film était pour Rolf Liebermann le meilleur moyen de démocratiser l'opéra. Arrivé à Paris avec, lui aussi, des rêves plein la tête, il aurait tout de même aimé donner *Louise* à

Montmartre et *Fidelio* aux usines Renault. Rêve à la Zola, vite abandonné par ce pragmatique réaliste. Pionnier du film d'opéra, il en suscita un seul pendant son mandat, mais qui reste un exemple du genre, ce *Don Giovanni* tourné dans les villas palladiennes, avec une distribution toute semblable à celles concoctées pour le spectacle, produit par Daniel Toscan du Plantier. Il était très fier du succès de ce film et d'avoir mis Mozart au hit-parade, disant « Il y a depuis la sortie du film plus de gens qui ont vu *Don Giovanni*, que depuis que Mozart a écrit *Don Giovanni* ». Il réussit à séduire les directeurs de chaînes et obtint des conventions avec la télévision pour que soient captés et diffusés régulièrement les spectacles. Perdus aujourd'hui dans la forêt inextricable des droits, ces petits poucets nous seront peut-être un jour rendus par la bonne fée Ina.

L'homme lige, c'était Hugues Gall. Une relation quasi filiale s'établit dès le départ. Déjà secrétaire général de l'Opéra, Hugues se vit confier tout le secteur du ballet, puis, après le départ de Joan Ingpen, le lyrique. Une culture européenne, une curiosité des lieux et des êtres les réunissaient, tout comme un solide sens de l'humour. Dans la vie parisienne, dans les couloirs du pouvoir et leurs champs de mines, Hugues lui avait été un précieux poisson-pilote.

Le patron regardait avec quelque distance le monde du ballet, clairement ce n'était pas là son champ d'intervention. Il l'avait d'ailleurs confié corps et biens à Hugues Gall et n'exerça pas d'interventionnisme. Sauf pour Carolyn Carlson, qu'il imposa contre vents et poupées, et qui fut bien plus encore que la danseuse et la chorégraphe de talent, un trait d'union entre classiques et contemporains, un des agents pacificateurs de cette lutte fratricide. Il réussit encore, via son amitié avec Stravinsky, à renouer les fils avec George Balanchine, et partant, à faire venir Jerome Robbins avec qui la Compagnie entama une grande histoire d'amour. Le Ballet, redynamisé, programmation renforcée, effectifs élargis, forme physique soignée, grâce à Raymond Franchetti et à Claude Bessy comme à une pléiade de professeurs de talent, était prêt à recevoir les couronnes de lauriers qui allaient bientôt lui être décernées comme à la « best company in the world ».

Au fil des saisons, le pari avait été tenu, le répertoire était construit, la fréquentation avait atteint des sommets, le professionnalisme régnait ; au fil des saisons, les grèves se multipliaient, les tutelles trouvaient tout trop cher (« Trop d'argent pour l'Opéra ! » est un cri de guerre qui traverse les siècles), l'administratif gagnait du terrain sur l'artistique, l'Opéra, devenu à la mode, suscitait bien des appétits. Bref, le temps était en marche.

Au fil de ces sept années nous avions vu le patron davantage affecté par les péripéties de la vie d'Opéra, plus touché par des échecs qu'il ne comprenait pas, comme celui de *Boris Godounov*, le visage plus marqué, le souffle plus court.

Et puis il y eut la dernière représentation, le cycle se fermant comme il s'était ouvert, avec « Les Noces ». Poussé, contraint par ses troupes, le temps d'un clin d'œil, dans le rideau entrebâillé, le patron apparut à la vue des spectateurs, salué par un tonnerre d'applaudissements. Ensuite, pendant des heures, il signa brochures et programmes pour la totalité du personnel de la maison présent ce soir là.

Lentement, si lentement, dans nos souvenirs, la Maréchale-Christa Ludwig sort de scène. La jupe de son immense robe à paniers dorée crisse dans les feuilles mortes qui couvrent le plateau. Le rideau tombe sur notre jeunesse.

José Varona. Fortuna : maquette de costume pour *Le Couronnement de Poppée*, 1978.

José Varona. Arnalta : maquette de costume pour *Le Couronnement de Poppée*, 1978.

Andrzei Majewski. Chrysothemis
maquette de costume pour *Elektra*, 1974.

Andrzei Majewski. Klytämnestre
maquette de costume pour *Elektra*, 1974.

Jürgen Rose. Kundry
maquette de costumes pour *Parsifal*, 1973.

· KUNDRY ·

Jürgen Rose. Les filles fleurs
maquette de costumes pour *Parsifal*, 1973.

12 Cadet / Holsem / Lemoulnier / Honorat   11 Ducloy / Pouré   10 Dutertre / Joly / Sokdoillet

· BLUMENMÄDCHEN ·

Max Bignens. La Libellule
maquette de costume pour *L'Enfant et les sortilèges*, 1979.

Max Bignens. Le Crapaud
maquette de costume pour *L'Enfant et les sortilèges*, 1979.

Max Bignens. Le Rossignol et la Chouette : maquette de costumes pour *L'Enfant et les sortilèges*, 1979.

Rolf Liebermann, administrateur de l'Opéra de Paris (1973-1980)

par Mathias Auclair et Aurélien Poidevin

Musicien comme il se définissait lui-même, compositeur et directeur d'institutions musicales, Rolf Liebermann (1910-1999) s'est taillé une réputation de « pape de l'opéra contemporain » après avoir exercé les fonctions d'intendant général de l'Opéra de Hambourg entre 1957 et 1972. Dès lors, le succès qu'il remporte à la tête de ce théâtre encourage les pouvoirs publics à lui confier les destinées de l'Opéra de Paris.

Arrivée et triomphe de Rolf Liebermann à Paris

Le 22 mai 1971, René Nicoly, administrateur de la Réunion des théâtres lyriques nationaux (RTLN), meurt brutalement sans avoir pu mener à terme la négociation des conventions collectives qui encadrent les contrats de travail de l'ensemble du personnel. Le climat social ne cesse de se dégrader et de surcroît, un grand nombre d'artistes sont menacés par un préavis de licenciement à compter du 31 mai 1971. Dans l'urgence, Marcel Landowski, directeur de la Musique, de l'art lyrique et de la danse au ministère des Affaires culturelles, fait nommer Daniel-Lesur afin d'assurer l'intérim. Le nouvel administrateur de la RTLN a pour mission de régler les conflits sociaux et d'éviter la fermeture du Palais Garnier[1].

Pourtant, dès le début de l'année 1971, le nom de Rolf Liebermann circule déjà dans les couloirs du ministère… Quelques mois avant le décès de Nicoly, alors qu'il passe ses vacances à Saint-Moritz, le directeur de l'Opéra de Hambourg est approché par Landowski, qui anticipe les lendemains de crise :

> Pendant ces vacances à Saint-Moritz, en février 1971, […] je reçus un coup de téléphone de Paris : un certain Marcel Landowski, directeur de la Musique, demandait à me rencontrer quelque part en Suisse. Je crus tout d'abord qu'il voulait me proposer une mission de conseiller pour l'Opéra de Paris. […] Je n'avais nulle envie d'entreprendre une telle corvée et c'est par pure politesse que je fixai rendez-vous à Landowski ; nous décidâmes de nous voir à Zurich.[2]

---

1 - Mathias Auclair et Aurélien Poidevin, « La Réunion des théâtres lyriques nationaux sous l'administration de Daniel-Lesur (23 mai 1971 – 31 décembre 1972) », in Cécile Auzolle (dir.), *Regards sur Daniel-Lesur : compositeur et humaniste, 1908-2002*, Paris, PUPS, 2009, p. 317-345.

2 - Rolf Liebermann, *Actes et entractes*, Paris, Stock, 1976, p. 137-138.

Une rencontre est alors rapidement organisée entre Dominique Ponnau, conseiller technique du ministre des Affaires culturelles, Landowski et Liebermann[3]. À cette occasion, les Français proposent au Suisse de prendre la direction de l'Opéra de Paris afin qu'il redonne du faste à la « Grande boutique ». Ce dernier y consent et accepte de rencontrer le ministre, Jacques Duhamel. Liebermann fait le déplacement jusqu'à Paris et la voiture de Duhamel le prend en charge à sa descente d'avion. Liebermann est sous le charme :

> Pour être franc, je crois que c'est avant tout sa voiture qui m'a ensorcelé ! Quand je débarquai à Orly pour le rencontrer, le ministre m'avait envoyé en effet sa DS. Dès qu'il eut démarré, le chauffeur, désignant des cassettes, me demanda ce que je désirais entendre : « Nous avons les cinq concertos de Beethoven par Guillels, mais si vous préférez Mozart par Geza Anda ou Chopin par Rubinstein… » J'arrivai finalement au ministère avec Mozart, en me disant : « Si cet homme est assez mélomane pour avoir fait installer la stéréophonie dans sa voiture et sélectionné ses enregistrements avec un tel discernement, on doit pouvoir travailler avec lui : c'est sûrement un partenaire sérieux. »[4]

Les deux hommes négocient avec Matignon et l'Élysée la promesse d'une subvention équivalente à celle attribuée à Hambourg. Une fois l'accord de principe obtenu, le ministre des Affaires culturelles donne carte blanche à Liebermann. Nicoly, qui sait alors que son mandat ne sera pas renouvelé, est informé de l'identité de son successeur et dès l'été 1971, la nomination de Liebermann est rendue publique. De nombreux articles de presse mentionnent déjà son arrivée à Paris, prévue le 1er janvier 1973[5]. L'information provoque alors de vives réactions dans l'opinion. D'ailleurs une vaste polémique, souvent teintée de nationalisme, et parfois empreinte de xénophobie et d'antisémitisme, éclate à l'automne 1971 :

> Le 1er janvier 1973, Rolf Liebermann reprend comme administrateur la direction de l'Académie nationale de musique et de danse à Paris, il reprend l'Opéra. Sa nomination n'a pas déclenché de controverses violentes. L'approbation est de loin majoritaire. Cependant, il s'élève des profondeurs un brouillard de sentiments, de ressentiments, de craintes, de peurs, d'aversions, qui font reconnaître que Liebermann devra compter avec des humeurs et des tensions souterraines qui lui rendront encore plus difficile sa tâche déjà rude. « Il ne manquait plus que cela, après le drapeau rouge sur le Trianon lors de la visite de Brejnew, le drapeau allemand maintenant en plein cœur de la ville, sur le toit de l'Opéra ». « Les chanteurs allemands à la remorque de Liebermann cherchent déjà assidûment des logements dans Paris ». « Le Franc n'est pas suffisamment stable pour Liebermann, il se fait payer ses gages en Francs suisses ». Et ensuite : « Vous savez, il est juif ». Personne à Paris n'exprime ces phrases directement, ne les laisse reconnaître comme l'expression de sa propre opinion. On les cite comme l'opinion des autres, qui par hasard ne sont pas interrogés. Georgette Rostand, la veuve du grand critique et écrivain musical décédé l'année dernière, le formule autrement : « Tous les gens sans arrière-pensée sont ravis de la venue de Liebermann ». Ceci est certainement exact, seulement, on ne peut s'empêcher de penser qu'ils sont peut-être une minorité. En fait d'arrière-pensée, il n'en manque pas de toute façon à Paris.[6]

---

3 - Rolf Liebermann, *En passant par Paris : opéras*, Paris, Gallimard, 1980, p. 14.
4 - Rolf Liebermann, *Actes et entractes*, op. cit., p. 138-139.
5 - BmO, dossier d'artiste Rolf Liebermann.
6 - BmO, Opéra arch. 20 / 1805 : Klaus Geitel, « Liebermann und die Franzosen. Stimmen und Stimmungen in Paris nach seiner Berufung zum Opernchef », *Die Welt*, 23 novembre 1971, traduction Berlitz.

Parmi les spécialistes de l'art lyrique, les réactions d'hostilité se multiplient. Le compositeur Georges Auric, prédécesseur de Nicoly à la RTLN, estime que les pouvoirs publics viennent d'accorder à un étranger des moyens jusqu'alors refusés aux administrateurs français. Afin d'enrayer la cabale, l'État soumet les critiques musicaux qui relaient et alimentent ces polémiques à un devoir de réserve. Bernard Gavoty[7], qui anime une émission de radio sur l'une des chaînes de l'ORTF et tient une tribune musicale dans *Le Figaro*, aurait par exemple été invité à modérer ses propos :

> On murmure que pour sa critique de la décision ministérielle, Gavoty aurait été puni de la manière la plus raffinée qui soit par la radio nationale : on aurait soumis ses émissions à un test d'auditeurs et malheureusement, il aurait alors été constaté qu'à l'avenir, il fallait les restreindre en raison du manque d'efficacité de leur écho. Depuis, Gavoty s'efforcerait un peu plus fortement de prendre du bon côté l'engagement de Liebermann à Paris.[8]

Un véritable bras de fer s'engage entre l'opinion et les pouvoirs publics. D'une part, l'État doit contenir le nationalisme exacerbé des critiques musicaux afin de ne pas nourrir les relents xénophobes et antisémites de la presse à scandale[9]. D'autre part, le ministère de tutelle doit trouver une solution administrative et juridique qui permette à un étranger de diriger un théâtre lyrique national. Depuis le 1er janvier 1939, la RTLN réunit l'Opéra et l'Opéra-Comique au sein d'un établissement public assurant la gestion artistique, administrative et financière des deux théâtres. Or, le droit français interdit à un étranger de prendre la direction d'un tel établissement. Les juristes du ministère des Affaires culturelles profitent donc de l'intérim de Daniel-Lesur – entre le 23 mai 1971 et le 31 décembre 1972 – pour imaginer un nouvel organigramme de la RTLN. La direction de la Musique y voit l'occasion de remettre en question le rôle joué par l'Opéra-Comique.

Depuis la fin des années soixante, la fermeture de la Salle Favart est régulièrement envisagée par les pouvoirs publics[10]. En décembre 1971, Landowski consulte donc Liebermann sur l'avenir de la « Réunion » et le futur directeur de l'Opéra lui fait part de son souhait de réserver l'Opéra-Comique au répertoire et aux interprètes français de qualité. La Salle Favart est aussi conçue comme un « complément » du Palais Garnier : elle pourrait d'une part ouvrir ses portes quand celles de l'Opéra sont fermées et d'autre part, offrir des représentations d'opéra quand une soirée de ballet est programmée à Garnier. Des tournées de la troupe de chant dans les villes de province dépourvues de maisons d'opéra sont suggérées afin de mieux inscrire l'Opéra-Comique dans la décentralisation musicale que prône Landowski et que soutient Duhamel[11]. Toutefois, Liebermann fait preuve de lucidité et envisage aussi une autre solution :

> Dans l'hypothèse où des raisons financières rendraient impossible la réalisation immédiate de ce projet, je pense comme vous, que la création au Théâtre de l'Opéra-Comique d'une École Supérieure d'Art Lyrique serait très intéressante. Dans ce cas, il conviendrait de séparer juridiquement et financièrement l'Opéra et l'Opéra-Comique et il reviendrait au ministre le soin d'en confier la responsabilité à un organisme ou à une personne indépendants de la RTLN.

---

7 - Rolf Liebermann, *Actes et entractes*, op. cit., p. 145.
8 - BmO, Opéra arch. 20 / 1805 : Klaus Geitel, art. cit.
9 - BmO, Opéra presse 1971.
10 - Aurélien Poidevin, « La Réunion des théâtres lyriques nationaux autour de l'année 1968 : entre libéralisation des politiques culturelles et libération des métiers de la culture », *in* Michel Margairaz et Danielle Tartakowsky (dir.), *1968, entre libération et libéralisation : la grande bifurcation*, Rennes, PUR, 2010, p. 115-132.
11 - Emelie de Jong, « La montée en puissance du "plan Landowski" et la naissance d'une vraie politique musicale en France » *in* Geneviève Gentil et Augustin Girard (dir.), *Les Affaires culturelles au temps de Jacques Duhamel (1971-1973)*, Paris, Comité d'histoire du ministère de la culture, 1994, p. 383-403 et Marcel Landowski, *Batailles pour la musique*, Paris, Le Seuil, 1979, p. 136-139.

> Je tiens à préciser encore qu'il faut absolument que ce problème soit réglé six mois avant la date de mon arrivée officielle à la tête de l'Opéra de Paris c'est-à-dire avant le 30 juin 1972.[12]

Un ultimatum est posé par le futur directeur de l'Opéra, qui mêle étroitement le sort de l'Opéra-Comique à celui de la RTLN[13]. Le ministre ne parvient pas à arbitrer, ainsi qu'en atteste le décret n° 72-1257 du 30 décembre 1972 qui engendre un *quiproquo* administratif et juridique. Certes, l'Opéra-Comique – transformé en Opéra-Studio – et l'Opéra sont dissociés grâce à la nomination de Louis Erlo comme administrateur de la Salle Favart et de Rolf Liebermann comme administrateur du Palais Garnier, mais les attributions qui sont confiées à ces deux hommes recoupent en partie celles du nouveau président du conseil d'administration de l'établissement, Jean Hourticq. En effet, les articles 2 et 6 prévoient un conseil d'administration dont le président « assure la direction de l'établissement » tandis que l'article 9 stipule que chacun des administrateurs « assure la gestion et la direction de l'ensemble des services propres au théâtre dont il a la charge ». La nomination d'Hourticq – considéré comme l'un des plus éminents conseillers d'État du moment – permet alors de contourner le droit français mais engendre une superposition de compétences entre le président du conseil d'administration et l'administrateur de l'Opéra. Ce tour de passe-passe administratif requiert donc une entente cordiale entre les deux hommes.

Jusqu'à son départ à la retraite, en 1974, Hourticq laisse d'ailleurs une totale liberté d'action à l'équipe constituée par Liebermann à partir du mois de juin 1971[14]. Dès l'annonce de sa nomination, le futur directeur du Palais Garnier s'assure le concours de Hugues Gall, déjà secrétaire général de la RTLN, en lui proposant de devenir son collaborateur le plus direct tant d'un point de vue artistique que d'un point de vue administratif[15]. Désormais, les efforts des deux hommes convergent vers la constitution d'un groupe réunissant les meilleurs talents internationaux :

> « Dans cette grande aventure, nous avons voulu mettre toutes les chances de notre côté en nous assurant le concours de personnalités de classe internationale. » M. Gall, secrétaire général de l'Opéra, promis à de plus hautes fonctions dès l'arrivée de M. Liebermann, ne doute pas du succès de l'entreprise. Nous pouvons nous tromper, persifle-t-il, sûr de lui, du moins ce sera avec génie. Il était temps de trouver des personnalités capables d'imposer le respect artistique comme le faisaient Boulez ou Roland Petit…[16]

Néanmoins, Liebermann ne fait pas table rase du passé quand il s'agit de constituer les équipes de direction. La nomination de Raymond Franchetti au poste de directeur de la Danse s'inscrit par exemple dans un souci de continuité avec l'administration précédente. Ainsi, le futur directeur de l'Opéra s'adresse à Daniel-Lesur au début de l'année 1972 pour lui faire part de ses projets concernant la danse :

> J'attache comme vous-même, j'en suis sûr, le plus grand prix à ce que l'œuvre de redressement et de réforme commencée par M. Raymond Franchetti et ses collaborateurs directs, MM. Mulys et Rayne, dont j'ai déjà pu constater les résultats positifs, soit poursuivie dans le même esprit et *par les mêmes hommes*.[17]

12 - BmO, Opéra arch. 20 / 1805 : Lettre de Rolf Liebermann à Marcel Landowski, 23 décembre 1971.
13 - Rolf Liebermann, *Actes et entractes, op. cit.*, p. 146-147.
14 - Annexe n°1.
15 - BmO, Opéra arch. 20 / 1805 : Lettre de Rolf Liebermann à Hugues Gall, 29 juin 1971.
16 - Brigitte Melen, « Le pari de l'Opéra de Paris », *La vie française*, 16 décembre 1971, p. 1-2.
17 - BmO, Arch. 20 / 1805 : Lettre de Rolf Liebermann à Daniel-Lesur, 24 février 1972.

En 1972, le futur directeur demande également à Daniel-Lesur de bien vouloir nommer Claude Bessy à la tête de l'École de Danse.

En matière de scénographie, Liebermann souhaite mettre en place une collaboration approfondie entre Bernard Daydé et l'Opéra. Il n'est certes pas question d'un contrat d'exclusivité, mais dès le 1er janvier 1973, le décorateur rejoint l'équipe Liebermann comme directeur général des services artistiques de la scène. Cette fonction, créée spécialement pour Daydé, lui permet de travailler à l'extérieur ou à l'étranger afin de mener à bien l'entreprise de renouveau et de modernisation du théâtre :

> S'il renonce à sa carrière d'homme libre, c'est pour « travailler avec le patron fabuleux qu'est Liebermann, ouvert à tout, en perpétuelle invention, ayant une connaissance complète de ce que signifie le mot théâtre. » Et pour participer aussi à cette entreprise difficile, exigeante, ambitieuse : faire passer l'Opéra sur le plan technique du XIXe au XXe siècle. Dans les projets de Bernard Daydé : doubler les ateliers de décors et costumes.[18]

Enfin, Liebermann déniche les talents à l'étranger lorsqu'ils ne sont pas déjà sur place. C'est ainsi que Georg Solti, jusqu'alors directeur musical à Covent Garden est nommé conseiller musical de l'Opéra. Dans le sillage du chef d'orchestre, Joan Ingpen, qui a également travaillé à Covent Garden, rejoint l'équipe de Liebermann : le poste de conseiller technique chargé de la programmation vient d'être créé pour elle.

S'agissant de la troupe de chant, du chœur et de l'orchestre, d'importantes mutations ont lieu dès le début du mandat. Parmi les vingt-cinq sopranos engagées pour la première saison 1973-1974, seules deux sont rattachées à la troupe permanente ; trois mezzo-sopranos sur quatorze ; trois ténors sur quinze ; quatre barytons et basses sur vingt-sept. En définitive, 15 % de l'effectif antérieur est conservé[19] : ces douze chanteurs, réengagés au 1er janvier 1973, partagent le plateau avec des chanteurs « à la représentation », recrutés sur le marché mondial des divas. À l'issue d'une audition, le chœur de l'Opéra est intégralement renouvelé. Toutefois, la moitié des chanteurs sont sélectionnés parmi les anciens choristes de la RTLN. Enfin, les effectifs de l'orchestre sont accrus et s'élèvent à environ 150 instrumentistes. Les anciens membres de l'orchestre de l'Opéra-Comique sont alors intégrés à celui de l'Opéra[20]. Désormais, un seul et même orchestre accompagne une même série de représentations[21]. Une fois l'équipe artistique, technique et administrative permanente constituée, de nombreux artistes invités ne tardent pas à la rejoindre.

La priorité du mandat est de redonner du faste à l'Opéra. Dès l'été 1971, Liebermann multiplie donc les contacts afin de préparer ses premières saisons et convainc les artistes les plus prestigieux du moment de se produire à Paris[22]. Chefs d'orchestre, metteurs en scène, chorégraphes, décorateurs et interprètes se succèdent alors sur la scène du Palais Garnier. Ensemble, ils participent à ce que les contemporains qualifient bientôt de « festival permanent »[23]. Dès lors, les principes du répertoire, de la troupe et de l'alternance, qui caractérisent l'Opéra depuis le XVIIe siècle, sont bouleversés. Jacques Lonchampt, critique musical au *Monde*, interroge donc Liebermann sur son approche du répertoire :

---

18 - BmO, dossier d'artiste Bernard Daydé : Lucile Rossel, « Bernard Daydé », *Les saisons de la danse*, avril 1972, p. 13.
19 - Mathias Auclair et Aurélien Poidevin, art. cit., *passim*.
20 - Agnès Terrier, *L'orchestre de l'Opéra de Paris de 1669 à nos jours*, Paris, Éd. de La Martinière, 2003, p. 260-265.
21 - Rolf Liebermann, *Actes et entractes*, op. cit., p. 162-163.
22 - BmO, Opéra arch. 20 / 1805 : nombreuses lettres adressées par Rolf Liebermann à des artistes ou metteurs en scène, été 1971.
23 - Christophe Ghristi « La programmation lyrique de Liebermann : un miracle inéluctable » et Sylvie Jacq-Mioche, « Le ballet sous la direction de Rolf Liebermann », *infra*.

> Vous avez fait de l'Opéra de Hambourg un des plus grands du monde en constituant une troupe solide et un répertoire annuel de plus de cinquante ouvrages. En même temps, vous attaquez le système de la « saison » (*stagione*) qui consiste à monter un petit nombre d'œuvres pour de courtes séries avec des vedettes internationales (*Le Monde* du 25 juillet 1967). Est-ce que le programme que vous annoncez ne relève pas davantage de la *stagione* que du répertoire ?
>
> Les choses ne sont pas aussi simples. Il y a d'abord une différence fondamentale entre Hambourg et Paris. L'Opéra de la ville hanséatique est une institution démocratique qui s'adresse à un public très nombreux, mais presque exclusivement local. L'Opéra de Paris, au contraire, est un théâtre de tradition royale, mis au service du prestige d'une ville à vocation universelle, et dans un monument célèbre que visitent chaque année des milliers de touristes et de mélomanes étrangers. Si notre Opéra doit être démocratique dans son organisation et dans le prix des places, pour permettre à chacun de venir voir ce que nous faisons, il doit rester « royal » dans son approche artistique. Mon ambition est donc de réunir les deux conceptions et de constituer un répertoire stable qui ait les plats de la *stagione*. Je m'explique : chaque production sera montée avec une équipe de chanteurs de valeur internationale qui seront plus ou moins attachés à l'œuvre (mais non en permanence à l'Opéra), avec de nouvelles répétitions pour chaque reprise (ou chaque prise de rôle). Car ces œuvres ne seront pas abandonnées : les treize ouvrages lyriques de la saison 1973-1974 seront tous repris en 1974-1975, où six autres seront créés et ainsi de suite. Si bien qu'à la fin de mon mandat, c'est au moins vingt-cinq œuvres lyriques (et une dizaine de spectacles de ballets nouveaux) qui constitueront le répertoire, d'une qualité vraiment internationale.[24]

Une « *stagione* permanente »[25] se met donc en place à Paris et enrichit le répertoire du Palais Garnier avec certaines productions lyriques et chorégraphiques qui sont toujours à l'affiche aujourd'hui[26].

Liebermann souhaite également intégrer la programmation parisienne à l'échelle européenne grâce à la signature d'accords de coproduction avec d'autres maisons d'Opéra. Dès la fin de l'année 1971, un accord est conclu avec le Staatsoper de Hambourg afin d'organiser une tournée à Paris en mai-juin 1973[27]. Depuis quelques années déjà, Liebermann réfléchit à la mise en réseau des maisons d'Opéra après avoir constaté que le théâtre lyrique « est en train de mourir d'anémie en produisant au dessous de ses nécessités »[28]. La signature d'un protocole d'accord avec Paolo Grassi, surintendant de la Scala de Milan, permet à Liebermann de rationaliser la production des spectacles lyriques. En effet, à chaque saison, les maisons d'Opéra ont l'obligation de proposer au moins une demi-douzaine de productions nouvelles. Cependant, leurs coûts de réalisation sont si élevés que l'équilibre budgétaire des théâtres est mis en péril. Grâce à la coproduction, le prix à payer pour des spectacles originaux est réduit, ce qui permet ainsi d'accroître le nombre d'œuvres à l'affiche. À compter de la saison 1975-1976, l'Opéra et la Scala unissent donc leurs efforts :

> Les soussignés, à la suite de plusieurs réunions de travail et après avoir analysé les problèmes du théâtre lyrique international sur le plan de la production et de la dépense sont convenus d'instaurer entre leurs deux théâtres une collaboration permanente. Cette collaboration consistera dans l'échange à titre gratuit de productions déjà existantes au répertoire de chacun des théâtres d'une part, dans la co-production d'un certain nombre de spectacles nouveaux d'autre part.[29]

24 - BmO, Opéra Presse 1973 : Jacques Lonchampt, « Un entretien avec M. Rolf Liebermann », *Le Monde*, janvier 1973.

25 - Jean Gourret, *Le miracle Liebermann : sept saisons à l'Opéra de Paris*, Paris, Éd. Le Sycomore, 1980, p. 23-24, 29-30 et 46.

26 - En 2010, *Les Noces de Figaro* dans la production de Giorgio Strehler est à l'affiche de l'Opéra de Paris et de la Scala de Milan. Par ailleurs, plusieurs ballets créés ou représentés pour la première fois à l'Opéra de Paris sous le mandat de Rolf Liebermann, sont encore au répertoire : *Le Fils prodigue* et *Sonatine* de George Balanchine, *Serait-ce la mort ?* de Maurice Béjart, *Ivan le Terrible* de Youri Grigorovitch, *Le Loup* de Roland Petit, *En Sol* et *Afternoon of a Faun* de Jerome Robbins, ainsi que la version de *Coppélia* de Pierre Lacotte qui est maintenant interprétée par l'École de Danse.

27 - BmO, Opéra arch. 20 / 1805 : Note de Hugues Gall à Joan Ingpen, 26 novembre 1971.

28 - Rolf Liebermann, *Actes et entractes, op. cit.*, p. 279.

29 - BmO, Opéra arch. 20 / 1827 : Accord entre La Scala de Milan et l'Opéra de Paris, 1975.

Les deux patrons s'accordent également pour pratiquer une politique commune en matière de cachets. Le pacte économique et artistique conclu entre Paris et Milan répartit les spectacles en deux catégories, les « échanges » et les « coproductions »[30]. Dès lors, Liebermann se réjouit de la signature d'un tel accord qui, en plus d'enrichir la programmation, offre à l'Opéra un rayonnement international :

> Je suis tellement enthousiasmé par ce sujet qu'il m'apparaît comme le véritable début de ma carrière théâtrale : quelle consécration pour le Palais Garnier que de s'allier à une maison aussi prestigieuse ! Mais nous n'avons pas de complexes à avoir puisque, de leur côté, les Milanais semblent très fiers de ce mariage. Bref, tout le monde est radieux – et moi plus que tout le monde, car je reviens de loin…[31]

Le directeur de l'Opéra considère toutefois qu'« un établissement qui se repose entièrement sur le répertoire s'étiole et dépérit »[32]. Certes, les protocoles d'accord avec Hambourg et Milan doivent doter le répertoire de l'Opéra de productions nouvelles – leur application est toutefois circonscrite à l'échange de quelques spectacles : les représentations à Paris de *Tosca* dans la production de Hambourg ainsi que de *Wozzeck*, de *Madame Butterfly* et de *Simon Boccanegra*, venus de La Scala ; des représentations à Milan de *Lulu*[33] – mais ne prévoient aucune création. Afin de redonner du faste au Palais Garnier, Liebermann doit donc compléter le dispositif visant à « faire de Paris une grande place lyrique internationale »[34].

Dès sa nomination, le directeur de l'Opéra met l'accent sur la création. Dans le cadre du gala du centenaire du Palais Garnier, programmé le 5 janvier 1975, l'Opéra de Paris et le ministère demandent à Olivier Messiaen de composer un opéra, *Saint François d'Assise*[35]. Liebermann indique également avoir sollicité Henri Dutilleux et André Jolivet[36]. De grands metteurs en scène tels Patrice Chéreau, Jorge Lavelli, Peter Stein et Klaus Michael Grüber sont invités à collaborer avec l'Opéra dans une perspective de renouvellement du théâtre conventionnel. La danse est aussi à l'honneur car au moment même où l'opéra de Messiaen fait l'objet d'une commande publique, Liebermann propose à Marius Constant d'écrire la partition de *Nana*, un ballet de Roland Petit[37]. Puis il commande aussi à Marcel Landowski la musique d'un autre ballet de Roland Petit, *Le Fantôme de l'Opéra*[38]. Par ailleurs, le 20 octobre 1971, Michel Guy, directeur du Festival d'Automne, fait part à Rolf Liebermann de quelques propositions pour une soirée de ballets modernes à l'Opéra qui pourrait être donnée dès la fin octobre 1973. Parmi ces diverses propositions, Michel Guy insiste sur l'idée d'une création mondiale de Merce Cunningham, en collaboration avec des artistes français, *Un jour ou deux*[39]. John Cage compose la musique tandis que Jasper Jones conçoit les décors et les costumes de ce nouveau ballet. Les choix esthétiques qui sont arrêtés dès 1971 trahissent alors la recherche d'un équilibre entre tradition et modernité. En effet Liebermann souhaite « refaire de l'Opéra un théâtre crédible » et affiche une ambition beaucoup plus modérée qu'à Hambourg en matière de création[40]. Landowski veille tout particulièrement sur les débuts de Liebermann à Paris. Par ailleurs, le directeur de la musique au ministère des Affaires culturelles souhaite promouvoir la démocratisation de l'opéra. Dans le manifeste *Batailles pour la musique*, réalisé à partir d'entretiens avec la journaliste Édith Walter, Landowski revient sur son projet pour l'art lyrique :

---

30 - Annexe n° 2.
31 - Rolf Liebermann, *Actes et entractes*, op. cit., p. 277.
32 - *Ibidem*.
33 - Voir la liste des « Opéras, ballets, soirées, récitals et concerts donnés sous le mandat de Rolf Liebermann » publiée à la fin de cet ouvrage.
34 - BmO, Opéra Presse 1971 : Brigitte Melen, « Le pari de l'Opéra de Paris », *La vie française*, 16 décembre 1971.
35 - BmO, Opéra arch. 20 / 1805 : Lettre de Hugues Gall à Marcel Landowski, directeur de la Musique, 2 décembre 1971.
36 - Rolf Liebermann, *Actes et entractes*, op. cit., p. 224.
37 - BmO, Opéra arch. 20 / 1805 : Lettre de Hugues Gall à Marcel Landowski, directeur de la Musique, 2 décembre 1971.
38 - Antoine Livio, *Conversations avec… Marcel Landowski*, Paris, Denoël, 1998, p. 240.
39 - BmO, Opéra arch. 20 / 1805 : Lettre de Michel Guy à Rolf Liebermann, 20 octobre 1971.
40 - BmO, Opéra Presse 1973 : Jacques Lonchampt, « Un entretien avec M. Rolf Liebermann », *Le Monde*, janvier 1973.

> Dans tous les pays du monde, l'art lyrique, qui connaît aujourd'hui une vive popularité, coûte très cher à la collectivité en ne touchant qu'un petit nombre de spectateurs. Dans la situation actuelle, estimez-vous que la France doive continuer à payer ce tribut à l'art lyrique ?
>
> Je voudrais d'abord apporter une précision d'ordre financier. Contrairement à une opinion assez répandue, la subvention de la RTLN n'a pas crû démesurément : elle n'a guère dépassé l'augmentation du coût de la vie et l'élévation des salaires ; mais sa meilleure gestion permet une qualité de représentations incomparable, ratifiée par l'affluence exceptionnelle du public et son nouveau prestige international. D'autre part, ce financement est passé de 77 % du budget total de la musique en 1966 à 47,5 % en 1975. Cette subvention demeure d'ailleurs inférieure à celle de bien des maisons d'opéra d'autres capitales. À l'échelon national, je pense que le nombre des grands théâtres lyriques permanents doit être environ d'une douzaine, ceux-ci rayonnant dans les principales villes de leur région. Mais il faut aussi que les spectacles soient retransmis le plus souvent possible par la radio et la télévision, pour toucher le plus grand nombre. Longtemps impossibles pour des raisons syndicales et techniques, ces retransmissions vont très bientôt pouvoir être réalisées. C'est du reste l'un des grands objectifs de M. Liebermann, qui veut présenter à la télévision des spectacles de la plus haute classe internationale. Par ailleurs, il faut aider au maximum le théâtre musical contemporain à se renouveler. Je n'ai pu y apporter tous les soins nécessaires, devant d'abord parer au plus pressé ; mais ce doit rester l'un des objectifs prioritaires de l'action lyrique à venir.[41]

Les prédécesseurs de Liebermann, Nicoly et Daniel-Lesur, ont déjà engagé des discussions avec l'ORTF. Dès mars 1971, *Falstaff* est par exemple retransmis à la télévision. Maurice Le Roux, conseiller artistique de la RTLN, négocie ensuite la retransmission de *Salomé* et de *Norma* pour la saison 1971-1972[42]. Au même moment, Liebermann rencontre les directeurs de la télévision (entre le 10 et le 17 novembre 1971) avec le soutien de Jacques Duhamel qui s'immisce dans ces premiers échanges[43]. Le 5 décembre 1971, des experts franco-allemands se rencontrent à Hambourg afin d'examiner la possibilité d'une coopération entre l'Office de radiodiffusion-télévision française (ORTF) et le Norddeutscher Rundfunk (NDR)[44]. La diffusion d'œuvres chantées en allemand, français et italien à Paris sur les chaînes du NDR est envisagée. Cependant, les négociations n'aboutissent pas. En revanche, Liebermann convainc l'ORTF de diffuser en direct sur France Culture et sur France Musique le gala de réouverture de l'Opéra donné le 30 mars 1973 au Théâtre Gabriel à Versailles[45]. La mise en place de retransmissions systématiques à la radio ou à la télévision requiert toutefois l'aménagement des conventions collectives des artistes et des techniciens associés à la captation du spectacle. Ainsi, les retransmissions font l'objet de longues négociations entre le directeur, le personnel et l'ORTF[46]. En novembre 1973, la question des enregistrements de l'ORTF est donc à l'ordre du jour de la réunion de direction. Bien que les instances représentatives du personnel négocient toujours avec l'ORTF et la direction de la RTLN, Liebermann décide de retransmettre les spectacles de l'Opéra à la radio sans attendre l'issue des discussions concernant la télévision[47].

41 - Entretien avec Édith Walter, *Harmonie*, décembre 1974, p. 33-39.
42 - BmO, Opéra arch. 20 / 1893 : Compte-rendu de la réunion du 22 octobre 1971.
43 - BmO, Opéra arch. 20 / 1805 : Lettre de Rolf Liebermann à Nicolas Schöffer, 6 octobre 1971.
44 - BmO, Opéra arch. 20 / 1739 : Compte-rendu d'une réunion organisée à Hambourg le 10 décembre 1971.
45 - BmO, Opéra arch. 20 / 1893 : Lettre de Jacques Sallebert, directeur de la radiodiffusion à Hugues Gall, 31 janvier 1973 ; lettre de Hugues Gall à Jacques Sallebert, 15 février 1973 ; BmO, Opéra arch. 20 / 1739 : Convention entre l'ORTF et l'Opéra de Paris, 28 mars 1973.
46 - BmO, Opéra arch. 20 / 1739 et 1893.
47 - BmO, Opéra arch. 20 / 1784 : Procès-verbal de la réunion de direction du 19 novembre 1973.

Dès le début de son mandat, le directeur du Palais Garnier souhaite donc favoriser l'accès à l'Opéra à tout prix, y compris en envisageant la sonorisation du hall du rez-de-chaussée du Palais Garnier car « tous les Parisiens qui n'ont pas les moyens d'acheter les places à l'Opéra pourraient entendre gratuitement les grands artistes qui participent au spectacle »[48]. Landowski a confié à Liebermann la délicate mission de démocratiser l'opéra, mais dans le contexte économique et social des années soixante-dix, c'est une gageure. D'ailleurs, Hugues Gall n'hésite pas à souligner avec malice l'ambition démesurée des pouvoirs publics :

> Ce dont je doute, c'est de l'élargissement du public et de son renouvellement. Car on peut se demander si l'art lyrique n'est pas un genre partiellement dépassé, parce que trop artificiel pour résister à nos temps réalistes, et s'il n'est pas finalement réservé au cercle de ces 200 à 300 000 personnes que l'on retrouve dans toutes les manifestations culturelles internationales, à une élite qui n'hésite pas à se rendre à la Scala pour écouter une diva, et qui n'hésitera pas à venir de Berlin, de Londres ou de Rome à Paris pour écouter la même diva… Je souhaiterais me tromper, mais, au risque de choquer les fanatiques de l'art lyrique, je pense qu'il passera beaucoup d'eau sous les ponts de la Seine avant que les jeunes renoncent un soir aux salles obscures pour les lustres de l'Opéra.[49]

Le public de l'Opéra s'est pourtant transformé pendant le mandat de Liebermann. Les spectacles se jouent désormais à guichets fermés car la scène du Palais Garnier a recouvré son prestige d'antan. La diffusion de ces spectacles à la radio et à la télévision concourt à l'élargissement et au renouvellement du public. Par conséquent, Liebermann inaugure une nouvelle politique de retransmissions télévisées dès 1975. Le 24 septembre, cinq millions de téléspectateurs découvrent la représentation de *Don Giovanni* dans la mise en scène d'August Everding. La captation du spectacle bénéficie d'un tel succès que les pouvoirs publics admettent qu'elle justifie l'importante subvention consentie à Liebermann. L'année suivante, Jean Maheu, le successeur de Landowski à la direction de la Musique, de l'art lyrique et de la danse, dresse le bilan des retransmissions musicales, lyriques et chorégraphiques. Liebermann est incité à poursuivre les captations de spectacles et l'État se réjouit que cette initiative « rencontre un écho évident auprès du public »[50].

1976 : un tournant ? La remise en cause de la RTLN

Au moment même où Jean Maheu se félicite de la démocratisation de l'Opéra, Rolf Liebermann traverse une période de crise artistique, économique et sociale. Au point de vue artistique, l'école de chant français déçoit, malgré la transformation de l'Opéra-Comique en Opéra-Studio imposée par Marcel Landowski dès la fin de l'année 1972[51] :

> Tandis que les objectifs de l'Opéra demeurent la présentation des principaux ouvrages du répertoire classique et contemporain, ceux de l'Opéra-Studio sont d'assurer, dans le cadre d'une formation pratique post-scolaire, la préparation des cadres artistiques, techniques et administratifs destinés à l'art lyrique de demain.[52]

---

48 - BmO, Opéra arch. 20 / 1784 : Procès-verbal de la réunion de direction du 9 octobre 1973.
49 - BmO, Opéra Presse 1971 : Brigitte Melen, « Le pari de l'Opéra de Paris », *La vie française*, 16 décembre 1971.
50 - BmO, Opéra Presse 1976 : Jean Maheu, « Trois objectifs pour une politique de retransmissions musicales, lyriques et chorégraphiques », *Cahiers de la production télévisée*, avril 1976, p. 1.
51 - BmO, Opéra Presse 1976 : Clarendon, « L'avenir du chant français », *Le Figaro*, 23 avril 1976.
52 - *Réalisations et perspectives de la direction de la Musique, de l'art lyrique et de la danse*, Paris, Ministère des Affaires culturelles, 1974 (note d'information n° 23).

Néanmoins, la scène du Palais Garnier met en évidence la carence de l'école de chant français. Ainsi, dès 1976, Jean Gourret publie un pamphlet à ce propos, *La vraie crise de l'Opéra*, qu'il dédie à Liebermann[53]. Le directeur de l'Opéra n'est pas rendu seul responsable d'une telle situation et dans un autre ouvrage, intitulé *Le miracle Liebermann*, Gourret prend d'ailleurs le soin de rappeler le projet de formation des jeunes chanteurs français imaginé par Liebermann dès l'annonce de sa nomination à Paris[54] :

> Liebermann réclamait l'Opéra-Comique pour jouer le répertoire français traditionnel et créer des œuvres contemporaines ; il souhaitait par la même occasion donner un terrain d'évolution aux chanteurs français, qui ne pouvaient pas tous prétendre à une carrière internationale au Palais Garnier, mais qui pour la plupart méritaient de mener une activité parisienne suivie. Cependant cette affaire n'était pas destinée à se régler aisément. La Salle Favart n'hébergeait-elle pas l'Opéra-Studio ? Et quand bien même une solution eût pu intervenir avec Louis Erlo, animer une seconde salle, n'était-ce pas immanquablement réclamer à l'État des crédits supplémentaires ? La subvention de 1974 venait de passer à 72 000 000 de francs pour s'ajuster à l'augmentation des coûts de revient, et cela constituait déjà un sujet fort délicat. L'heure de la réouverture de l'Opéra-Comique n'avait pas sonné.[55]

Au point de vue économique, Liebermann exige encore l'accroissement du budget de l'Opéra en 1976, bien que celui-ci ait déjà fortement augmenté depuis le début de son mandat. Ainsi, le budget primitif de 1975, fixé à 96 millions de francs, est dépassé de 18% et l'évolution se poursuit en 1976 avec un budget prévisionnel estimé à 140 millions de francs[56]. Au point de vue social, la crise atteint son paroxysme le 20 mars 1976, à l'occasion d'une grève des machinistes et des accessoiristes dont les conséquences politiques bouleversent durablement les relations entre Liebermann et l'État[57] :

> Rien à signaler de particulier à la générale de « L'Enlèvement » monté pour mettre en valeur Christiane Eda-Pierre qui chante pour la première fois Constance. Böhm en est ravi et je sens mon ami Rennert, toujours sceptique, relativement content. Une seule ombre : le préavis de grève des machinistes pour la première. Une demi heure avant le lever du rideau, c'est l'échec des négociations. La première est annulée sans que le public ait pu être informé à l'avance. Or, cette soirée avait été offerte par le président de la République, Valéry Giscard d'Estaing, à « quinze cents Français méritants » venus des quatre coins de France. Depuis de nombreux mois, seul conscient du danger qui planait sur le projet présidentiel, j'avais négocié avec les syndicats et nous avions réussi à trouver un accord quinze jours avant la date fatidique. Pour s'appliquer, cet accord devait être entériné par les ministères de tutelle. Ils ont refusé de le signer. Le Président m'a tenu pour responsable des grilles fermées. C'était « la disgrâce ». L'échec de cette soirée a été le point de départ d'une réorganisation administrative de l'Opéra de Paris, préconisée depuis 1975 par une commission d'enquête : c'est le signal de l'hallali. Ayant perdu la protection de l'Élysée, je fus livré à la lutte des bureaucrates pour le pouvoir. On va peu à peu installer, pour coiffer le directeur administratif et financier et le directeur des affaires sociales, un directeur général responsable de la gestion et directement rattaché au président du Conseil d'administration, en un mot, on enlève

53 - Jean Gourret, *La vraie crise de l'Opéra*, Paris, La pensée universelle, 1976, p. 79-99.
54 - A propos du projet de Rolf Liebermann, voir « Le nouveau chemin des écoliers », *in* Rolf Liebermann, *Actes et entractes*, op. cit., p. 185-193.
55 - Jean Gourret, *Le miracle Liebermann*, op. cit., p. 33.
56 - BmO, Opéra arch. 20 / 1896 : Procès verbal du conseil d'administration de la RTLN, 16 mars 1976.
57 - BmO, Opéra Presse 1976 : Dépêche de l'AFP « Opéra de Paris : les machinistes et les accessoiristes maintiennent la grève pour demain samedi », 19 mars 1976.

tout pouvoir de décision à l'administrateur que l'on nomme administrateur général pour le consoler. Cela sans ôter aux ministères de tutelle leurs prérogatives : tout ce joli monde est contrôlé par le contrôleur des finances.

Au printemps 1976, l'Opéra entre donc dans le collimateur des pouvoirs publics. Au lendemain de la disgrâce de l'Élysée, Matignon s'attaque à la gestion financière de l'établissement public. Le 18 mai 1976, Jacques Chirac, adresse une lettre et lance un ultimatum au secrétaire d'État à la Culture, Michel Guy[58]. Le premier ministre s'appuie alors sur les premières conclusions d'une enquête, menée par l'Inspection générale des finances et diligentée par François Bloch-Lainé, pour exiger une meilleure maîtrise des dépenses ainsi qu'une plus large diffusion des œuvres représentées. Chirac confie donc à Jean Salusse, l'un de ses anciens camarades de promotion à l'École nationale d'administration (ÉNA), la délicate mission de réformer l'Opéra afin d'éviter la fermeture définitive du Palais Garnier :

> J'appelle votre attention sur le fait que si les conditions ci-dessus évoquées n'étaient pas remplies, le Gouvernement se verrait dans l'obligation de supprimer totalement et définitivement son concours financier à la RTLN. Dans cette hypothèse, la liquidation de l'établissement devrait intervenir sans délai.[59]

Jean Salusse, né en 1931, major de l'ÉNA en 1957, est alors un grand commis de l'État. Directeur de la Caisse nationale des monuments historiques depuis 1967, ce haut fonctionnaire succède à Jean Hourticq comme président du conseil d'administration de la RTLN à compter du 11 décembre 1974. Tandis qu'Hourticq a laissé à Liebermann « toute liberté de gouverner le navire »[60], Salusse souhaite donner un nouveau cap à la RTLN. Ainsi, lorsque Chirac mandate l'Inspection des finances, Bloch-Lainé a l'obligation d'œuvrer en liaison directe avec le président du conseil d'administration de la RTLN autour de quatre orientations :

> – les aménagements à apporter aux conventions collectives dans les perspectives de la mission élargie conférée à l'établissement et dans le cadre financier qui lui est assigné ;
> – les réformes à opérer dans le statut, l'organisation administrative et financière de l'établissement et dans la politique générale du personnel ainsi que les modifications à apporter éventuellement au système de contrôle ;
> – les orientations à donner à la politique d'équipement pour que l'ensemble des moyens de la RTLN soit utilisé de façon optimale et lui permettre de faire face à l'ensemble de ses missions ;
> – les mesures à prendre en vue de permettre une très large diffusion des spectacles lyriques et chorégraphiques produits par la RTLN sur les antennes de la radio et de la télévision.[61]

Les relations entre Salusse et Liebermann se dégradent rapidement en raison du tempérament des deux hommes et du contexte politique, économique et social. Après la disparition de Salusse, les réformes se poursuivent, notamment grâce à la signature d'un accord entre l'Opéra et Antenne 2, afin d'assurer la retransmission des spectacles du Palais Garnier : dix opéras et deux ballets doivent faire l'objet d'une captation. La direction de l'Opéra doit poursuivre ses efforts en faveur de la diffusion, mais

---

58 - BmO, Opéra Presse 1976 : Lettre de Jacques Chirac à Michel Guy, 18 mai 1976.
59 - *Idem*.
60 - Jean Gourret, *Le miracle Liebermann*, op. cit., p. 42.
61 - BmO, Opéra Presse 1976 : Lettre de Jacques Chirac à Michel Guy, 18 mai 1976.

également en faveur de la création et de la formation. En effet, les incohérences structurelles de la RTLN apparaissent et dès le mois de septembre 1977, deux énarques, Jacques Darmon et Jean-Pierre Leclerc, proposent une nouvelle réforme de l'Opéra. Ces hauts fonctionnaires conçoivent un organigramme clarifiant la répartition des tâches. Liebermann, désormais administrateur général des deux scènes lyriques (Garnier et Favart), « a la responsabilité de la programmation et des choix artistiques »[62]. Un cahier des charges fixe les objectifs à atteindre :

> Il précisera notamment les objectifs en matière de production, en matière de diffusion (prix des places, retransmission TV, tournées), en matière de création (nombre de créations lyriques et chorégraphiques), en matière de formation, que ce soit lyrique ou chorégraphique.[63]

Le statut de l'établissement public est alors transformé et la RTLN devient Théâtre national de l'Opéra de Paris (TNOP) en vertu du décret 78-129 du 7 février 1978. C'est dans ce cadre juridique nouveau que la démocratisation de l'art lyrique et de la danse se poursuit.

Le 22 septembre 1978, le contrat cadre liant la chaîne de télévision et le théâtre est renouvelé[64]. Jean-Pierre Leclerc, qui occupe les fonctions de directeur général de l'Opéra, dresse alors le bilan de la politique de Liebermann en matière de retransmission de spectacles[65]. Les problèmes juridiques qui ont suscité de nombreux mouvements sociaux sont désormais réglés et Leclerc se réjouit que « le règlement du conflit avec l'orchestre [ait] permis de réaliser des retransmissions simultanées radio et télévision qui assurent une qualité sonore convenable »[66]. Le 5 février 1979, le directeur général de l'Opéra prononce son verdict :

> Il est possible d'estimer que l'Opéra de Paris est, parmi les principaux Opéras du monde, un de ceux qui assurent le plus de retransmissions télévisées, et de la meilleure qualité.

Cette politique publique de démocratisation de l'Opéra est reconduite jusqu'en juillet 1980, grâce au soutien apporté par l'État en faveur de la captation et de la retransmission des spectacles donnés au Palais Garnier et à la Salle Favart. Antenne 2 bénéficie alors de l'exclusivité. Toutefois, aucune captation n'est commercialisée.

En dépit d'un contexte artistique, économique et social houleux, Liebermann parvient donc à faire du Palais Garnier un Opéra « royal et démocratique ». Son mandat de sept ans (1973-1980), dit « ère Liebermann », apparaît alors comme l'une des époques les plus brillantes du Palais Garnier. La structure de l'institution évolue et, sous son impulsion, le théâtre renouvelle sont répertoire lyrique et chorégraphique tout en accueillant les metteurs en scène, les scénographes et les interprètes les plus talentueux du moment. Ainsi, grâce à quelques spectacles mythiques, tels *Les Noces de Figaro*, en 1973, *Les Contes d'Hoffmann* et *Elektra* en 1974, *Faust* en 1975, *Le Chevalier à la rose*, en 1976, ou encore *Lulu*, en 1979 « le patron »[67] est entré dans la légende.

---

62 - BmO, Opéra arch 20 / 1783 : « La réforme de l'Opéra », dossier de presse, ministère de la Culture et de l'environnement, 22 septembre 1977.
63 - *Idem.*
64 - BmO, Opéra arch. 20 / 1739 : Lettre de Jean-Pierre Leclerc, directeur général de l'Opéra de Paris, à Xavier Larère, directeur général d'Antenne 2, 22 septembre 1978.
65 - BmO, Opéra arch. 20 / 1739 : Note du 5 février 1979.
66 - *Idem.*
67 - Rolf Liebermann, *Actes et entractes, op. cit*, p. 155-157.

Annexes

Annexe n° 1 : Organigramme de l'Opéra à l'entrée en fonctions de Rolf Liebermann, d'après *Programmes mars 1973-juillet 1974*, Paris, Théâtre national de l'Opéra, 1972, p. 81-83.

Administrateur : Rolf Liebermann
Conseiller musical : Sir Georg Solti
Administrateur adjoint : Hugues R. Gall
Conseiller technique chargé de la programmation : Joan Ingpen

Chef des chœurs : Jean Laforge
Chef de la musique de scène : Roger Fayeulle
Chef de la figuration : René Liger
Chef de la copie : Marc Lefèvre

Directrice des études musicales : Jeannine Reiss
Chefs de chant : Raphaël Beaufort, Simone Blanc, Odette Chaynes, Thérèse Cochet, Pierre Darck, Simone Féjard, Anne-Marie Fontaine, Roger Gardel (ballet), Nadia Gedda-Nova, Thérèse Le Godinec (ballet), Claudie Martinet, Michel Queval (ballet)

Metteurs en scène assistants : Jean-Claude Auvray, Phoebe Berkowitz, Michael Dittmann, David Neal

Directeur de la Danse : Raymond Franchetti
Administrateur du Ballet et de l'École de Danse : Gérard Mulys
Maître de ballet troupe Favart : Michel Rayne
Directeur musical de la Danse : Marius Constant
Chefs d'orchestre permanents : Jacqueline Comet, Diego Masson, Boris de Vinogradov
Chefs d'orchestre invités : Antonio De Almeida, Richard Blareau
Directrice de l'École de Danse : Claude Bessy

Directeur général des services artistiques et techniques de la scène : Bernard Daydé
Directeur de la scène : Robert Gilles
Directeur technique : Serge Apruzzese
Chef artistique des ateliers de décors : Bernard Arnould
Chef des peintres décorateurs : Pierre Audert
Chef électricien : Lucien Bethmont
Chef des magasins et des transports : Marcel Gilbert
Chef décorateur : Maurice Le Nestour
Chef tapissier : Pierre Marin-Dubuard
Chef constructeur menuisier : Théophile Miramont
Chef accessoiriste : Pierre Pion
Chef constructeur serrurier : Albert Polastro
Conseiller technique de l'atelier de dessin : Marcel Révérend
Chef machiniste : Jacques Rollet
Chef des ateliers et magasins de décors : Jean Souchal
Chef de l'habillement et de la couture : Renée Trosseau

Conservateur de la bibliothèque et du musée de l'Opéra : Martine Kahane (ministère de l'Éducation nationale)

Annexe n° 2 : Liste des échanges et coproductions prévus entre la Scala de Milan et l'Opéra de Paris en vertu du protocole d'accord du 11 juin 1975, d'après BmO, Opéra arch. 20 / 1827.

Échanges

Origine Paris
Le Comte Ory (déc. 1976) prévu à Milan en fév. 1977
La Forza del destino (1975, reprise fév. 1977) prévu à Milan en avr. 1978

Origine Milan
La Cenerentola (déc. 1976) prévu à Paris en juil. 1977
Simon Boccanegra (1972, reprise fév. 1978) prévu à Paris en oct. 1978
Macbeth (1975, reprise mars 1978) prévu à Paris en juin-juil. 1979

Coproductions

Origine Paris
Die Zauberflöte (mai 1977) prévu à Milan en 1979
L'Incoronazione di Poppea (mars 1978) prévu à Milan en déc. 1978
Lulu (mai 1979) prévu à Milan en déc. 1979

Origine Milan
Le Prophète (mai 1977) prévu à Paris en juin-juil. 1978
Manon Lescaut (déc. 1976) prévu à Paris en mai 1978
Der Freischutz (1977) prévu à Paris (à fixer)

En plus il y a la possibilité que la Scala soit intéressée à emprunter pendant la saison 1975/1976, les productions parisiennes de *Così fan tutte*, *Der Rosenkavalier* et *Turandot*. Les œuvres du répertoire actuel de la Scala que l'Opéra de Paris pourrait être amené à choisir ne sont pas encore arrêtées.

Annexe n° 3 : « Rolf Liebermann : après moi… », propos recueillis par Jack Gousseland, *Le Point*, n° 242, 9 mai 1977.

Le Point : *Votre contrat expire le 31 juillet 1980. Pourquoi n'en avez-vous pas sollicité le renouvellement ?*
Rolf Liebermann : Parce que j'aurai 70 ans en 1980. J'ai travaillé toute ma vie. Je n'en peux plus. C'est maintenant aux jeunes de se battre pour cette maison. Et puis j'en ai marre. Ma situation a changé depuis que je suis arrivé ici. Pour expliquer la situation, il faut faire un peu d'histoire. Quand, en 1970, Marcel Landowski et Dominique Ponnau sont venus chez moi, à Zurich, me proposer la direction de la Réunion des théâtres lyriques nationaux, je n'étais pas chaud. J'avais décidé de prendre ma retraite et mon successeur à Hambourg était nommé pour 1973. Pourtant, je suis venu à Paris. Les conversations que j'ai eues alors avec Jacques Duhamel, ministre des Affaires culturelles, et le président Georges Pompidou, ont commencé à m'intéresser : on me demandait de sauver cette maison. De lui rendre le lustre qu'elle avait eu au XIXe siècle, quand l'Opéra de Paris était le premier du monde. Après la direction de Jacques Rouché, la maison s'était trouvée peu à peu étouffée par les règlements, décrets, arrêtés et autres prérogatives des préposés et conseillers techniques… La maison mourait moins par manque d'argent qu'étranglée par les règles de cette dangereuse bureaucratie. Or j'avais la chance de pouvoir recommencer du point zéro, en ce sens que la maison était fermée et les gens licenciés. On était prêt à m'accorder une subvention comparable à celle de Vienne, Londres ou Berlin. Surtout je pouvais obtenir toutes sortes de libertés qu'en connaissance du métier je savais indispensables et que les directeurs qui m'avaient précédé n'avaient jamais eues. Notamment de disposer à l'avance du budget : je peux, en 1976, engager quelqu'un pour 1980. C'était contraire à toutes les règles d'administration française. C'est pourtant la seule possibilité de gérer un théâtre lyrique.

Qu'est-ce qui a changé depuis ?
– Il faut expliquer que la loi interdisait qu'un étranger reçoive un théâtre en régie d'État. On trouva donc un détour juridique en créant – pour moi – un conseil d'administration où sont représentés les Finances, la Culture, le personnel, la presse, etc. Conseil dont le président me délègue tous ses pouvoirs. Le premier, un conseiller d'État, Jean Hourticq, un homme délicieux, qui adorait la musique, m'a laissé toutes libertés pour piloter le navire. Seulement, après lui, on a nommé Jean Salusse…
Certains vous tiennent responsable de la crise du chant français.
– Il n'y a pas de crise du chant français, mais du théâtre lyrique français. Une douzaine de chanteurs français sont de toute première classe internationale. Et je leur donne les premiers rôles. Combien y a-t-il de voix anglaises pour le moment ? Pas plus de vingt. Le problème, c'est que les jeunes qui ont de belles voix n'ont pas la chance de pouvoir démarrer. C'est une idée absurde de croire que tous ceux qui sortent du Conservatoire doivent être engagés par l'Opéra de Paris. Ce n'est pas son rôle. En revanche, il devrait y avoir vingt ou trente scènes de province où ils pourraient chanter, jouer, travailler toute l'année. Par manque d'argent, on ne les engage qu'au coup par coup. Pour deux représentations et une semaine de répétitions : c'est trop peu pour approfondir le métier. Par insécurité financière, ils acceptent tout : une semaine, une opérette, l'autre, un grand Verdi, un jour, un rôle de mezzo, huit jours plus tard, de soprano colorature. Les voix sont tout de suite démolies. Évidemment, on pourrait faire de l'Opéra-Comique un théâtre de répertoire pour jeunes chanteurs. J'en serais le premier heureux. Mais ça coûte un peu d'argent… C'est une question de politique culturelle française.
On critique votre répertoire. Peu de contemporains, pas de créations et surtout aucun véritable ouvrage de bel canto *: mais trois Massenet en quatre saisons !*
– Sous une influence idiote, « la » chanteuse actuelle de Bellini (et de tout le *bel canto*) refuse de venir à l'Opéra alors qu'elle est une des premières que j'ai invitées. Or, je construis mes programmes d'après les distributions que j'arrive à réunir. C'est pourquoi j'ai attendu 1977 pour « Pelléas ». Massenet ? Paris était le seul grand Opéra qui n'en avait pas au répertoire. En juin 1980, nous créerons un opéra de Messiaen qu'il mettra lui-même en scène. Je ne veux pas enlever à mon successeur la chance d'entrer en fonction avec une nouvelle *Carmen*.
Quelles conditions devrait remplir votre successeur ?
– Il faut d'abord se demander : est-il nécessaire qu'il soit français ? S'il s'agissait de me remplacer sans changer le statut juridique, des hommes de grande expérience comme Paolo Grassi, l'ancien surintendant de la Scala, ou George Harewood du Sadler's Well s'imposeraient. Mais des Français, aussi, en sont capables. Il suffit d'un peu de fantaisie pour les découvrir. Or, si on engage un Français, plus besoin de tout l'appareil juridique créé pour moi : conseil d'administration, président, etc. Le problème est alors de nommer un vrai directeur artistique : seul quelqu'un ayant une connaissance et un amour profond du théâtre peut faire fonctionner cette maison où tout devient sans cesse un problème de relations personnelles et d'affectivité. Qu'on nomme un fonctionnaire et c'est demain la grève !
Le directeur artistique ne pourra pas tout faire : il devra prendre à ses côtés un bon directeur financier, économique et social. Un enthousiaste du lyrique et un ami si possible : sans confiance mutuelle, la machine se bloque.
Le vrai problème, c'est qu'à l'occasion du changement, l'administration cherche à reprendre le pouvoir. Déjà l'interventionnisme se fait de plus en plus pressant. Si mon successeur ne prend pas de sérieuses garanties avant de signer, il risque de se retrouver encadré par une série de fonctionnaires, ligoté dans ses choix. Bref : impuissant. Le théâtre et l'argent sont là pour produire le spectacle, et non pour faire vivre l'administration.
Pour la modernisation de la scène, aussi, l'État doit prendre ses responsabilités. Elle est en bois. Elle a 100 ans. Elle craque de partout et coûte énormément d'argent. Alors, faut-il dépenser des sommes fabuleuses pour la réparer, ou construire le grand opéra de plus de 3 000 places dont Paris a besoin et qui serait, lui, enfin économique et démocratique ? Le trou des Halles serait, évidemment, le lieu idéal…
C'est au Parlement de choisir. Si une qualité médiocre lui suffit, ma succession ne pose pas de problèmes. S'il veut un théâtre de classe internationale, il doit y mettre le prix. C'est un choix politique. Mais je ne crois pas que le public accepterait le déclin de cette maison.

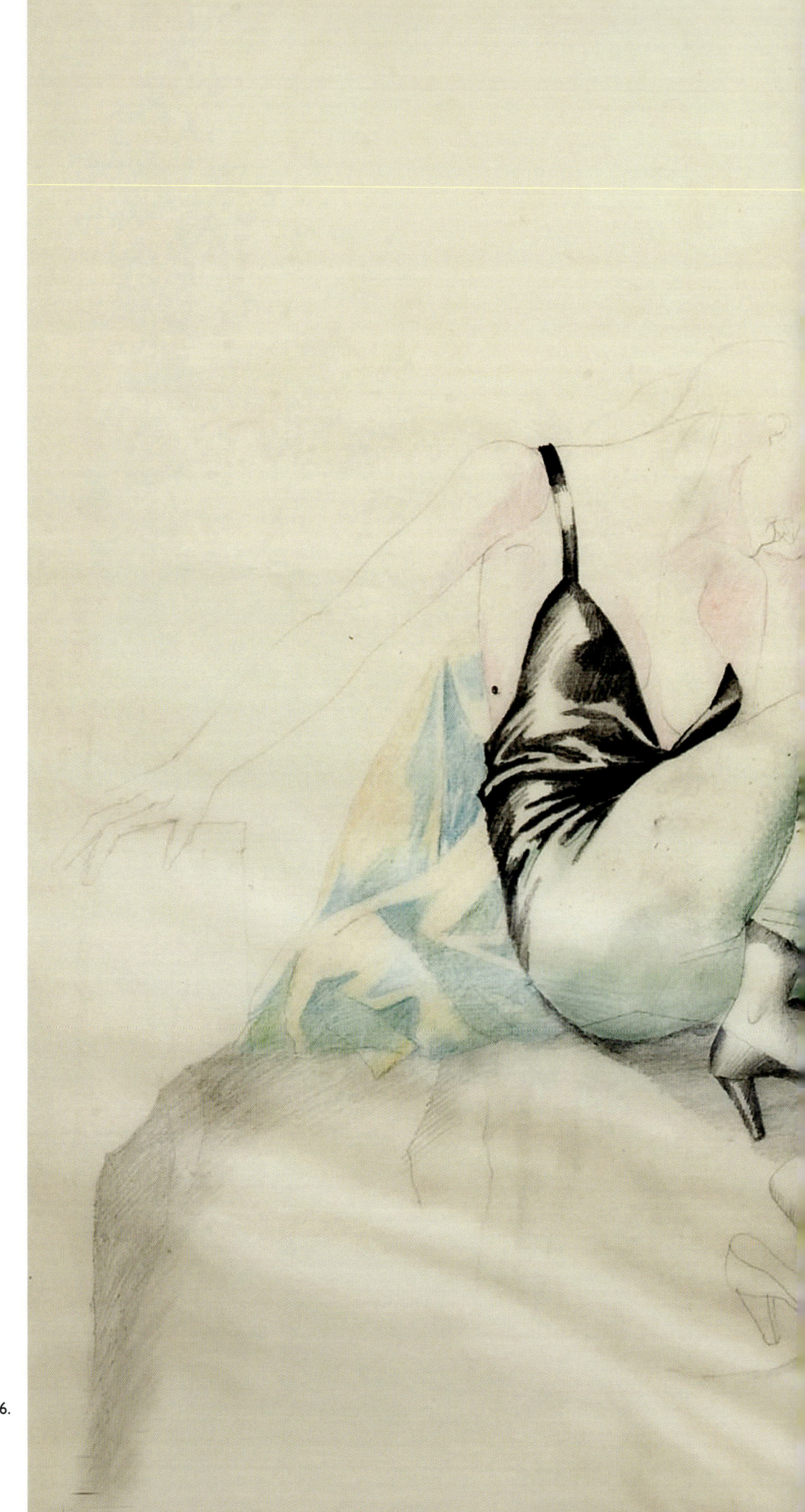

Moidele Bickel. Les filles du Rhin
maquette de costumes pour *L'Or du Rhin*, 1976.

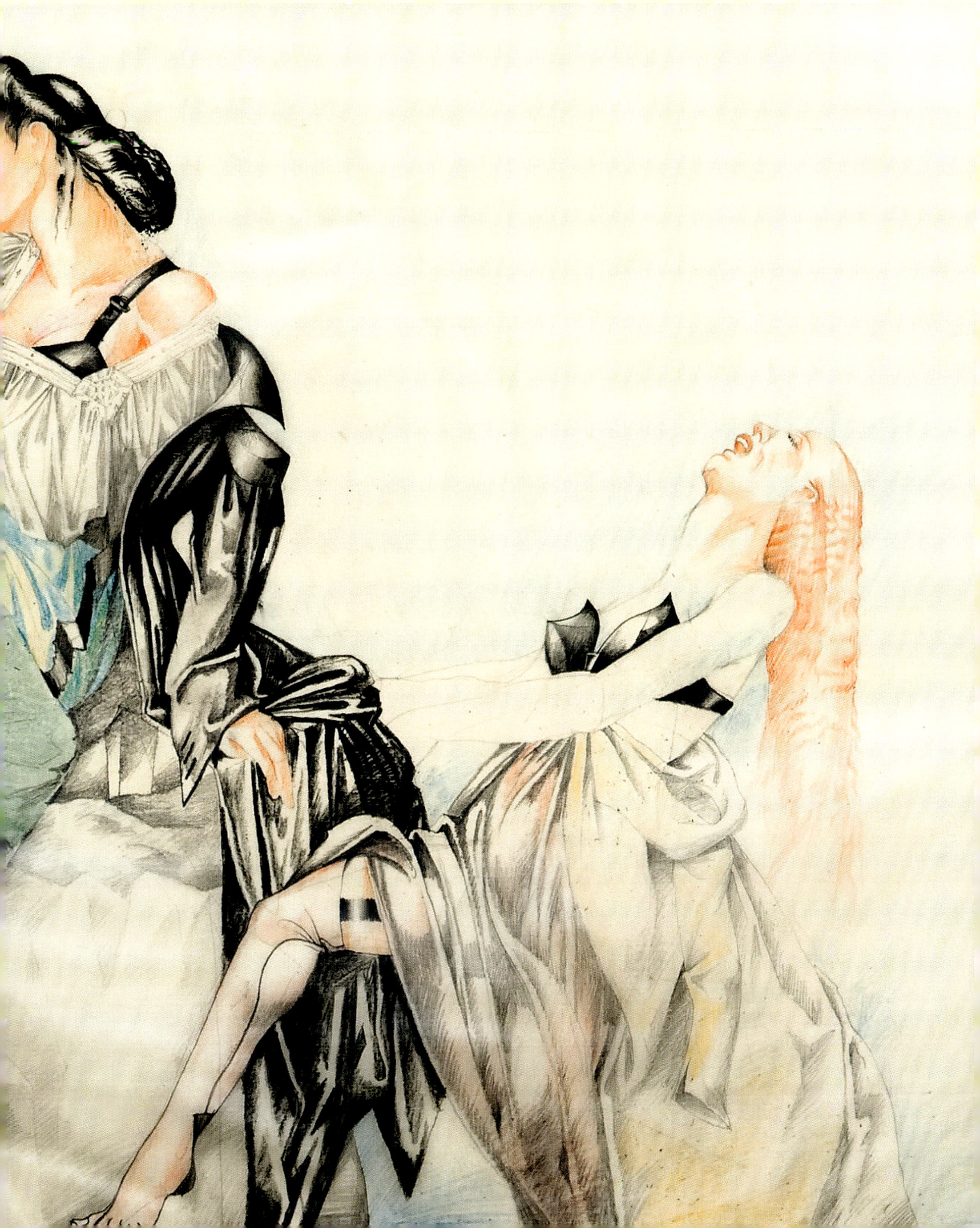

Moidele Bickel. Sigmund
maquette de costumes pour *La Walkyrie*, 1976.

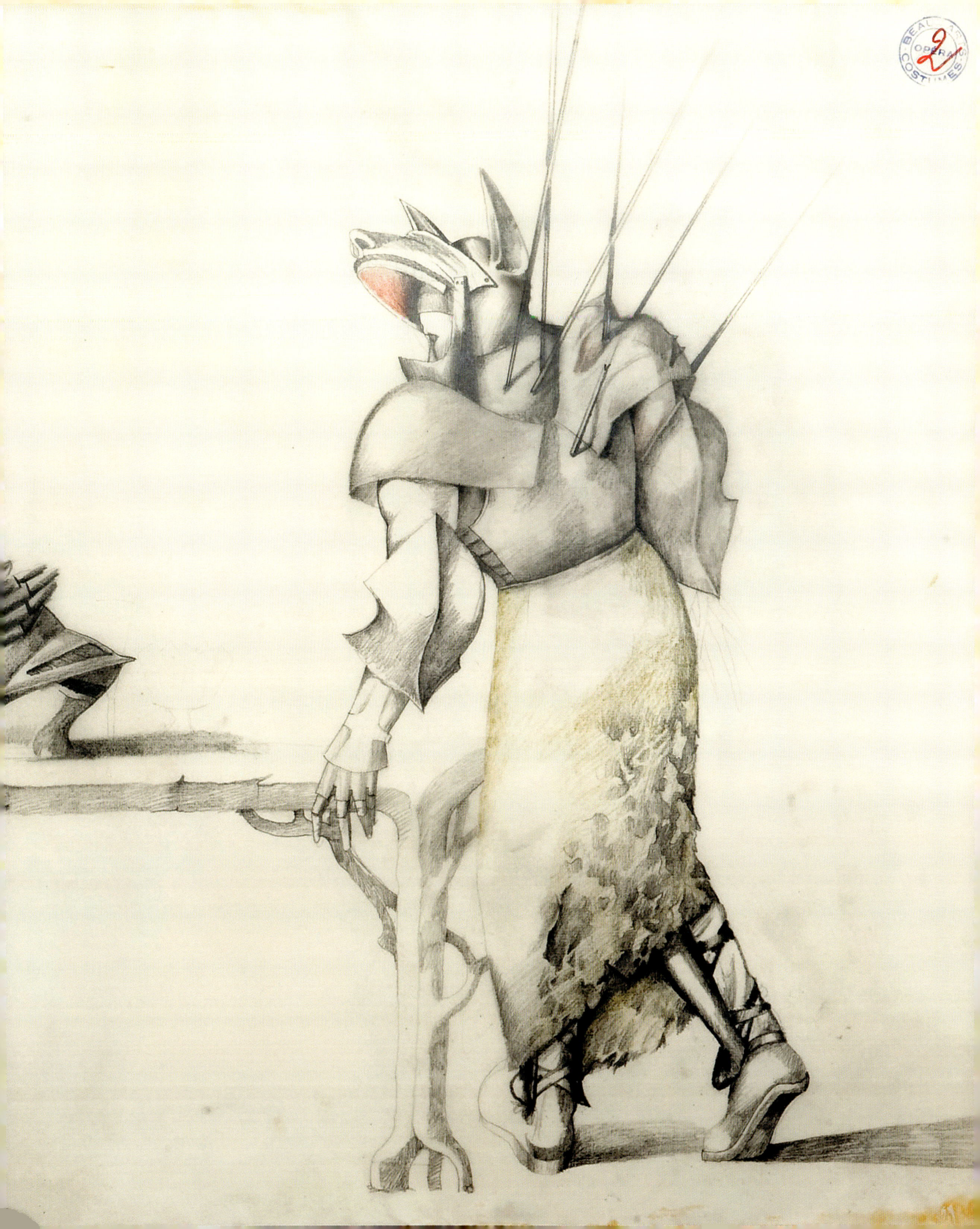
OPERA
COSTUMES
21

Moidele Bickel. Wotan
maquette de costumes pour *La Walkyrie*, 1976.

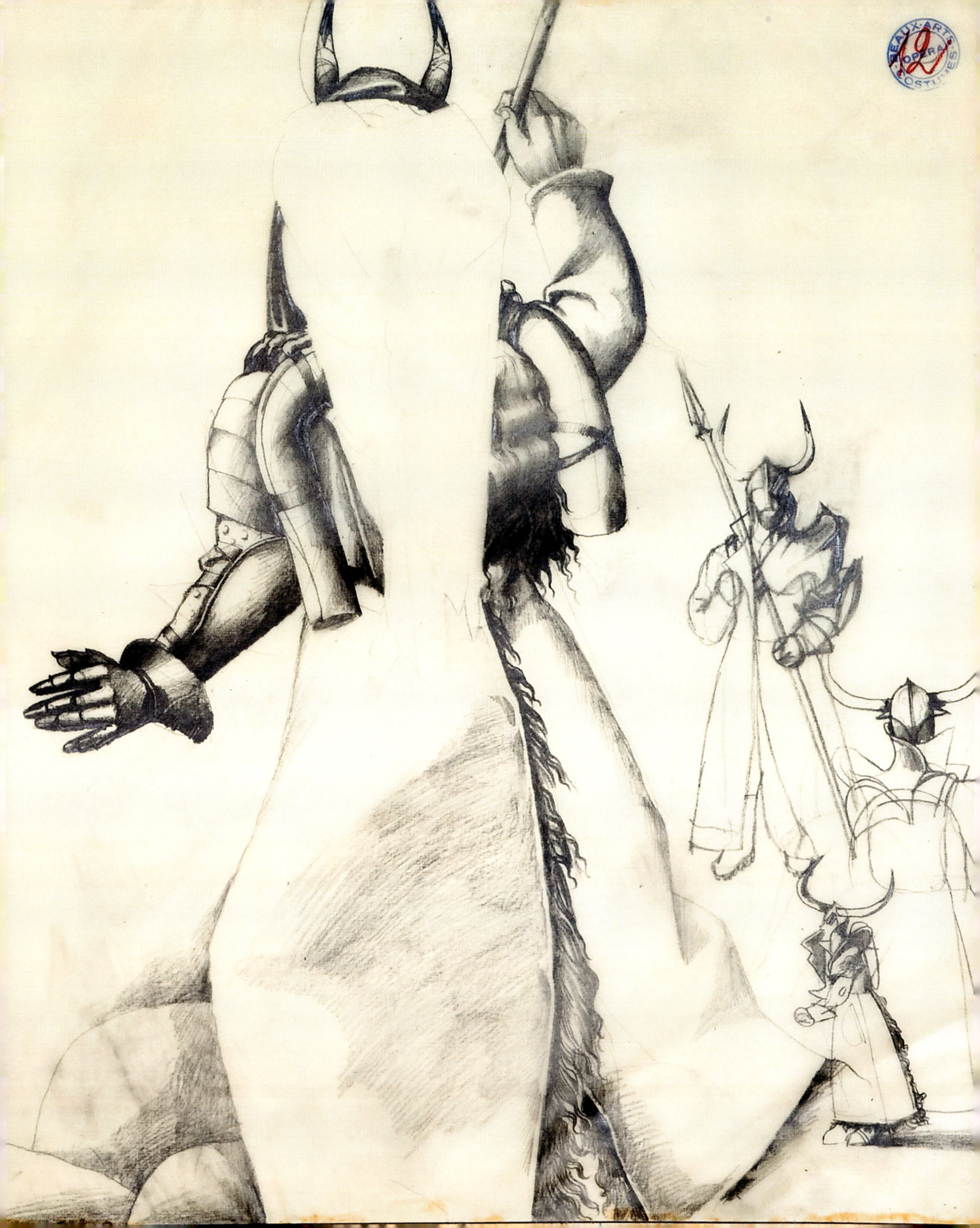
BEAUX-ARTS
OPERA
COSTUMES
12

Ezio Frigerio. La chambre de la Maréchale : esquisse de décor pour le premier acte du *Chevalier à la rose*, 1976.

Ezio Frigerio. La Maréchale
maquette de costume pour *Le Chevalier à la rose*, 1976.

Ezio Frigerio. Le serviteur noir de la Maréchale
maquette de costume pour *Le Chevalier à la rose*, 1976.

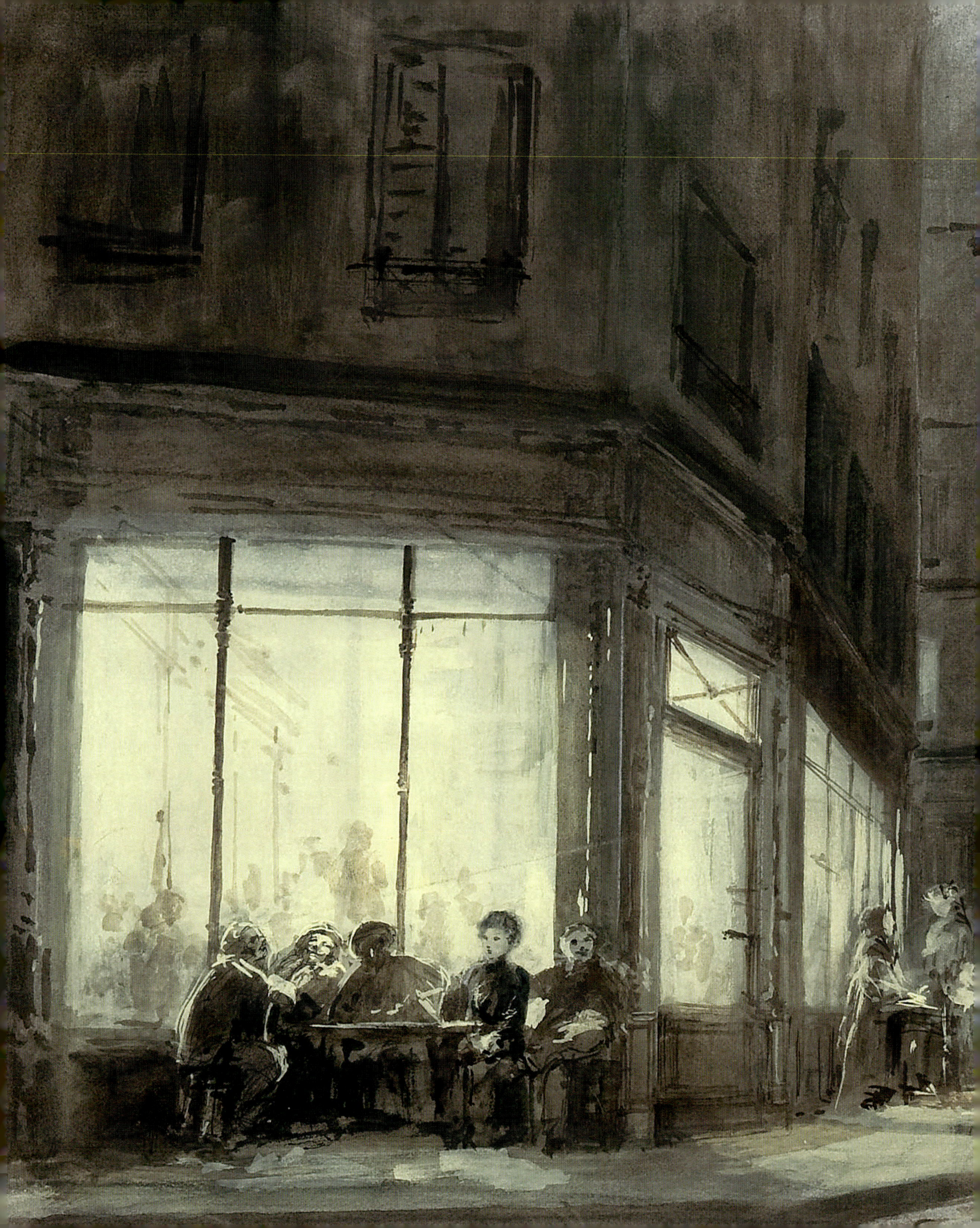

Pier Luigi Samaritani. La rue et le café Momus
esquisse de décor pour le deuxième acte de *La Bohème*, 1973.

Musette

La programmation lyrique de Liebermann
Un miracle inéluctable
par Christophe Ghristi

Les sept années de Rolf Liebermann à l'Opéra de Paris n'étaient pas encore achevées que Jean Gourret, historien de l'institution, faisait paraître un plaidoyer vibrant pour le grand homme : *Le miracle Liebermann*. Et dans un récent numéro d'*Opéra Magazine*, le critique José Pons témoignait quarante ans après de son éblouissement de jeune mélomane à la lecture de la première saison du nouveau directeur. Alors, certes, miracle il y eut ! La situation de l'Opéra de Paris était-elle à ce point catastrophique ? Sous la direction d'Emmanuel Bondeville (de 1950 à 1969) et de ses administrateurs successifs (le compositeur Georges Auric et René Nicoly notamment), l'illustre maison traverse deux décennies sans trop de heurts mais aussi sans grande évolution, la tradition s'était muée en routine, sauf au cours de quelques brillantes soirées. Le répertoire est quelque peu figé et la troupe compte le meilleur comme le pire. L'Opéra accueille bien parfois les grands noms du moment – Maria Callas, Elisabeth Schwarzkopf, Joan Sutherland – mais il ne peut rivaliser avec les grandes scènes internationales. Cette léthargie de l'Opéra de Paris est indéniable si l'on fait la comparaison avec deux autres grandes maisons à la même époque, l'Opéra de Vienne et le Metropolitan Opera de New York. Dans la première, Herbert von Karajan est directeur jusqu'en 1964, mettant en scène presque autant qu'il dirige, puis Egon Hilbert et Heinrich Reif-Gintl. Les plus grands chanteurs sont là – les grands mozartiens comme les grands verdiens ou les grands wagnériens – et le répertoire quoique prudent n'hésite pas à s'élargir aux grands noms du XXe siècle comme Janáček ou Chostakovitch. A New York, les années 1960 correspondent à la deuxième moitié du règne non moins légendaire de Rudolf Bing (1950-1972). Là aussi, les plus grands chanteurs sont sur scène tous les soirs, dans les grands ouvrages du répertoire. Néanmoins, Bing, même si c'est à contrecœur, accepte de donner des œuvres dont le succès ne lui semble pas naturel. En 1953, il accepte de redonner *Pelléas et Mélisande* pour Victoria de los Angeles, et sous la direction de Pierre Monteux. Au même moment à Paris, les répertoires de l'Opéra et de l'Opéra-Comique sont

◀ **Pier Luigi Samaritani. Musette**
maquette de costume pour *La Bohème*, 1973.

toujours aussi (absurdement) cloisonnés et une représentation du chef-d'œuvre de Debussy à Garnier est simplement impensable… *Carmen* elle-même n'y est pas encore admise et devra attendre 1959 pour avoir l'honneur de traverser le boulevard. De fait, pendant ces années 1960, le répertoire de l'Opéra est assez pauvre : une fois adoptée, *Carmen* va être jouée jusqu'à l'excès, en compagnie de *Faust*, et avec quelques-uns des titres les plus populaires du répertoire : *La Traviata, Lucia di Lammermoor* (avec Mady Mesplé), *Tosca, Falstaff, Rigoletto, La Walkyrie* (avec Régine Crespin), *Le Barbier de Séville*. Très peu de Mozart, alors donné le plus souvent en français à l'Opéra-Comique. Pas de création, sauf celle des *Dialogues des carmélites* de Francis Poulenc dans la langue de Bernanos, après la création mondiale (en italien) donnée à la Scala de Milan. Le directorat d'Emmanuel Bondeville ne peut donc pas se parer du prestige et de l'audace de celui de Jacques Rouché (de 1914 à 1945), qui avait amené à l'Opéra les plus grands compositeurs de son temps, de Milhaud et Ravel à Enesco, Falla et Prokofiev, sans parler des peintres ou chorégraphes. À la fin des années 1960, cet immobilisme se transforme progressivement en naufrage : une révolution semble indispensable, inéluctable, une question de vie ou de mort. Pendant la saison 1970-1971, la Maison est tout simplement fermée, et le chœur est dissout. Nommé en 1964 par Georges Auric et maintenu dans ses fonctions par Liebermann, Jean Laforge est chargé de la constitution d'un nouveau chœur. De son côté, l'orchestre est complété.

En regard, rien n'est plus différent que la politique d'une maison comme le Staatsoper de Hambourg. Comme Paris, c'est un Opéra de longue tradition puisque sa fondation remonte à 1678, le premier d'Allemagne. En 1703, un jeune Haendel encore inconnu y est engagé pour y tenir le clavecin. Au début du XXe siècle, l'Opéra accueille les œuvres de Stravinsky, Hindemith ou Janáček et bénéficie dans les années 1930 des qualités des deux directeurs musicaux, Karl Böhm et Eugen Jochum. L'opéra est détruit par les bombes en 1943. Sous la direction de Günther Rennert, intendant et metteur en scène, le théâtre est reconstruit et rouvre le 15 octobre 1955 avec une nouvelle *Flûte enchantée*. C'est l'un de ses disciples, Rolf Liebermann, qui prend la direction de l'opéra en 1959. Liebermann alors n'est pas un débutant : il a quarante-neuf ans et une belle carrière de compositeur derrière lui. Il est auréolé de la création à Salzbourg de sa *Pénélope* ainsi que de *L'École des femmes* (en création européenne après Louisville dans le Kentucky), deux événements dirigés par George Szell. Ses talents d'organisateur sont déjà reconnus puisque de 1950 à 1957, il a été le directeur de l'Orchestre de la Radio suisse alémanique à Zurich avant d'être directeur de la musique pour le Norddeutsche Rundfunk. Son mandat à Hambourg est marqué par une intense activité de création : pas moins de vingt-huit œuvres nouvelles sont créées pour l'opéra et le ballet, parmi lesquelles on peut citer *Le Prince de Hombourg* de Hans Werner Henze, d'après la pièce de Kleist adaptée par Ingeborg Bachmann, *Les Diables de Loudun* de Krzysztof Penderecki ou le *Staatstheater* de Mauricio Kagel. Il programme les grandes œuvres du XXe siècle, de Berg à Britten, et apporte en même temps une attention toute particulière au répertoire, très bien servi. C'est à Hambourg qu'est lancée la carrière d'un jeune ténor espagnol, Placido Domingo.

Il est donc a priori difficile d'imaginer la rencontre entre cet Opéra de Paris sommeillant et l'entreprenant directeur de Hambourg. À soixante ans, celui-ci avait décidé d'arrêter ses activités de directeur et de se consacrer à nouveau à la composition. Liebermann comprend tout de suite la difficile situation et la lourde tâche qui lui incombe. Mais devoir repartir de zéro et recréer de toutes pièces un Opéra de Paris concurrençant Vienne ou New York est ce qui le décide à relever le défi. Le chœur et l'orchestre sont reconstitués. Le premier rêve de Liebermann – rêve constructif s'il en est - est de diriger à la fois le Palais Garnier et l'Opéra-Comique, le premier pour le grand répertoire, le second pour les œuvres demandant un espace plus restreint, pour faire travailler les jeunes chanteurs et enfin pour faire de la création, cette création qui est en quelque sorte sa marque de fabrique. Le gouvernement refuse : il ne pourra mettre en place que le premier volet du projet. Et Liebermann décide de commencer par le commencement : la reconstruction d'un répertoire, éventail de productions que l'on peut présenter et reprendre à loisir avec de nouveaux chanteurs. De son aveu même, il cherche à recréer un grand « musée » de l'opéra. « À Hambourg, je passais pour un aventurier. À Paris, je suis devenu réactionnaire. » Dès cette première saison et pour les suivantes, Liebermann choisit dans l'histoire de l'opéra quelques chefs-d'œuvre indispensables à toute grande maison – le répertoire de base signé Mozart, Verdi, Wagner, Puccini, Strauss. Il choisit également dans le répertoire français quelques œuvres essentielles : l'*Orphée* de Gluck, le *Don Quichotte* et la *Manon* de Massenet, *Les Contes d'Hoffmann* ou *Faust*, *Ariane et Barbe-Bleue* de Paul Dukas et *Pelléas et Mélisande* qui entre enfin au répertoire. Il essaie d'introduire également quelques œuvres du XXe siècle (*Moïse et Aaron* donné en français dès 1973 – un exploit pour Laforge –, *Lulu* en 1979 et en allemand) et passe commande à trois grands compositeurs français : André Jolivet, Henri Dutilleux et Olivier Messiaen. Ajoutons-y encore, pour seuls exotismes, *Boris Godounov* et *Le Couronnement de Poppée* : Liebermann, tout à sa volonté de reconstruction et de réussite publique, ne s'aventurera pas plus loin. Du stock existant de l'Opéra de Paris, il ne reprend guère qu'un *Don Carlo* mis en scène par Margherita Wallmann. Tout le reste est déprogrammé – un *Turandot* dont on lui avait dit grand bien et qu'il trouve impossible – ou, plus simplement, disparaît… Reste à trouver avec quels chefs d'orchestre, quels metteurs en scène et quels chanteurs aura lieu ce miracle programmé.

Le premier geste de Liebermann est donc de rendre Mozart à Paris, ville où il est depuis longtemps sinistré. Le renouveau mozartien venu de Salzbourg et qui a fait la gloire du Festival d'Aix-en-Provence n'a pas encore abordé la capitale. En 1973, *Les Noces de Figaro* n'ont encore jamais été données dans leur langue originale à l'Opéra de Paris. Liebermann va presque effacer d'un coup le malentendu entre Mozart et Paris en ouvrant sa première saison avec une nouvelle production confiée à Georg Solti, Giorgio Strehler et Ezio Frigerio. Strehler est l'un des grands hommes de théâtre de son temps : sa connaissance du XVIIIe siècle et en particulier son travail sur Goldoni en font l'homme de la situation. Il est parfaitement en phase avec Frigerio, l'un des plus grands décorateurs du siècle, qui invente une scénographie élégante, mais en rien rococo, jouant avant tout sur le vide et la lumière. Liebermann confie l'orchestre et le chœur à Georg Solti, directeur musical du Royal Opera House de Londres de 1961 à 1971, alors directeur de l'Orchestre de Paris, et dont il fait son conseiller musical. Enfin, Rolf Liebermann amène à Paris toute une génération de chanteurs qui y est encore méconnue : Gundula Janowitz et bientôt Margaret Price, Mirella Freni et bientôt Lucia Popp, Frederica von Stade, José Van Dam… Il confie le Comte à Gabriel Bacquier, un des plus glorieux éléments de l'Opéra de Paris et l'un des rares mozartiens français de son temps. D'emblée, la production s'impose comme un classique, et mieux, comme une date importante dans l'histoire du théâtre lyrique. Elle sera reprise sans cesse tout au long du septennat de Liebermann, par les bons soins de Jean-Claude Auvray puis de Humbert Camerlo, avec de nouveaux interprètes comme Christiane Eda-Pierre ou Kiri Te Kanawa (la Comtesse), Teresa Stratas ou Ileana Cotrubas (Susanna), Teresa Berganza ou Agnes Baltsa (Cherubino)… Cinquante-sept représentations auront lieu jusqu'au 14 juillet 1980, dernière représentation de l'ère Liebermann, sous la direction de chefs comme Mackerras, Rudel, Dohnanyi, Jacquillat ou Pritchard. Ces « Noces » inaugurent une politique de prestige : chefs d'orchestre et solistes internationaux. Le gouvernement accorde enfin à Liebermann la possibilité de signer des contrats trois ou quatre ans à l'avance. Les chanteurs français ne sont pas particulièrement favorisés et l'esprit de la troupe a disparu. Il a beaucoup été reproché à Liebermann d'avoir été le « fossoyeur du chant français ». Question de perspective : il a plutôt remis l'Opéra de Paris dans le réseau des grandes maisons internationales. Et pour ce qui est des jeunes chanteurs, s'il voyait bien entendu tout l'intérêt d'un studio, Liebermann a toujours répété que ce n'était pas à l'Opéra de Paris que l'on devait apprendre son métier de chanteur. C'est au sommet de ses moyens qu'il faut y accéder.

De tous les compositeurs, c'est donc Mozart qui est joué le plus souvent puisque Liebermann met également à l'affiche des nouvelles productions de *Così fan tutte*, de *Don Giovanni*, de *L'Enlèvement au sérail* et de *La Flûte enchantée*. Le premier est donné dans une nouvelle production de Jean-Pierre Ponnelle, metteur en scène français qui s'est révélé quelques années auparavant avec un *Barbiere di Siviglia* au Festival de Salzbourg. Sous la direction du grand Josef Krips dialoguent Margaret Price, Jane Berbié, Teresa Stratas, Tom Krause et Gabriel Bacquier. En mars 1975, *Don Giovanni* sera dirigé par Solti et mis en scène par August Everding, grand homme de théâtre allemand, successeur de Liebermann au Staatsoper de Hambourg avant d'être l'intendant célèbre du Staatsoper de Munich. La troupe mozartienne est là : Margaret Price, Kiri Te Kanawa, José Van Dam, Jane Berbié, rejointe par Roger Soyer. L'affiche de *L'Enlèvement au sérail* n'est pas moins intimidante : Karl Böhm dirige, Günther Rennert met en scène et Christiane Eda-Pierre chante une Konstanze idéale face à l'Osmin de Kurt Moll. Le même chef dirige *La Flûte enchantée* dans la production de Horst Zankl avec Kiri Te Kanawa, Horts Laubenthal, Martti Talvela et la Reine de la nuit historique d'Edda Moser. La réhabilitation est fort tardive, mais, comme on le voit, éclatante.

Dans le domaine italien, Liebermann se concentre sur Verdi et Puccini. *La Bohème*, dans la mise en scène de Gian Carlo Menotti et les décors et costumes de Pier Luigi Samaritani, sera l'un des plus grands succès de ces années. Il est vrai qu'il y présente deux arguments de poids : Luciano Pavarotti et Placido Domingo. Au début de sa carrière mondiale, ce dernier règne quasiment sans partage sur ces saisons. Liebermann l'avait découvert dès 1967, fait débuter dans *Tosca*, et l'avait recommandé à Rudolf Bing pour le Metropolitan Opera. À Paris, il va chanter Manrico (*Le Trouvère*), Arrigo (*Les Vêpres siciliennes*), Don Alvaro (*La Force du destin*), Otello, Rodolfo (*La Bohème*) et Cavaradossi (*Tosca*). Mais l'Opéra entend beaucoup également Carlo Cossutta. Dans ce répertoire, sont également présents Mirella Freni (Mimi, Amelia), Margaret Price (Desdemona), Martina Arroyo et Shirley Verrett. Mais, au zénith de Leontyne Price, Paris devra se contenter en Tosca d'Oriana Santunione et d'Arlène Saunders, dans une mise en scène peu inspirée de Günther Rennert et sous la baguette peu idiomatique de Mackerras. Mais Cossutta, Domingo et Bacquier sont là pour triompher. Rien de révolutionnaire mais du durable pour les mises en scène, confiées à de bons artisans comme John Dexter, Terry Hands ou Tito Capobianco. Grâce à un partenariat privilégié, Liebermann peut néanmoins faire venir de la Scala de Milan la belle production de *Simon Boccanegra* signée par Strehler et dirigée par Claudio Abbado. Mais il échoue en revanche à faire venir à l'Opéra Riccardo Muti, en désaccord avec la version du « Trouvère » présentée. Revenant à la source de l'opéra, Liebermann présente aussi une nouvelle production du *Couronnement de Poppée*, dans une vision hollywoodienne de Günther Rennert. La luxueuse distribution évoque davantage Wagner ou Verdi : Gwyneth Jones en incendiaire courtisane, Jon Vickers plus Néron que nature, et pour Ottavia et Seneca, rien de moins que Christa Ludwig et Nicolai Ghiaurov.

  Pour Wagner, Liebermann n'eut pas les moyens d'aller au bout de ses projets. Dès sa première saison, il donne un *Parsifal* dans la régie d'August Everding et sous la direction de Horst Stein. Autour de la Kundry de Josephine Veasey, les Knappen ou Filles-Fleurs s'appellent Renée Auphan, Nadine Denize, Christiane Eda-Pierre, Andréa Guiot ou Jane Berbié. Après vingt ans de règne, c'est dans ce cadre que Régine Crespin fait sa dernière grande apparition au Palais Garnier. Sa relation difficile avec le public parisien la tiendra ensuite éloignée de l'Opéra et elle n'y chantera aucun des rôles qu'elle aborde à cette période : Carmen, Madame de Croissy ou la Comtesse de *La Dame de pique*. Une nouvelle Tétralogie fut également programmée : c'était un événement car, si l'Opéra avait accueilli par exemple les productions de Wieland Wagner, il n'avait pas réalisé lui-même de nouvelle production depuis le début du siècle. Le monument en un prologue et trois journées est confié à deux metteurs en scène associés, travaillant étroitement ensemble : Peter Stein et Klaus Michael Grüber. Solti est dans la fosse, dirigeant Christa Ludwig (Fricka), Helga Dernesch (Freia puis Sieglinde), Theo Adam (Wotan), Kurt Moll (Fasolt puis Hunding), Gwyneth Jones (Brünnhilde) et Peter Hofmann (Siegmund). Malgré un immense succès, faute de moyens, ce *Ring* doit s'arrêter après *La Walkyrie*. Voilà qui a été sans doute l'une des grandes déceptions de Liebermann, avec un projet de *Tristan et Yseult* qui ne peut lui aussi voir le jour. Après la programmation audacieuse de *La Femme sans ombre* en octobre 1972 par Bernard Lefort (avec King, Berry, Rysanek et Ludwig sous la direction de Böhm), Liebermann programme les deux Strauss les plus représentatifs : une *Elektra* sous la direction de Böhm (et Everding à la régie) avec les straussiennes spectaculaires de l'époque – Nilsson, Rysanek, Ludwig, plus tard remplacée par Varnay. La même Christa Ludwig sera la Maréchale d'un nouveau *Chevalier à la rose*, dans des décors grandioses d'Ezio Frigerio, avec Yvonne Minton en Octavian et Lucia Popp en Sophie. Ce trio succède à celui qui avait fait triompher l'ouvrage sous le règne de Bondeville : Régine Crespin, Suzanne Sarroca et Liliane Berton.

Le répertoire français est l'un des domaines où l'instinct de Liebermann fait merveille. En même temps que *Les Noces de Figaro* à Versailles, son premier spectacle à Garnier est l'« Orphée » de Gluck. La révolution d'*Atys* étant encore loin, il y voit en quelque sorte la naissance de l'opéra français. Manuel Rosenthal dirige, René Clair met en scène : voilà la quintessence même de la France. Nicolai Gedda chante le rôle-titre (entouré de Jeannette Pilou et Christiane Eda-Pierre) et Balanchine règle la chorégraphie : voilà le style français illustré par les plus grands artistes internationaux. Contrairement à ce qu'on aurait pu imaginer, Liebermann ne va cesser de défendre Massenet. Il confie *Don Quichotte* à Georges Prêtre et Peter Ustinov. Nicolai Ghiaurov, Viorica Cortez et Robert Massard constituent une distribution idéale. Pourtant la production est un échec complet. Liebermann aura plus de chance avec sa *Manon*, où alternent Ileana Cotrubas, Jeannette Pilou et Eliane Manchet – et Alain Vanzo en Des Grieux. En octobre 1974, il a la main heureuse pour *Les Contes d'Hoffmann*, l'un des plus grands succès de son mandat. Georges Prêtre est là, Nicolai Gedda aussi. Autour de lui, Eliane Manchet, Christiane Eda-Pierre et Régine Crespin dont c'est la dernière apparition à l'Opéra. Sifflée, elle se retire de la production et laisse la place à Suzanne Sarroca. Mais tous les regards se tournent cette fois sur le metteur en scène, le jeune Patrice Chéreau, co-directeur du Théâtre national populaire de Villeurbanne. La mise en scène, d'une poésie et d'une force rares, révèlent un grand artiste et ce premier spectacle mène Chéreau, à la demande de Boulez et à la suite du retrait de Peter Stein, directement à Bayreuth pour le légendaire *Ring* du centenaire. La même saison, Liebermann présente une autre production importante : le *Faust* de Gounod mis en scène par Jorge Lavelli. Plus de Moyen Âge et de pacotille, Lavelli rend Faust au XIXe siècle bourgeois, lui rendant du même coup son étrangeté et sa méchanceté. Le diable n'a pas de cornes, il est en habit et chapeau haut de forme. Les soldats reviennent de la guerre en piteux état… L'effet de vérité du travail de Lavelli s'attire les foudres avant de triompher. Nicolai Gedda, Roger Soyer et Mirella Freni chantent sous la direction de Michel Plasson… Mais la première série de représentations est hélas gâchée par les grèves et se joue sans décors sur le plateau nu. Dernière nouvelle production de la saison : *Ariane et Barbe-Bleue*, le chef-d'œuvre de Paul Dukas, mis en scène par Jacques Dupont et qui révèle la flamboyante Grace Bumbry. Deux ans plus tard, c'est encore Jorge Lavelli qui fait enfin entrer *Pelléas et Mélisande* au répertoire de l'Opéra de Paris… Sous la direction de Lorin Maazel, Gabriel Bacquier peut reprendre son Golaud historique face à la Mélisande poétique de Frederica von Stade. La baisse des subventions l'empêchera hélas d'aller au bout d'un projet des *Troyens* de Berlioz, sous la direction de Colin Davis. C'est cet ouvrage qui dix ans plus tard ouvrira l'Opéra Bastille. A partir de 1976, Liebermann décide d'investir également l'Opéra-Comique. Il le loue pendant la saison 1976-1977 puis le reçoit du gouvernement dès la saison suivante – mais bien tard et sans moyens supplémentaires. Là, Liebermann va pouvoir explorer un répertoire pour lequel il juge Garnier trop vaste : *Le Comte Ory* de Rossini et *Platée* de Rameau permettent à Michel Sénéchal de livrer deux de ses incarnations majeures. Alain Vanzo triomphe dans *Werther*. Suivent quelques joyaux rares comme *Le Médecin malgré lui* de Gounod, *Véronique* de Messager, *Tom Jones* de Philidor, *Le Marchand de Venise* de Reynaldo Hahn, *La Fille du régiment* de Donizetti, *Le Porteur d'eau* de Cherubini, le spectacle *Vive Offenbach !* – qui redécouvre quelques œuvres oubliées du compositeur – jusqu'à une historique *Carmen*, avec Berganza, Domingo et Raimondi, dernier spectacle de Liebermann à l'Opéra-Comique.

C'est dans ce cadre-là que Liebermann va pouvoir enfin explorer des chemins de traverse et renouer avec la création. Il y ose *Erwartung* de Schönberg (avec Suzanne Sarroca), couplé avec *Le Château de Barbe-Bleue* de Bartók (avec Viorica Cortez et Ernest Blanc) – les deux ouvrages étant traduits en français. Surtout, il y donne plusieurs soirées de théâtre musical, en collaboration avec l'Ensemble Intercontemporain, où l'on joue des œuvres de Claude Prey, György Ligeti, Georges Aperghis, Marius Constant ou Peter Maxwell Davies. En 1979, il consacre également cinq soirées à Stockhausen, dirigées par le compositeur lui-même et mises en scène par Humbert Camerlo. Mais le public n'est pas au rendez-vous, alors qu'il se masse pour entendre les récitals des stars du chant au Palais Garnier. Étrangement, c'est dans ce domaine de la création que Liebermann devra affronter quelques violents reproches. Aucune des créations prévues pour l'Opéra ne put voir le jour. André Jolivet meurt avant d'avoir mené à terme son projet, Henri Dutilleux ne l'a jamais commencé faute de librettiste satisfaisant. Seul Olivier Messiaen honorera sa commande avec son *Saint François d'Assise*, créé en 1983, soit trois ans après le départ de Liebermann. Néanmoins, cette création demeure l'une de ses réalisations essentielles. L'autre pourrait bien être la création de la version achevée, en trois actes, de la *Lulu* d'Alban Berg. Réalisée malgré l'interdiction d'Helene Berg, la veuve du compositeur, l'ouvrage est complété d'après les esquisses existantes par le compositeur autrichien Friedrich Cerha. Cette version s'est à présent imposée au répertoire. Pour cette recréation qui a lieu en février 1979, Liebermann a réuni la glorieuse équipe du *Ring* de Bayreuth : Pierre Boulez, Patrice Chéreau, le décorateur Richard Peduzzi et le costumier Jacques Schmidt. La distribution n'est pas moins idéale : Teresa Stratas incarne Lulu, Yvonne Minton la comtesse Geschwitz, Franz Mazura le docteur Schön… Cette production légendaire – dont il demeure heureusement une captation – a été jouée huit fois et jamais reprise par la suite.

Comme il le souhaitait, Rolf Liebermann a refermé son ère à l'Opéra de Paris le 14 juillet 1980 par une représentation des *Noces de Figaro*, à nouveau dirigées par Solti, avec une distribution proche de celle de la création. Dès 1977, il avait annoncé sa volonté de ne pas prolonger son mandat et Bernard Lefort avait été désigné pour être son successeur. Avec son départ s'achevait une période brillante de l'Opéra de Paris, mais plus encore une période de changements, de nouvelles perspectives et de réhabilitation de l'opéra, à la fois comme genre et comme institution.

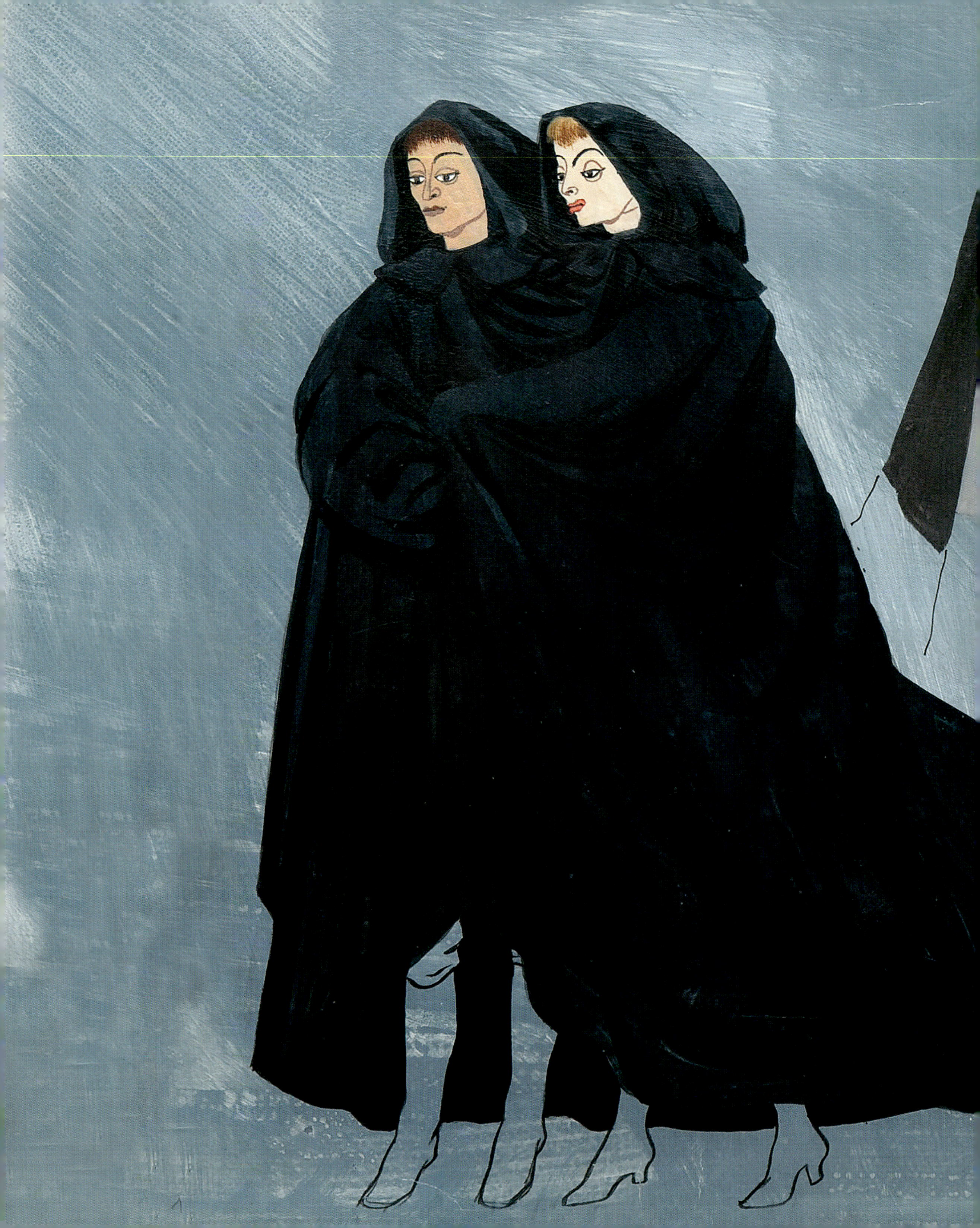

pour Geneviève
et Mélisande
et Pelléas

LA CAPE
ALLONGÉE
SOUS
MOLLETS

Max Bignens. Pelléas et Mélisande : maquette de costumes pour *Pelléas et Mélisande*, 1977.

Jean-Pierre Ponnelle. Dorabella : maquette de costume pour *Così fan tutte*, 1974.

Jean-Pierre Ponnelle. Le Notaire : maquette de costume pour *Così fan tutte*, 1974.

José Varona. Le comte de Luna : maquette de costume pour *Le Trouvère*, 1973.

José Varona. Azucena : maquette de costume pour *Le Trouvère*, 1973.

Raymond Franchetti, Hugues Gall et **Léonide Massine** lors des répétions de *L'Après-midi d'un Faune*, 1976.

Le ballet sous la direction de Rolf Liebermann
par Sylvie Jacq-Mioche

Peu de temps après son arrivée à la tête de l'Opéra, le 22 décembre 1973, dans une interview au *Figaro*, Rolf Liebermann dessine les grandes lignes de sa politique chorégraphique dont la phrase-clé surprend aujourd'hui par son caractère d'évidence : « donner une qualité et un répertoire que toutes les compagnies pourront lui envier. » Un simple regard sur le contexte de l'époque suffit à éclairer cette profession de foi et prouve qu'elle ne relevait alors ni du lieu commun ni de la langue de bois.

L'état des lieux

La situation que le nouveau directeur trouve à son arrivée est en fait l'héritage d'une longue crise qui touche à la fois la gestion de la troupe et la constitution de son répertoire, crise couvant dès les dernières années 1950 pour culminer à la fin de la décennie suivante, dans la grande mouvance de mai 68. L'après-guerre avait signé le déclin de la période Lifar sans permettre la montée en puissance d'un successeur éventuel, si bien que la compagnie se trouva dirigée ensuite par des maîtres de ballet talentueux — successivement George Skibine (1958-1961) puis Michel Descombey (1962-1969) — sans qu'aucun des deux ne parvienne cependant à atteindre la stature que Lifar avait conquise dans les années 1930, lorsqu'il était apparu comme l'auteur du renouveau de la troupe, capable de l'amener à rivaliser avec le souvenir de la splendeur des Ballets russes de Diaghilev.

L'effacement de l'aura de Lifar est certes à l'origine de cette crise, mais ce n'est pas là sa seule cause. Longtemps, les spectacles sont conçus pour des abonnés qui viennent régulièrement et auxquels on offre des soirées dont la diversité repose plus sur celle des associations d'œuvres composant le programme que sur le renouveau des créations. Ainsi, à l'automne 1950, *Suite en blanc* (Lifar, Lalo, 1943) fut donné le 1er novembre avec *Elvire* (Aveline, Scarlatti, 1937) et le 2e acte de *Coppélia* (Saint-Léon, Delibes, 1870), le 22 novembre avec *Phèdre* (Lifar, Auric, juin 1950) et *La Grande Jatte* (Aveline, Barlow, juillet 1950), le 20 décembre avec les *Danses polovtsiennes* du *Prince Igor*

(Lifar, Borodine, 1949), et *Phèdre* à nouveau, et enfin, pour le réveillon de Noël avec les deux premiers actes de *Coppélia*. Cette monotonie va croissant au fil des ans, s'accompagnant d'une raréfaction croissante des soirées consacrées à la danse (quatre-vingt-trois lors de la saison 1950/1951, dont seulement quatorze entre octobre et décembre)[1] si bien que la troupe, sous-employée, s'étiole et se désole. La critique à ce sujet est récurrente. En 1957, par exemple, Olivier Merlin le déplore dans *Le Monde*, en même temps qu'il pointe ce qui pourrait être le remède à cette mort lente, rendue plus sensible encore par les tournées des troupes étrangères, danoise, soviétiques ou américaines.

> Il y a exactement un an, j'observais que nos danseurs et nos danseuses répétaient interminablement les mêmes ballets, l'esprit à l'évent, les « pointes » molles et le cœur sans flamme. Aujourd'hui [...] on continue à afficher *ne varietur* les chorégraphies de M. Lifar : le très mauvais *Roméo et Juliette*, le démodé *Chevalier et la Damoiselle* [...] et encore *Le Martyre de saint Sébastien*, et toujours *Suite en blanc* dans les mêmes mortelles soirées où l'on commence à distribuer généreusement les billets de faveur alors que *Les Indes galantes*, avec leur 2 400 000 francs de recettes, font le plein.
>
> Quand il a repris en main la direction de l'Opéra en septembre dernier, M. Hirsch, dans une louable intention de rajeunissement, avait annoncé qu'il ferait appel à des maîtres de ballet étrangers à la Maison : Balanchine, Robbins, Massine, Roland Petit. Ce dernier, s'étant vu refuser des conditions de travail indépendantes, n'a pu donner son accord aux propositions qui lui avaient été faites. Robbins, le chorégraphe le plus original du temps, a été timidement sollicité[2].

Après le départ de Lifar, Skibine et surtout Descombey cherchent à sortir de cette situation en diversifiant le répertoire, l'ancrant dans la réalité chorégraphique présente, en particulier avec les créations de Maurice Béjart (*La Damnation de Faust*, 1964, *Les Noces* et *Le Sacre du printemps*, 1965, *Webern opus V*, 1967) et Roland Petit, (*Notre-Dame de Paris*, 1965, *Turangalîla*, 1968). Toutefois, ce n'est qu'après 1970 que l'horizon s'éclaire véritablement. La nécessité de fermer le Palais Garnier pour rénovation en 1969, les séquelles des mouvements sociaux de 1968 qui avaient forcément atteint l'institution, ainsi que le départ brutal du maître de ballet John Taras au bout d'un an, offrent en quelque sorte l'électrochoc à l'origine d'un début de solution. Raymond Franchetti est nommé à la tête du Ballet en 1971, après un court intérim de Claude Bessy. Issu de la « Maison », c'est un pédagogue de réputation internationale possédant une vraie vision de ce que doit devenir la troupe. Il obtient la réforme de ses structures ainsi que de son fonctionnement et poursuit l'ouverture du répertoire initiée sous l'impulsion de Michel Descombey. De plus, il profite d'une nouvelle popularité de la troupe conquise lorsqu'en 1970, privée de son écrin, elle a été obligée de se produire ailleurs, au Palais des Sports, où avait déjà triomphé le Ballet du XXe siècle. Ce sont d'ailleurs trois chorégraphies de Béjart, une création, *L'Oiseau de feu*, deux reprises, *Le Sacre du printemps* et *La Damnation de Faust*, puis une entrée au répertoire, *Boléro*, qui avaient été choisies pour cette série dont le succès avait pris l'allure d'un pacte naissant avec un public renouvelé.

1 - À titre de comparaison, la première saison de Liebermann donnera lieu à 105 spectacles auxquels il faut ajouter une tournée en Amérique du sud.
2 - *Le Monde*, 10 avril 1957.

Son travail est complété par celui de Gérard Mulys, avec qui il fait équipe, restaurant ainsi une indispensable discipline. Quelques années plus tard, Violette Verdy succèdera à Franchetti. Ce choix de la grande danseuse française de la compagnie de George Balanchine dit à lui seul combien le Ballet de l'Opéra est déjà alors sur une orbite internationale.

En 1972, Franchetti demande d'abord à la célèbre ballerine cubaine Alicia Alonso une version de *Giselle*, plus conforme au style de l'original que celle imposée par Lifar depuis près de quarante ans. Ensuite, s'appuyant sur le succès de la diffusion à la télévision de *La Sylphide* reconstituée par Pierre Lacotte d'après Philippe Taglioni (1832), il remonte ce joyau romantique oublié.

Ainsi, lorsque Liebermann prend la direction de l'Opéra, il trouve une troupe qui renoue avec une véritable politique de répertoire, même si ce n'est qu'un début, défendue par des danseurs ayant retrouvé popularité et optimisme, avec à leur tête une pléiade d'étoiles dont les posters se vendent sur les quais de Seine comme ceux des rock stars ou du Che.

Cet état des lieux explique que dans cette première longue interview dédiée au Ballet et évoquée plus haut, Liebermann définisse sa politique par rapport à la question du répertoire et déclare que son « offensive se développera selon trois axes fondamentaux. D'une part, la résurrection du répertoire classique et spécialement français. […] D'autre part la récupération des grands ballets du XXe siècle qui sont, je le répète, propriété morale de l'Opéra parce que, dans leur grande majorité, il en fut la source. […] Enfin, la création. » Pour cela, il fait le choix de ne pas confier la troupe à un seul chorégraphe, comme il a longtemps été de tradition, mais de faire totalement confiance à Raymond Franchetti sur qui il se repose : « J'ai souvent entendu dire qu'il fallait nommer à sa tête un chorégraphe en chef. L'idée, à mon sens, est mauvaise […] elle aboutirait à créer une sorte de monopole au bénéfice d'un seul créateur, système contraire à la vocation de l'Opéra de Paris qui doit être largement ouvert à tous ». Cette ouverture se fera, au cours des saisons, grâce aux invitations des chorégraphes, mais aussi à celles de danseurs d'autres troupes[3] ou de grands professeurs. Il s'agit « d'amener le Ballet de l'Opéra à vivre, à respirer à l'échelon mondial. »

Tout le secteur du Ballet est confié à Hugues Gall. Bien plus, Rolf Liebermann lui donne sa parole de ne pas intervenir, sauf bien sûr à sa demande, dans ce domaine particulièrement sensible, et qui fait encore l'objet de nombre de « recommandations ». Le répertoire rénové et élargi, la Compagnie confortée, l'encadrement renforcé, le Ballet est prêt à se mesurer à ses pairs. Une politique de tournées à l'étranger lui en donnera les moyens.

« La résurrection du répertoire classique »

Aussi curieux que cela puisse paraître, rares sont les grands ballets pétersbourgeois à l'affiche de l'Opéra. À l'arrivée de Liebermann, il n'y en a qu'un seul, *Le Lac des cygnes*, dans la version de Bourmeister, et ce, seulement depuis 1960. Au regard des autres

---

3 - Durant le mandat de Liebermann, seront principalement invités les transfuges soviétiques, Natalia Makarova, Rudolf Noureev, Mikhail Baryshnikov, des danseurs du New York City Ballet (Violette Verdy, Patricia Mac Bride, Suzanne Farrell, John Clifford, Peter Martins et Jean-Pierre Bonnefous, transfuge de l'Opéra), du Bolchoï (Natalia Bessmertnova, Ekaterina Maximova, Vladimir Vassiliev) ; à la demande de Roland Petit, la canadienne Karen Kain pour la création de *Nana*, le danois Peter Schaufuss pour celle du *Fantôme de l'Opéra*, Zizi Jeanmaire pour celle de *La Symphonie fantastique*.

troupes de dimension internationale, cela fait figure d'anomalie. Celle de Covent Garden, par exemple, ou celles du Bolchoï ou du Kirov qui commencent à intensifier leurs tournées à l'Ouest, ont rendu populaires les ouvrages de Marius Petipa. Toutefois, en 1973, c'est au patrimoine français qu'est réservée la priorité avec la résurrection de *Coppélia*, créé à Paris en 1870, unique ballet dansé sans interruption depuis, jusqu'à ce qu'en 1966, Michel Descombey en donne une version personnelle, réécrite et modernisée qui n'avait pas convaincu. C'est à Pierre Lacotte, auréolé du succès de sa *Sylphide*, qu'est confié le soin de retrouver la fraîcheur originale du chef-d'œuvre d'Arthur Saint-Léon[4]. En 1974, deux grands incontournables de Petipa prennent la suite, — quasiment mythiques depuis de mémorables représentations qu'en avaient données au Théâtre des Champs-Élysées en 1961 les Ballets du Marquis de Cuevas ainsi que le Kirov[5] —, *La Belle au bois dormant* dans la version d'Alicia Alonso et *La Bayadère* dont Noureev remonte l'acte des Ombres. Enfin, en 1979, c'est un autre ballet typiquement français, *Sylvia,* qui est repris dans la version de Lycette Darsonval, fidèle à ce que la tradition néoclassique du début du siècle (Léo Staats, Albert Aveline et Serge Lifar) avait fait de ce chef-d'œuvre de Louis Mérante (1876).

Outre les nombreuses représentations de ces classiques au Palais Garnier, l'Opéra les danse hors les murs, multipliant les spectacles, au Palais des Congrès, au Théâtre des Champs-Élysées, mais aussi, lors de saisons triomphales à la Cour Carrée du Louvre, cadre prestigieux pour *Le Lac des cygnes* (1973) et *La Belle au bois dormant* (1974).

« La récupération des grands ballets du XXᵉ siècle »

Liebermann considère ces ballets comme « propriété morale de l'Opéra, parce que dans leur grande majorité, il en a été la source » soit parce qu'ils y ont été créés soit parce qu'ils sont l'œuvre de personnalités en émanant. Ces retrouvailles commencent avec une première catégorie d'ouvrages liés à l'histoire de la compagnie comme *Suite de danses* (Clustine, Chopin, 1913) et *Soir de fête* (Léo Staats, Delibes, 1925), constructions abstraites, vaguement narrativisées, véritables démonstrations du style français mais surtout pierres angulaires du répertoire « Maison » durant des décennies[6], choix qui rassure quant à une certaine forme de continuité. Un des actes fondamentaux de Rolf Liebermann dans l'histoire du Ballet de l'Opéra aura été de renouer des relations avec George Balanchine. Grâce à l'amitié qui le lie à Igor Stravinsky, il a un accès privilégié auprès du New York City Ballet et de son chorégraphe. La collaboration sera fructueuse. Dès l'automne 1973, Balanchine crée de somptueux divertissements pour *Orphée et Eurydice*, l'opéra-ballet de Gluck, puis remonte lui-même *Le Fils prodigue*, créé en 1929 pour les Ballets russes[7]. Au printemps suivant, une soirée dédiée à Stravinsky apporte au répertoire deux pièces toujours fondamentales aujourd'hui, *Agon* et *Capriccio*[8], en même temps qu'elle signe les débuts de Jerome Robbins avec le Ballet. L'année suivante, les deux maîtres conçoivent une seconde soirée sur le même principe consacrée, cette fois-ci, à Ravel et qui remporte le même succès. Liebermann parvient ensuite à convaincre Lifar, alors en froid avec l'Opéra, de permettre à nouveau que l'on danse certaines de ses œuvres et programme une soirée en son honneur,

4 - Lacotte remonte fidèlement la chorégraphie mais refait celle du 3ᵉ acte qui avait été oubliée et transpose le rôle de Frantz conçu pour une danseuse en travesti en rôle masculin.

5 - Les Ballets du marquis de Cuevas avaient donné *La Belle au bois dormant* dans une version légendaire, ouvrage donné aussi par le Kirov, ainsi que des extraits de *La Bayadère*, qui avaient entre autres révélé Noureev à l'Occident. En 1971, au Palais des Sports, « La Belle » avait connu un véritable triomphe dans la version proposée par le Ballet de Marseille.

6 - Ces deux ouvrages sont toujours au répertoire de l'École de Danse.

7 - « Il a fallu trois jours à George Balanchine pour faire de Piletta l'interprète idéal de son *Fils prodigue*. Conséquence : les quinze dernières secondes du dernier tableau sont probablement les plus émouvantes que les balletomanes aient eu depuis longtemps l'occasion de vivre. », extrait de l'interview citée plus haut.

8 - Aujourd'hui ce ballet est connu sous le titre « Rubis », deuxième partie de *Joyaux*.

avec *Suite en blanc, Phèdre et Mirages*. Ponctuellement, Liebermann choisit des pièces de chorégraphes à la renommée établie, illustrant divers courants esthétiques, comme Kenneth MacMillan, Paul Taylor, Oscar Araïz et Youri Grigorovitch dont *Ivan le Terrible* fit les beaux soirs de la Cour Carrée du Louvre en 1977. Enfin, s'il demande à Petit et Béjart de remonter quelques pièces, ce sont surtout des créations qu'il attend d'eux, conformément au troisième axe de sa politique.

La création

Si en mai 1973, pour l'hommage à Edgar Varèse, Liebermann fait appel à de jeunes artistes alors prometteurs comme Norbert Schmucki et Félix Blaska, il s'agit d'abord d'obtenir des grands noms contemporains qu'ils créent pour l'Opéra. Béjart, trop occupé avec sa propre troupe, refusant les contraintes propres à l'Opéra, se contente de remonter certaines de ses créations récentes comme la nouvelle version toute masculine de son *Boléro* ou *Serait-ce la mort ?* (1979). Petit, en revanche, toujours attaché à la « Maison », se révèle plus généreux, avec des pièces courtes comme sa *Nuit transfigurée* (1976), ou de grands ballets, tels les spectaculaires *Nana* (1976) et *Fantôme de l'Opéra* (1980) sur des partitions commandées respectivement à Marius Constant et Marcel Landowski. Le projet de monter un *Roméo et Juliette* avec John Neumeier n'ayant pas abouti – on ne peut que noter la caractère éclairé de ce choix, le jeune Neumeier n'ayant pas à l'aube des années 70 la même renommée qu'aujourd'hui –, c'est Youri Grigorovitch qui s'y attelle en 1978[9]. Toutefois, la politique de création mise en place ne s'arrête pas au néoclassique. La véritable innovation de Liebermann, c'est d'avoir fait entrer à l'Opéra la danse contemporaine, et ce dès son arrivée. Ce sont d'abord Merce Cunningham et John Cage qui signent *Un jour ou deux* en 1973. Ils sont amenés par Michel Guy, directeur du Festival d'Automne, qui co-signe en quelque sorte ce manifeste. Pour convaincre le public de l'intérêt de cette ouverture vers ce qui est alors l'avant-garde, des cours publics sont organisés où Cunningham fait travailler les danseurs, expliquant ses démarches, ce qui n'empêche ni le scandale, ni, paradoxalement, le succès d'une œuvre qui fait encore date dans l'histoire de l'institution. De façon plus durable, Liebermann intègre à la troupe Carolyn Carlson dont la première œuvre « intra muros », *Density 21,5*, est un coup de maître, suivie ensuite d'une douzaine de créations au succès croissant. L'un des paris les plus audacieux et les plus représentatifs de cette période en quête d'horizons nouveaux restes le *Tristan* de Glen Teltley (1974), réunissant Noureev et Carlson. Cette irruption de Carlson, « étoile-chorégraphe », au sein d'une structure endogène provoque un maelström. Peu nombreux sont les danseurs de la Compagnie qui ont la curiosité et l'esprit d'ouverture d'envisager cette arrivée comme un enrichissement.

Une telle politique était difficile à mener dans le cadre institutionnel préexistant en 1973. Poursuivant les réformes initiées par Franchetti, Liebermann n'hésite pas à envisager des modifications dans la structure administrative du Ballet. Pour le versant classique, il réunifie les deux troupes, celles de Favart et Garnier, mettant fin à une disparité de recrutement et de traitement. Il motive les jeunes éléments en leur offrant,

9 - Sa version restée sans lendemain à l'Opéra, légèrement modifiée pour sa création au Bolchoï, y est restée au répertoire plus de vingt ans.

entre autres, la possibilité de se produire à 18h30. Toutefois, c'est surtout la création du GRTOP[10] qui reste dans les mémoires. Ce groupe de danseurs choisis dans la compagnie, sur le principe du volontariat, ou hors la troupe par Carlson elle-même, dont Larrio Ekson[11], qui s'entraîne, parfois devant le public, à la Rotonde des abonnés, n'est pas sans créer quelques heurts, mais il apporte une nécessaire ouverture vers les nouvelles formes de danse dont l'épanouissement éclate à l'aube des années 1980, ce que perçoit d'emblée la critique, même si les danseurs et le public traditionnel de l'Opéra se montrent d'abord réticents : « En s'annexant les services de Carolyn Carlson, l'Opéra a sans doute gagné le privilège de se poser en promoteur d'une nouvelle définition de la danse où l'avenir reconnaîtra la sensibilité de notre temps. »[12]

Au terme de son mandat, Liebermann a donc bien rempli les objectifs qu'il s'était assigné. Il a construit au Ballet un répertoire qui allie toutes les facettes de la danse de la fin du XXe siècle, des grands classiques aux horizons les plus contemporains, sans entrer dans la querelle des Anciens et des Modernes qui commençait à déchirer le monde chorégraphique, comme l'y incitait pourtant alors la doxa intellectuelle. Ainsi, lorsqu'au printemps 1975, la critique du *Monde*, Marcelle Michelle, lui reprochait de délaisser l'avant-garde au profit de « reconstitutions ternes, un *Coppélia* ennuyeux, une *Belle au bois dormant* insipide, (une) succession de *Giselle* médiocres, un *Lac des cygnes* mécanisé » tout en constatant que c'était devant des « salles combles d'ailleurs », il répondait, politique d'ouverture, Roland Petit et *Nana*, Balanchine et Ravel, Grigorovitch et *Ivan le Terrible*, Carolyn Carlson et *Les Fous d'or*, conduisant cette troupe à la tradition séculaire vers un avenir qui se décline encore aujourd'hui selon les principes de son éclectisme. Toutefois, au-delà de cette clairvoyance, ce qui pourrait apparaître comme la véritable signature de Liebermann en matière de politique chorégraphique, ce serait sans doute son intérêt prioritaire pour la musique, soirées dédiées à Varèse, Stravinsky et Ravel, commandes à Landowski et Constant, classiques aux partitions de Delibes, Tchaikovski, Prokofiev, choix de chorégraphies appuyées sur de grandes partitions de Mozart, Mahler, Richard Strauss, entre autres, profonde compréhension de la danse de Balanchine qu'il rejoignait sans doute à travers l'adage souvent cité par ce grand maître « Voyez la musique, écoutez la danse ».

10 - Groupe de recherche théâtrale de l'Opéra de Paris, 1975-1980. Pour intégrer Carlson à la compagnie, Liebermann avait été administrativement obligé de la nommer Étoile, ce qui avait été difficilement accepté.
11 - Aujourd'hui invité à donner ses master-classes auprès des élèves de l'École de Danse.
12 - Claude Baignères, *Le Figaro*, 3 mai 1974.

Romy Schneider, Rolf Liebermann et **Jerome Robbins.**

Sur scène

Les spectacles sont présentés dans l'ordre chronologique des premières

Les Noces de Figaro

Musique : Wolfgang Amadeus Mozart
Direction musicale : Sir Georg Solti
Mise en scène : Giorgio Strehler
Première à l'Opéra (Théâtre Gabriel à Versailles) : 30 mars 1973

Giorgio Strehler et *Gabriel Bacquier* (le Comte) en répétition.

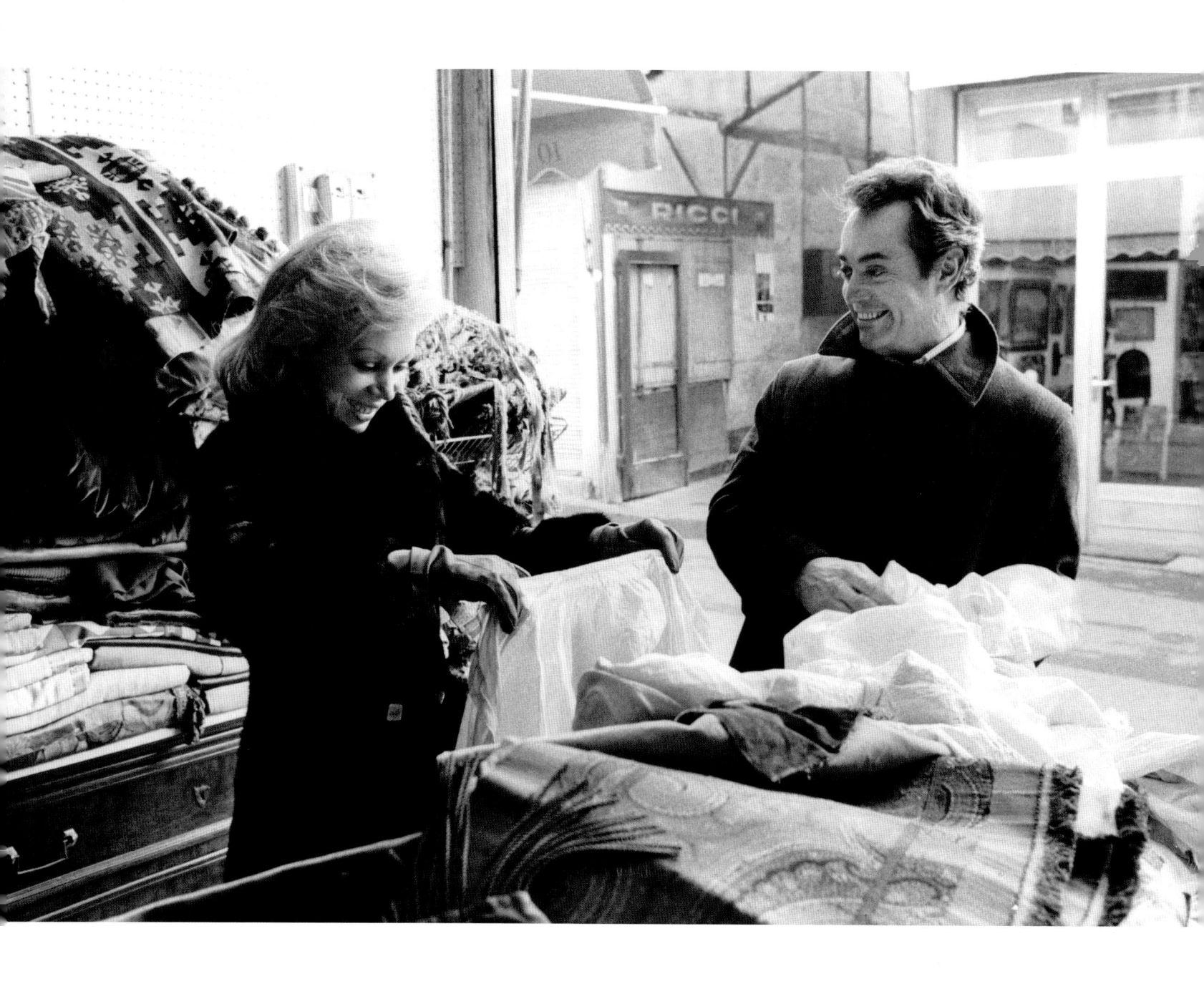

Mirella Freni (Susanna) et *Ezio Frigerio* (décorateur et costumier).

Mirella Freni (Susanna), ***Giorgio Strehler*** et ***José Van Dam*** (Figaro) en répétition.

Giorgio Strehler, Mirella Freni (Susanna) et ***José Van Dam*** (Figaro) en répétition.

Mirella Freni (Susanna) et ***Frederica von Stade*** (Cherubino) en répétition.

José Van Dam (Figaro).

Christiane Eda-Pierre (la Comtesse).

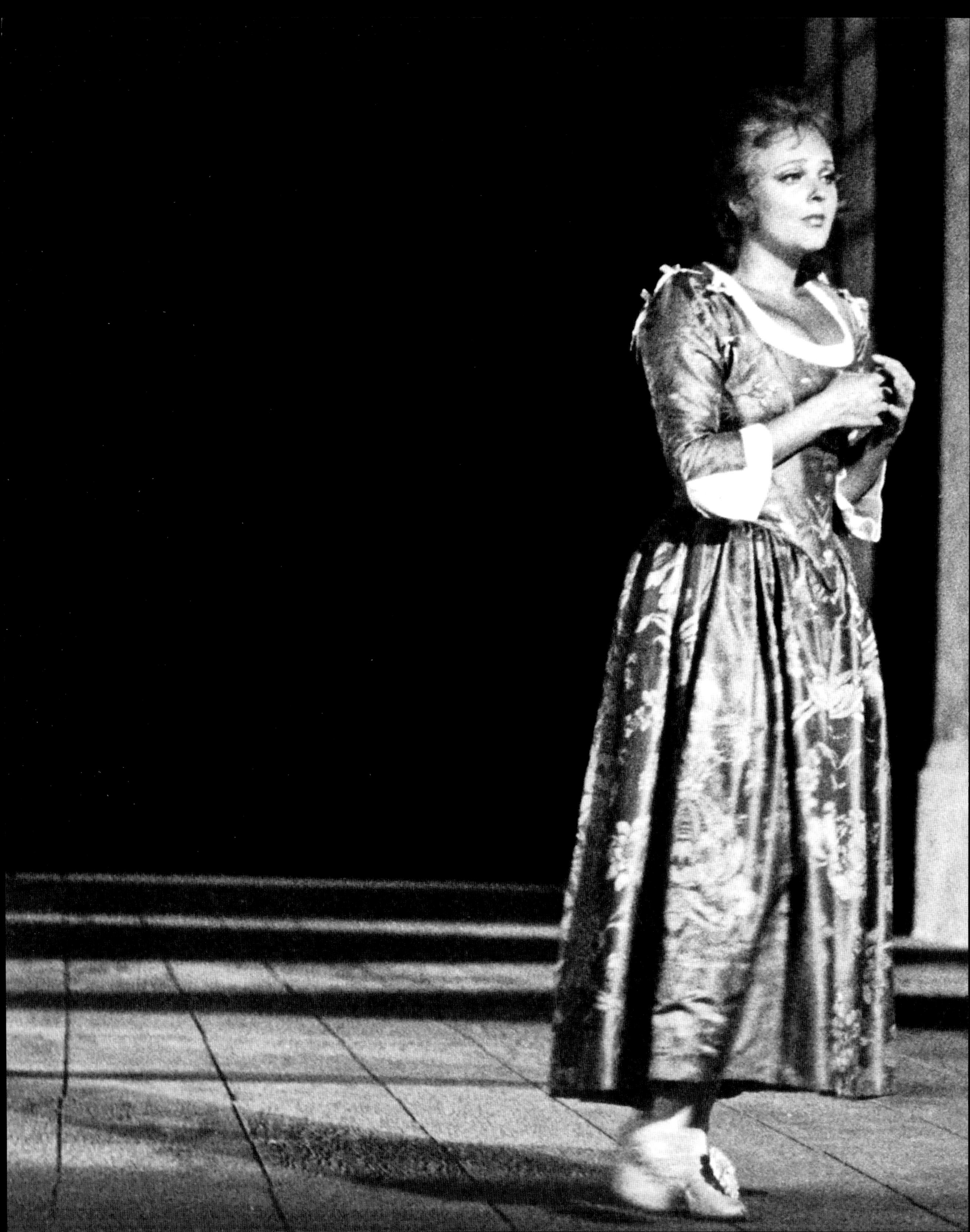

Lucia Popp (Susanna).

Margaret Price (la Comtesse).

Margaret Price (la Comtesse) et *Gabriel Bacquier* (le Comte).

Orphée et Eurydice

Musique : Christoph Willibald Gluck
Direction musicale : Manuel Rosenthal
Mise en scène : René Clair
Première à l'Opéra : 4 avril 1973

Nicolai Gedda (Orphée).

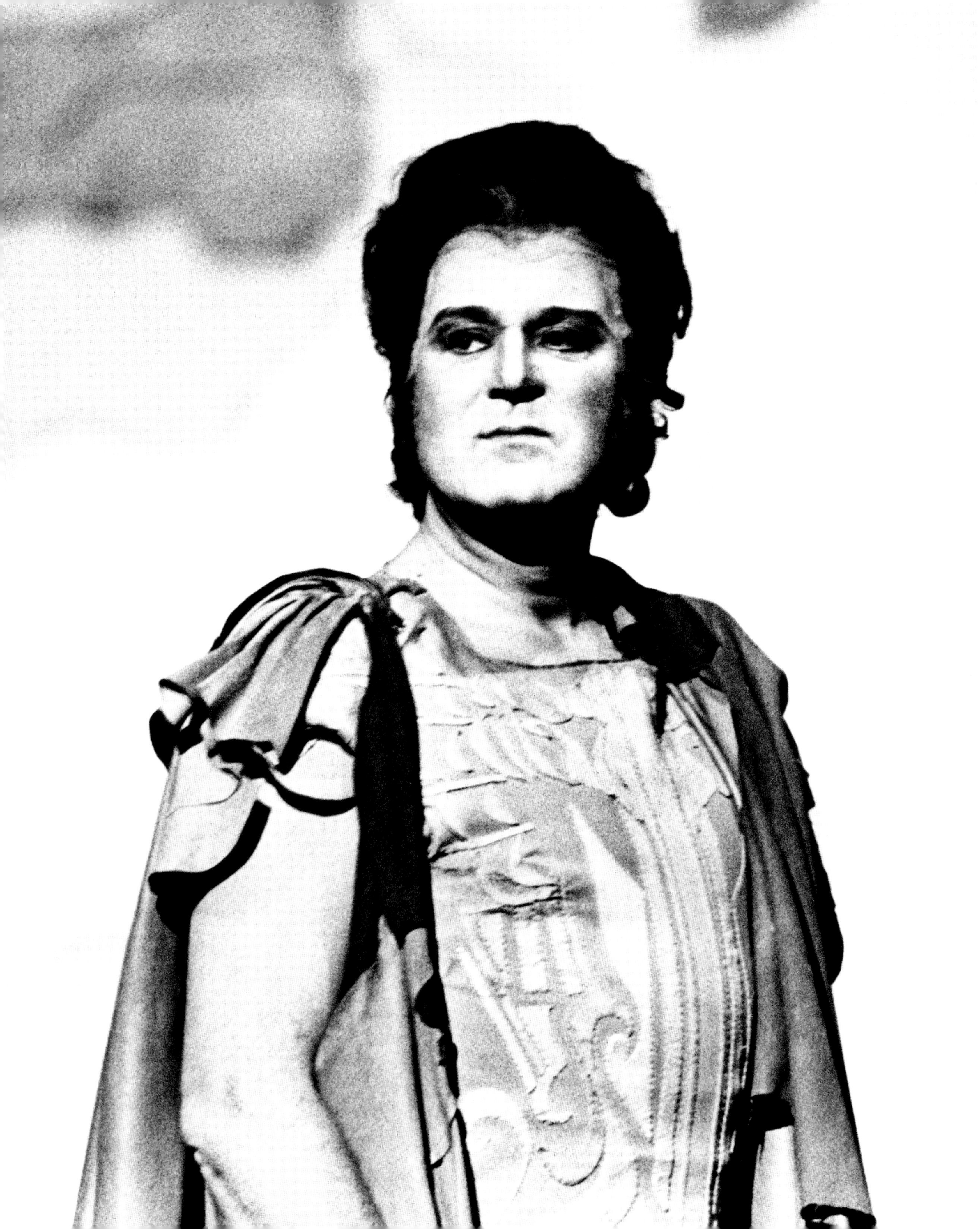

George Balanchine, Francesca Zumbo et *Bernard Boucher* en répétition.

Michael Dittmann (metteur en scène assistant),
George Balanchine et *René Clair*.

Parsifal

Livret et musique : Richard Wagner
Direction musicale : Horst Stein
Mise en scène : August Everding
Première à l'Opéra : 20 avril 1973

Helge Brilioth (Parsifal) et *Régine Crespin* (Kundry).

Le Trouvère

Musique : Giuseppe Verdi
Direction musicale : Sir Charles Mackerras
Mise en scène : Tito Capobianco
Première à l'Opéra : 2 mai 1973

Placido Domingo (Manrico).

Shirley Verrett (Azucena).

Density 21,5

Chorégraphie : Carolyn Carlson
Musique : Edgar Varèse
Première à l'Opéra : 24 mai 1973

Carolyn Carlson.

La Sylphide

Chorégraphie : Pierre Lacotte d'après Philippe Taglioni
Musique : Jean Schneitzhœffer
Direction musicale : Catherine Comet
Première à l'Opéra : 8 juin 1973

*Ghislaine Thesmar (*la Sylphide)
et Michaël Denard (James).

Moïse et Aaron

Livret et musique : Arnold Schœnberg, version française d'Antoine Goléa
Direction musicale : Sir Georg Solti
Mise en scène : Raymond Gérome
Première à l'Opéra : 27 septembre 1973

Raymond Gérome (Moïse).

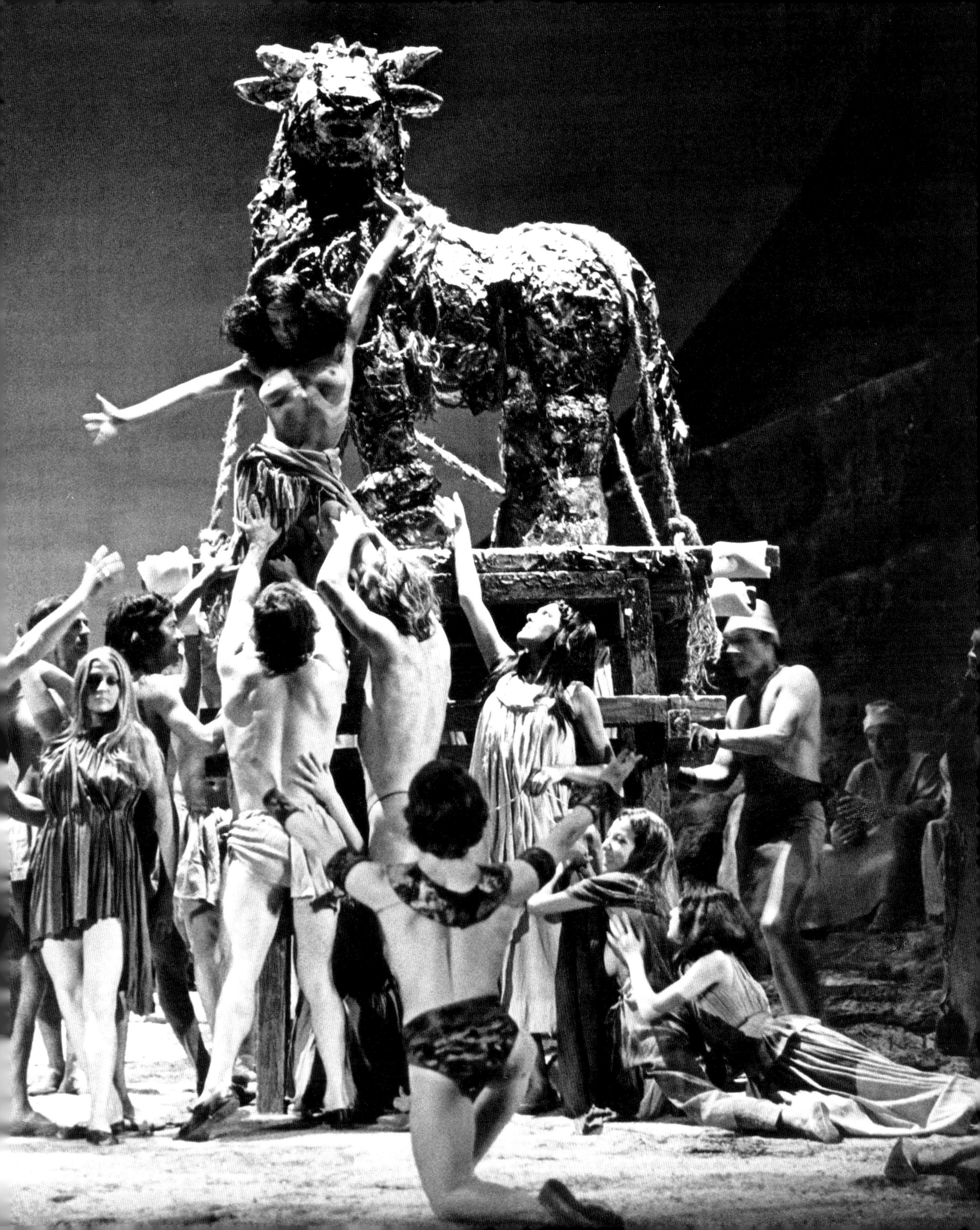

Un jour ou deux

Chorégraphie : Merce Cunningham
Musique : John Cage
Première à l'Opéra : 6 novembre 1973

Merce Cunningham en répétition.

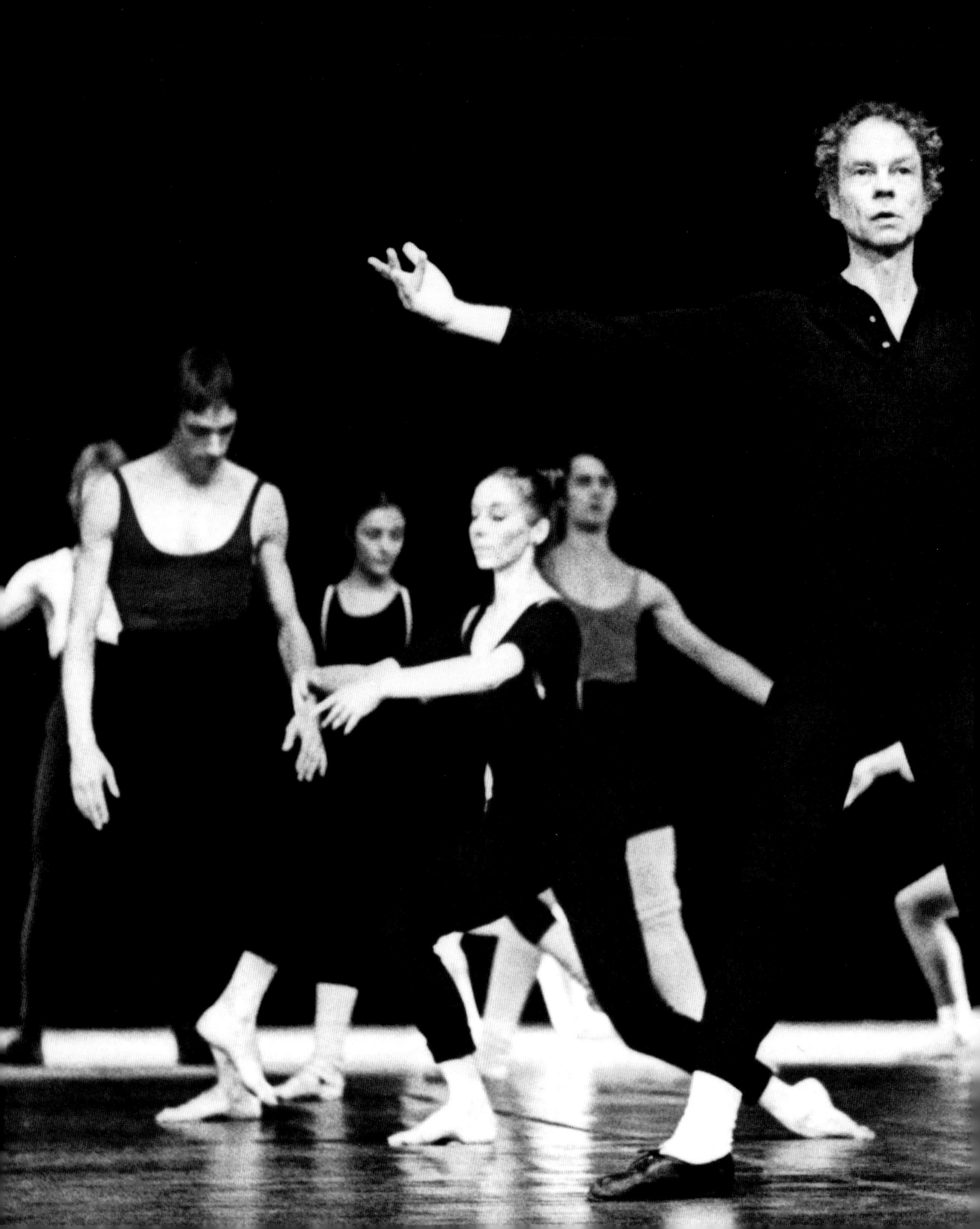

*Merce **Cunningham*** en répétition avec les danseurs de l'Opéra.

La Bohème

Musique : Giacomo Puccini
Direction musicale : Aldo Ceccato
Mise en scène : Gian Carlo Menotti
Première à l'Opéra : 23 novembre 1973

Placido Domingo (Rodolfo), *Mirella Freni* (Mimi) et *Gian Carlo Menotti* en répétition.

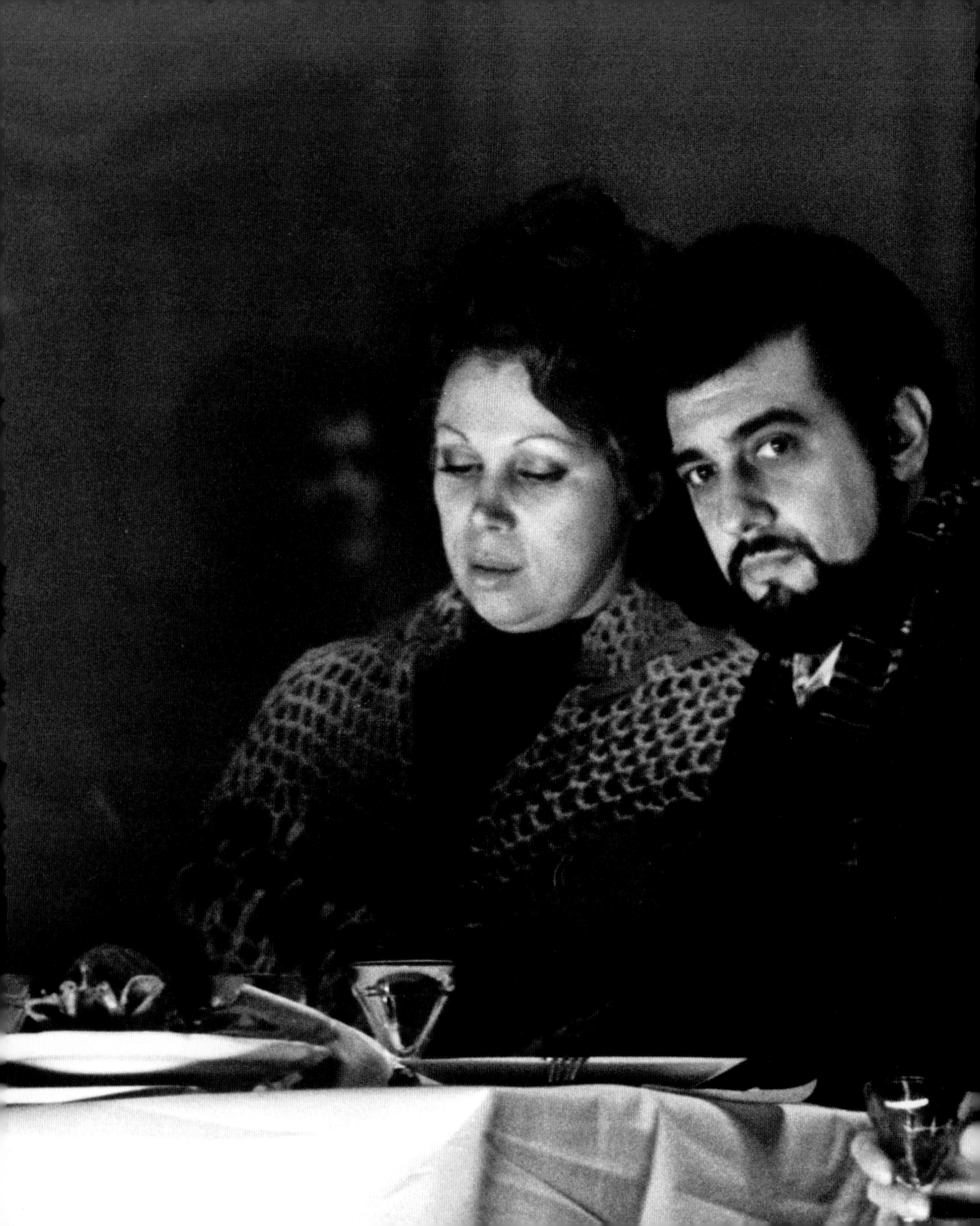

Mirella Freni (Mimi), **Placido Domingo** (Rodolfo)
et **Tom Krause** (Marcello).

Luciano Pavarotti (Rodolfo) et *Katia Ricciarelli* (Mimi).

Le Fils prodigue

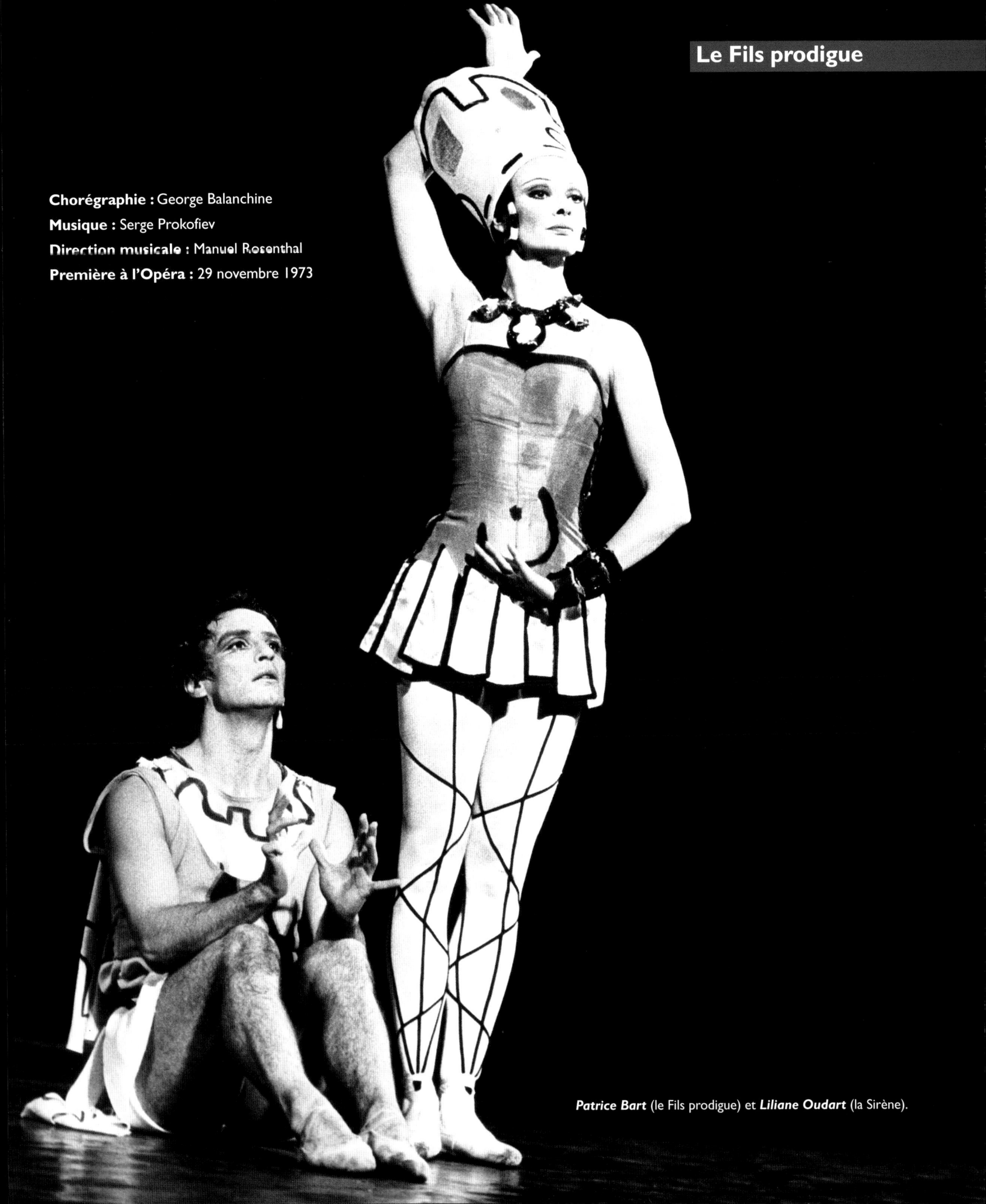

Chorégraphie : George Balanchine
Musique : Serge Prokofiev
Direction musicale : Manuel Rosenthal
Première à l'Opéra : 29 novembre 1973

Patrice Bart (le Fils prodigue) et *Liliane Oudart* (la Sirène).

Don Quichotte

Musique : Jules Massenet
Direction musicale : Georges Prêtre
Mise en scène : Peter Ustinov
Première à l'Opéra : 16 janvier 1974

Robert Massard (Sancho) et *Nicolai Ghiaurov* (Don Quichotte).

Tosca

Musique : Giacomo Puccini
Direction musicale : Sir Charles Mackerras
Mise en scène : Günther Rennert
Première à l'Opéra : 20 février 1974

Placido Domingo (Mario Cavaradossi).

Agon

Chorégraphie : George Balanchine
Musique : Igor Stravinsky
Direction musicale : Manuel Rosenthal
Première à l'Opéra : 13 mars 1974

Michaël Denard et *Ghislaine Thesmar*.

Les Vêpres siciliennes

Musique : Giuseppe Verdi
Direction musicale : Nello Santi
Mise en scène : John Dexter
Première à l'Opéra : 9 avril 1974

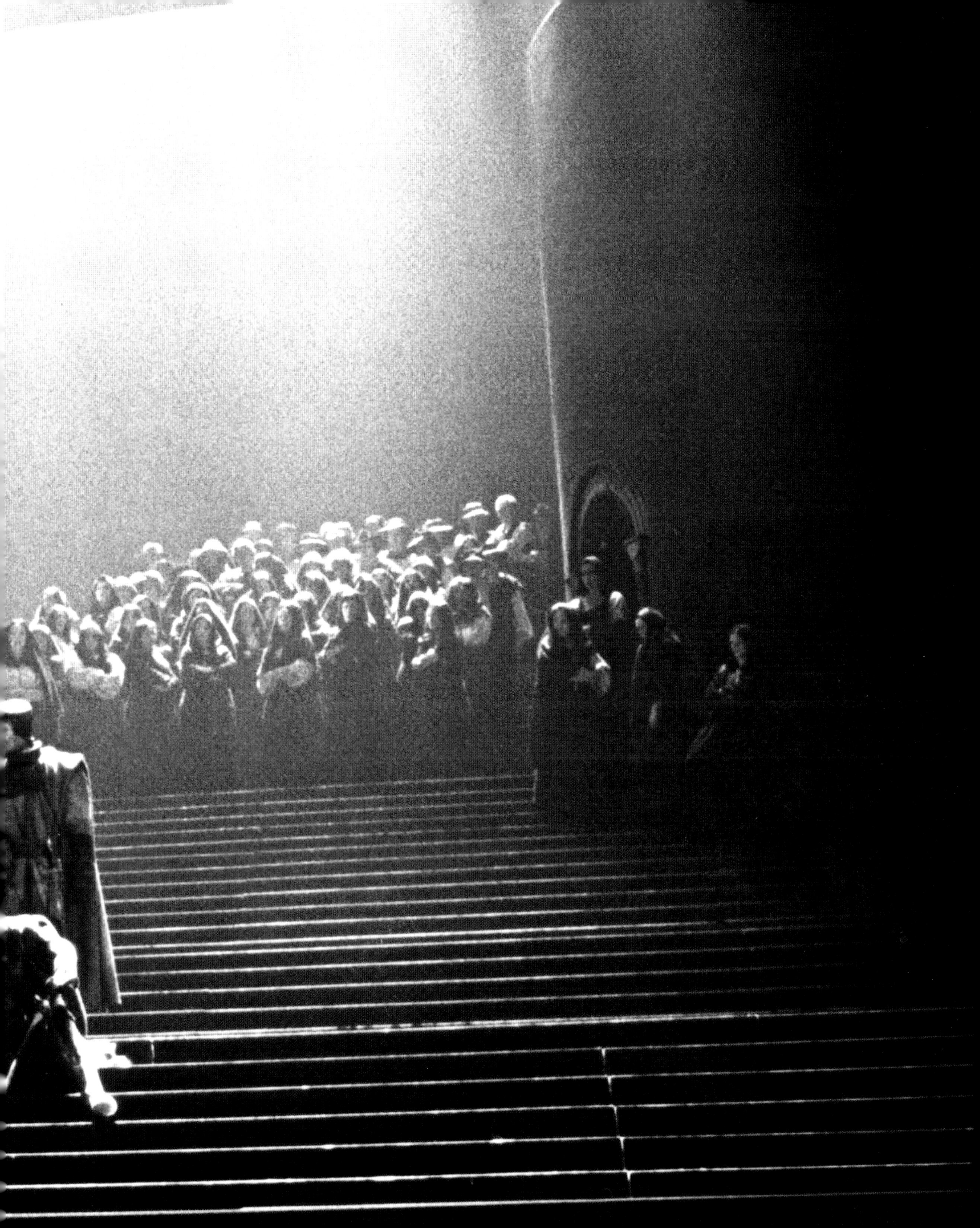

Peter Glossop (Guido di Monforte) et *Placido Domingo* (Arrigo).

Roger Soyer (Giovanni da Procida) et *Martina Arroyo* (la Duchesse Elena).

Franco Bonisolli (Arrigo).

Wieslaw Ochman (Arrigo).

Così fan tutte

Musique : Wolfgang Amadeus Mozart
Direction musicale : Josef Krips
Mise en scène : Jean-Pierre Ponnelle
Première à l'Opéra : 17 mai 1974

Kiri Te Kanawa (Fiordiligi) et *Jane Berbié* (Dorabella).

Teresa Stratas (Despina)
et *Jean-Pierre Ponnelle* en répétition.

Josef Krips et *Rolf Liebermann*.

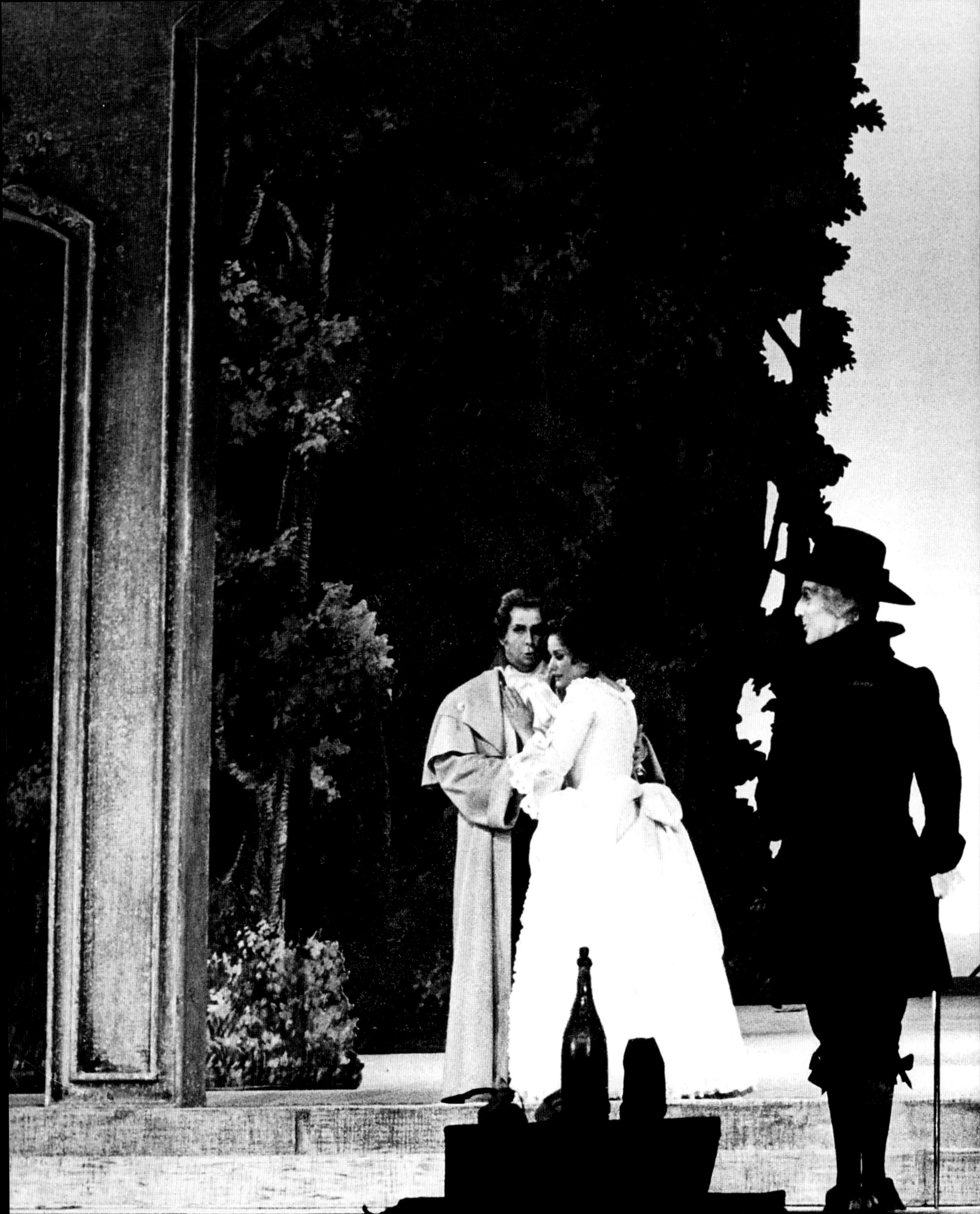

Tom Krause (Guglielmo), *Kiri Te Kanawa* (Fiordiligi), *Richard Van Allan* (Don Alfonso),
Jane Berbié (Dorabella) et *Horst Laubenthal* (Ferrando).

Elektra

Musique : Richard Strauss
Direction musicale : Karl Böhm
Mise en scène : August Everding
Première à l'Opéra : 30 mai 1974

Birgit Nilsson (Elektra).

Astrid Varnay (Klytämnestra).

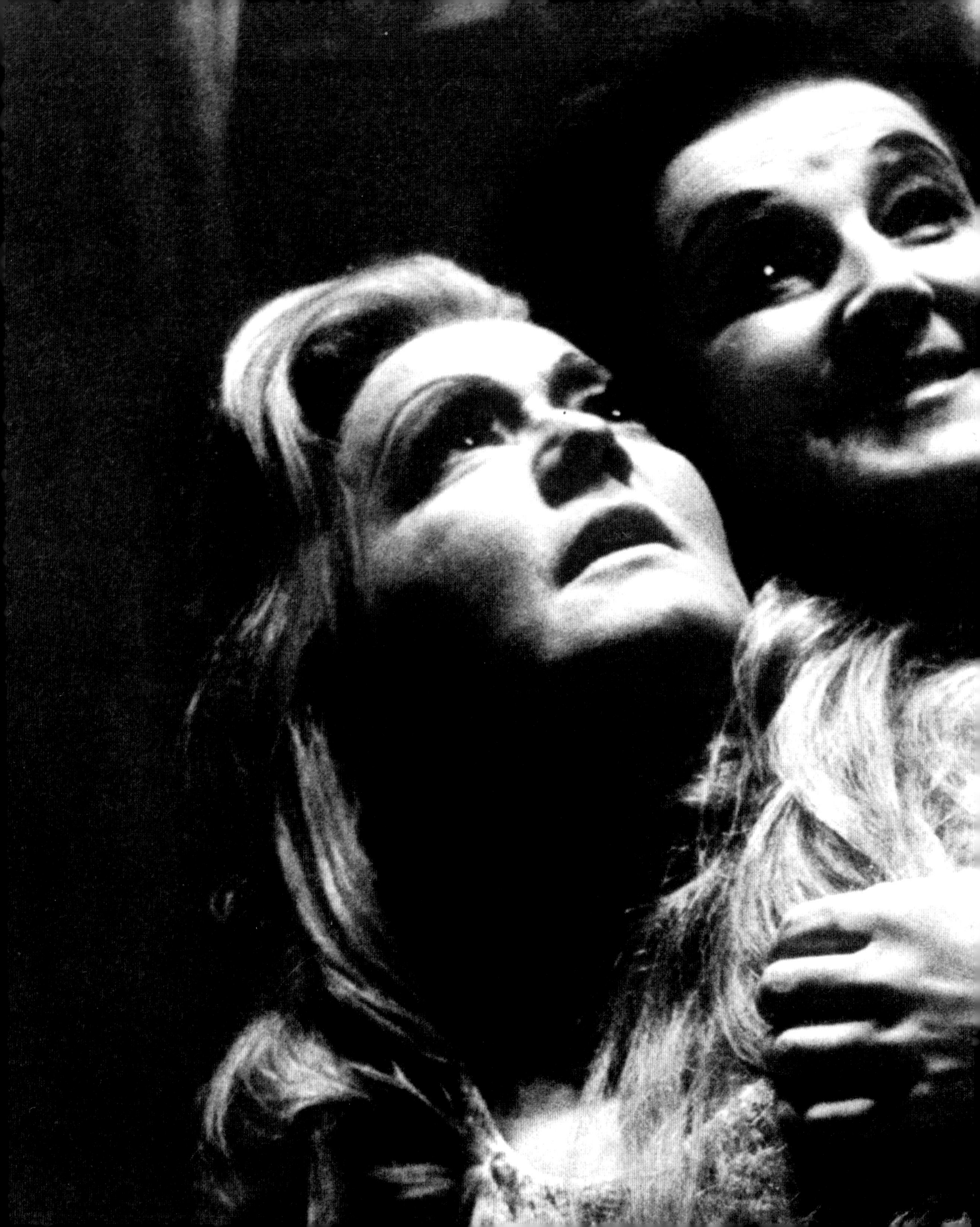

Leonie Rysanek (Chrysothemis) et *Birgit Nilsson* (Elektra).

La Bayadère, acte des Ombres

Chorégraphie : Marius Petipa, réglée par Rudolf Noureev
Musique : Ludwig Minkus
Direction musicale : Catherine Comet
Première à l'Opéra : 3 octobre 1974

Mikhail Baryshnikov (Solor) et *Noëlla Pontois* (Nikiya).

Afternoon of a Faun

Chorégraphie : Jerome Robbins
Musique : Claude Debussy
Direction musicale : Catherine Comet
Première à l'Opéra : 3 octobre 1974

Rudolf Noureev et *Noëlla Pontois*.

Charles Jude et *Claude de Vulpian*.

Michaël Denard et *Ghislaine Thesmar.*

Jerome Robbins et *Rudolf Noureev*.

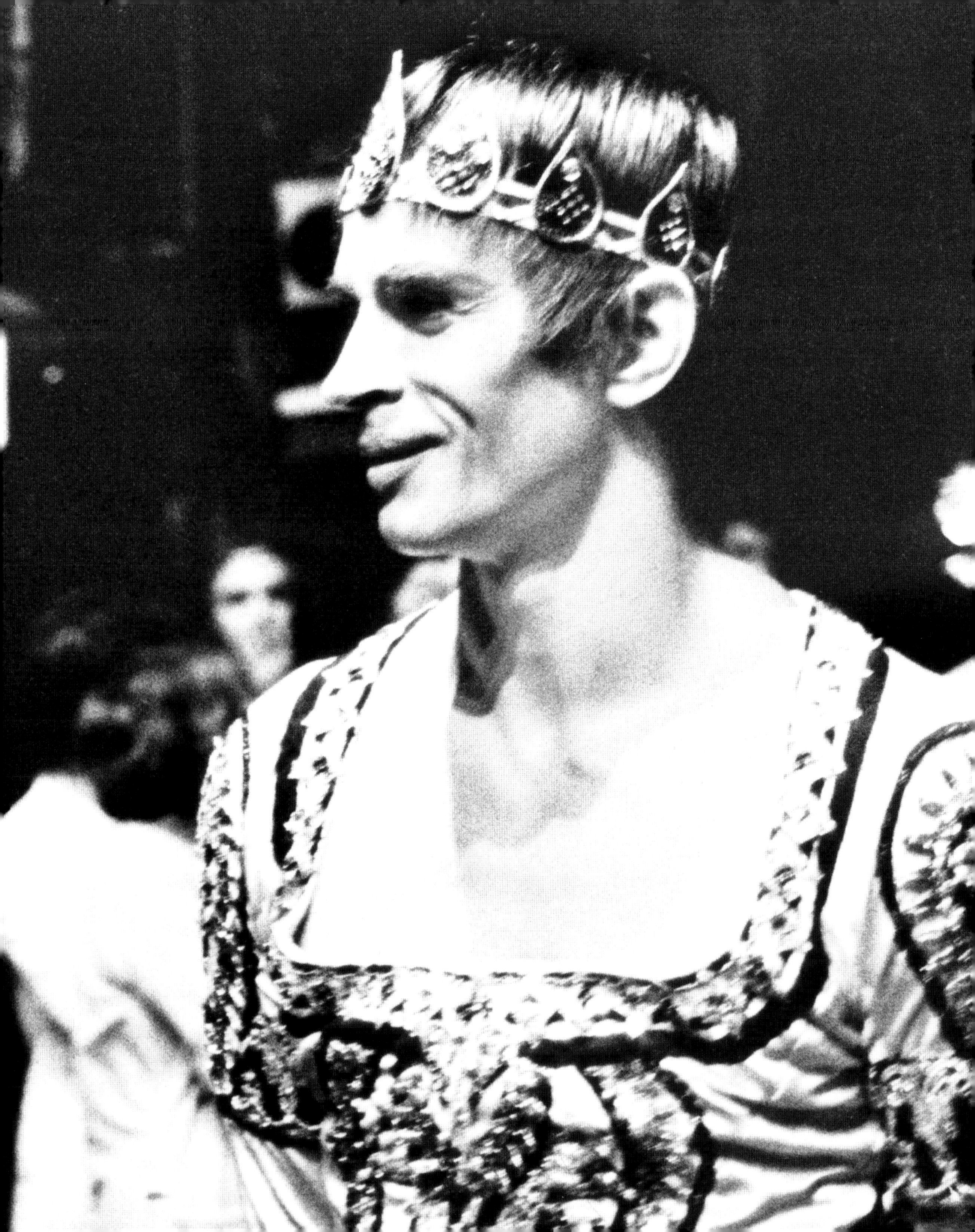

Les Contes d'Hoffmann

Musique : Jacques Offenbach
Direction musicale : Georges Prêtre
Mise en scène : Patrice Chéreau
Première à l'Opéra : 28 octobre 1974

Christiane Eda-Pierre (Antonia), **Francine Arrauzau** (la Mère d'Antonia), **Tom Krause** (Dr Miracle).

Christiane Eda-Pierre (Antonia).

Patrice Chéreau en répétition.

Nicolai Gedda (Hoffmann).

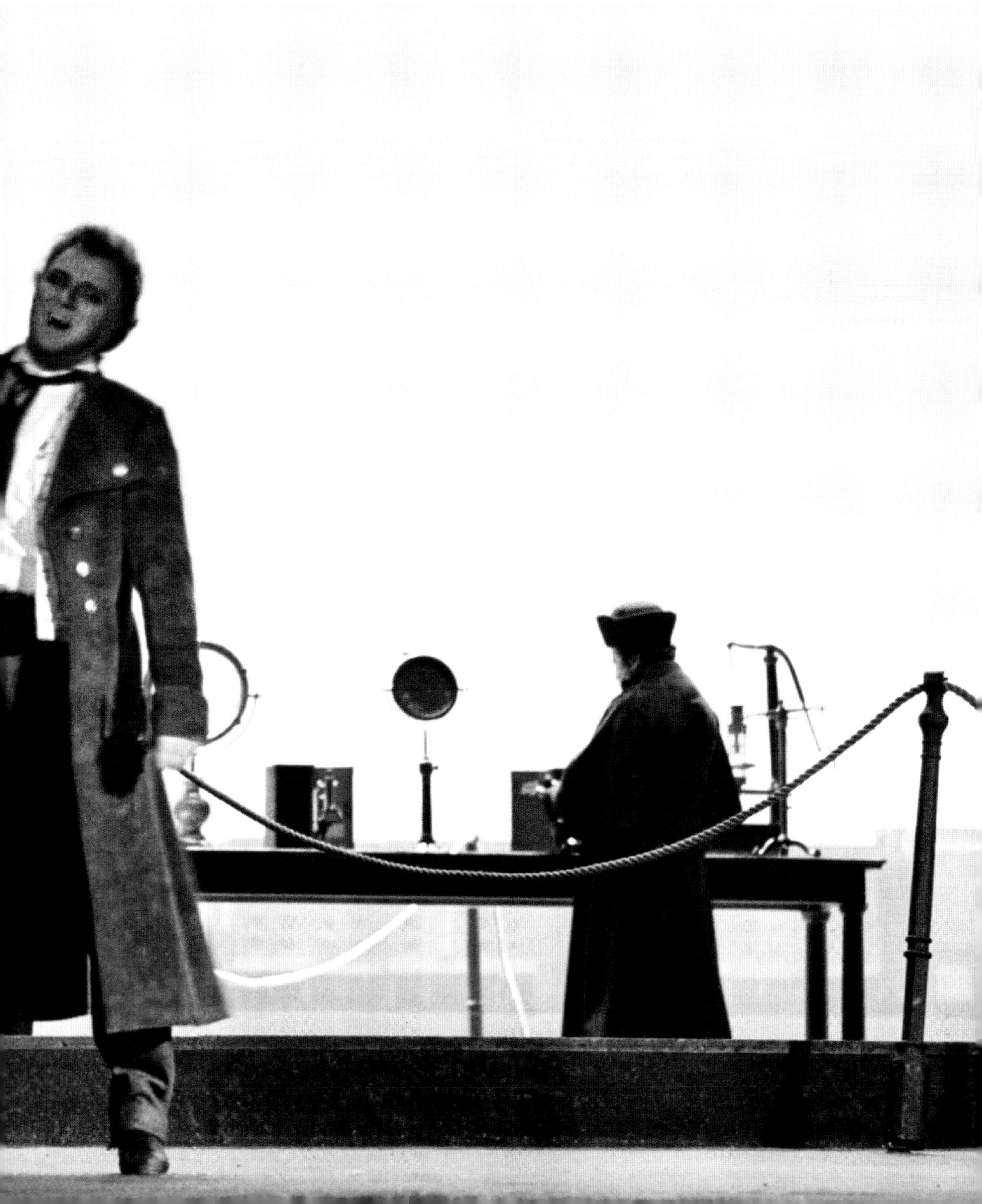

Tristan

Chorégraphie : Glen Tetley
Musique : Hans Werner Henze
Direction musicale : Marius Constant
Première à l'Opéra : 13 novembre 1974

Rudolf Noureev et *Carolyn Carlson.*

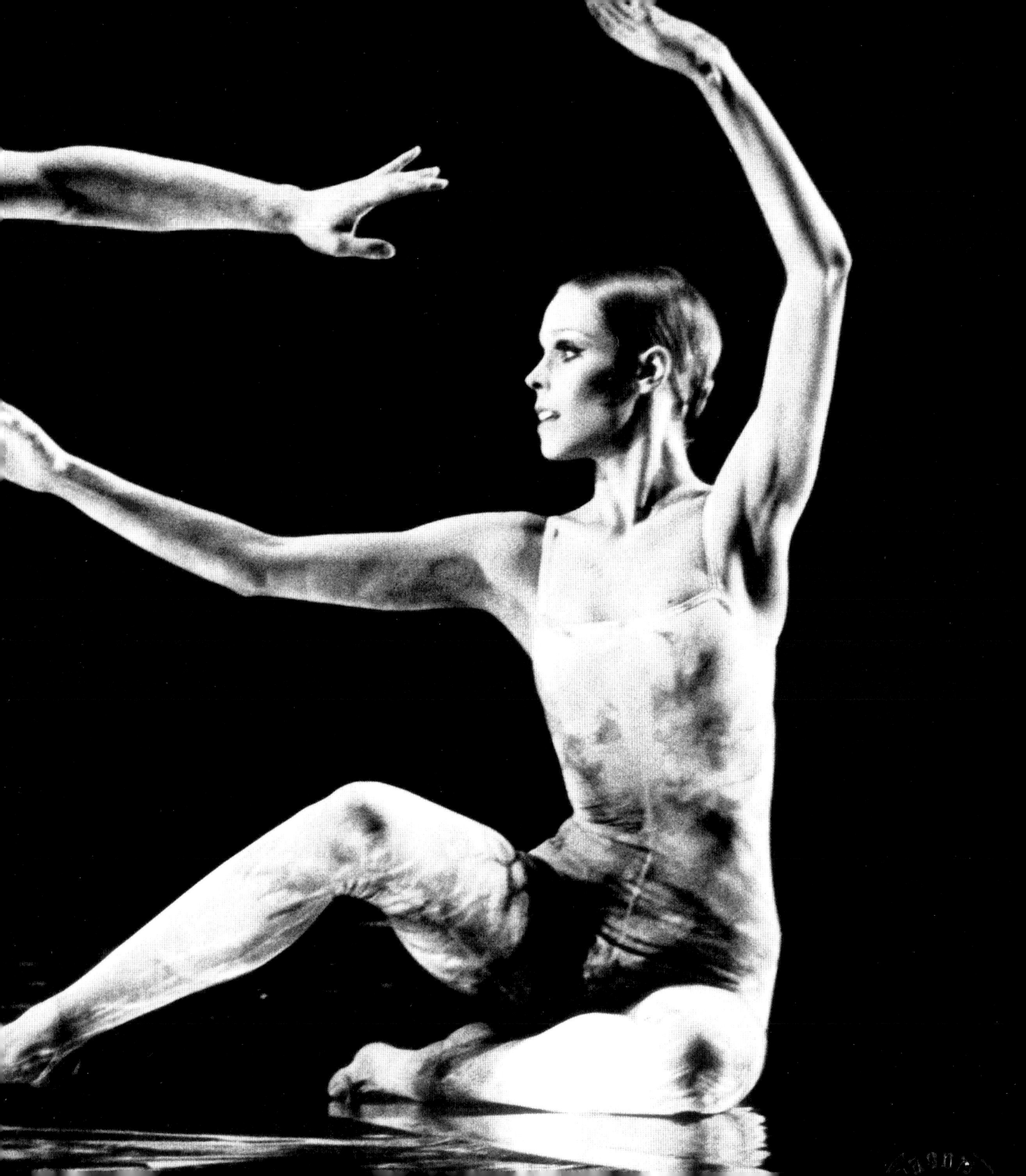

La Belle au bois dormant

Chorégraphie : Alicia Alonso, d'après Marius Petipa
Musique : Piotr Ilyitch Tchaikovski
Direction musicale : Ashley Lawrence
Première à l'Opéra : 31 décembre 1974

Cyril Atanassoff (le Prince Désiré) et *Florence Clerc* (la Princesse Aurore) en répétition.

Georges Piletta (la Fée Carabosse).

Don Giovanni

Musique : Wolfgang Amadeus Mozart
Direction musicale : Sir Georg Solti
Mise en scène : August Everding
Première à l'Opéra : 7 mars 1975

Margaret Price (Donna Anna).

Julia Varady (Donna Elvira).

Kiri Te Kanawa (Donna Elvira) et *Roger Soyer* (Don Giovanni).

Gabriel Bacquier (Leporello) et *Roger Soyer* (Don Giovanni).

Le Loup

Chorégraphie : Roland Petit
Musique : Henri Dutilleux
Direction musicale : Marius Constant
Première à l'Opéra : 18 mars 1975

Jean-Pierre Franchetti (le Loup) et **Noëlla Pontois** (la Jeune Fille).

Jean-Pierre Franchetti (le Loup).

La Symphonie fantastique

Chorégraphie : Roland Petit
Musique : Hector Berlioz
Direction musicale : Marius Constant
Première à l'Opéra : 18 mars 1975

Michaël Denard.

Zizi Jeanmaire.

Faust

Musique : Charles Gounod
Direction musicale : Michel Plasson
Mise en scène : Jorge Lavelli
Première à l'Opéra : 3 juin 1975

Nicolai Ghiaurov (Méphistophélès) et *Nicolai Gedda* (Faust).

Nicolai Ghiaurov (Méphistophélès) et *Nicolai Gedda* (Faust).

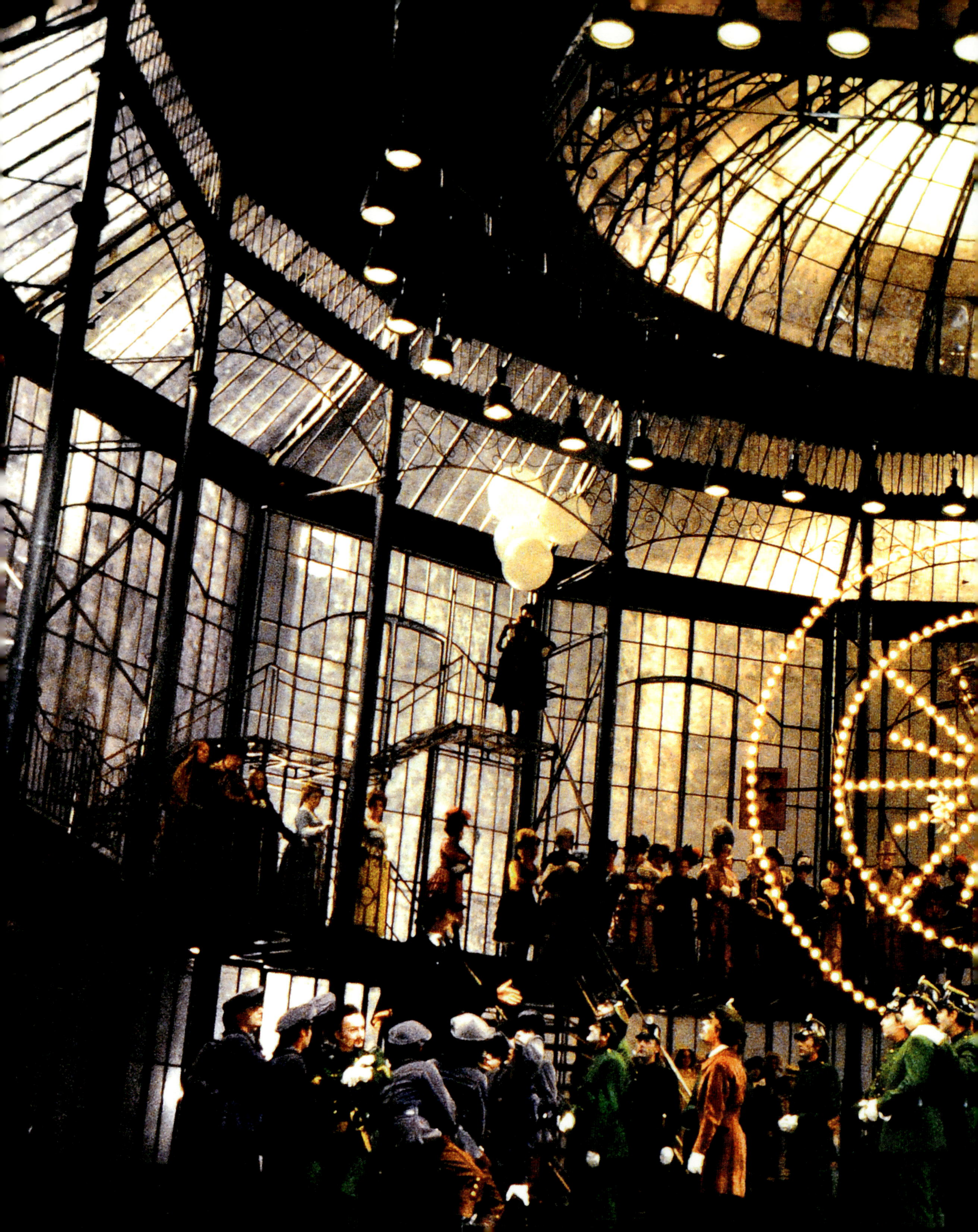

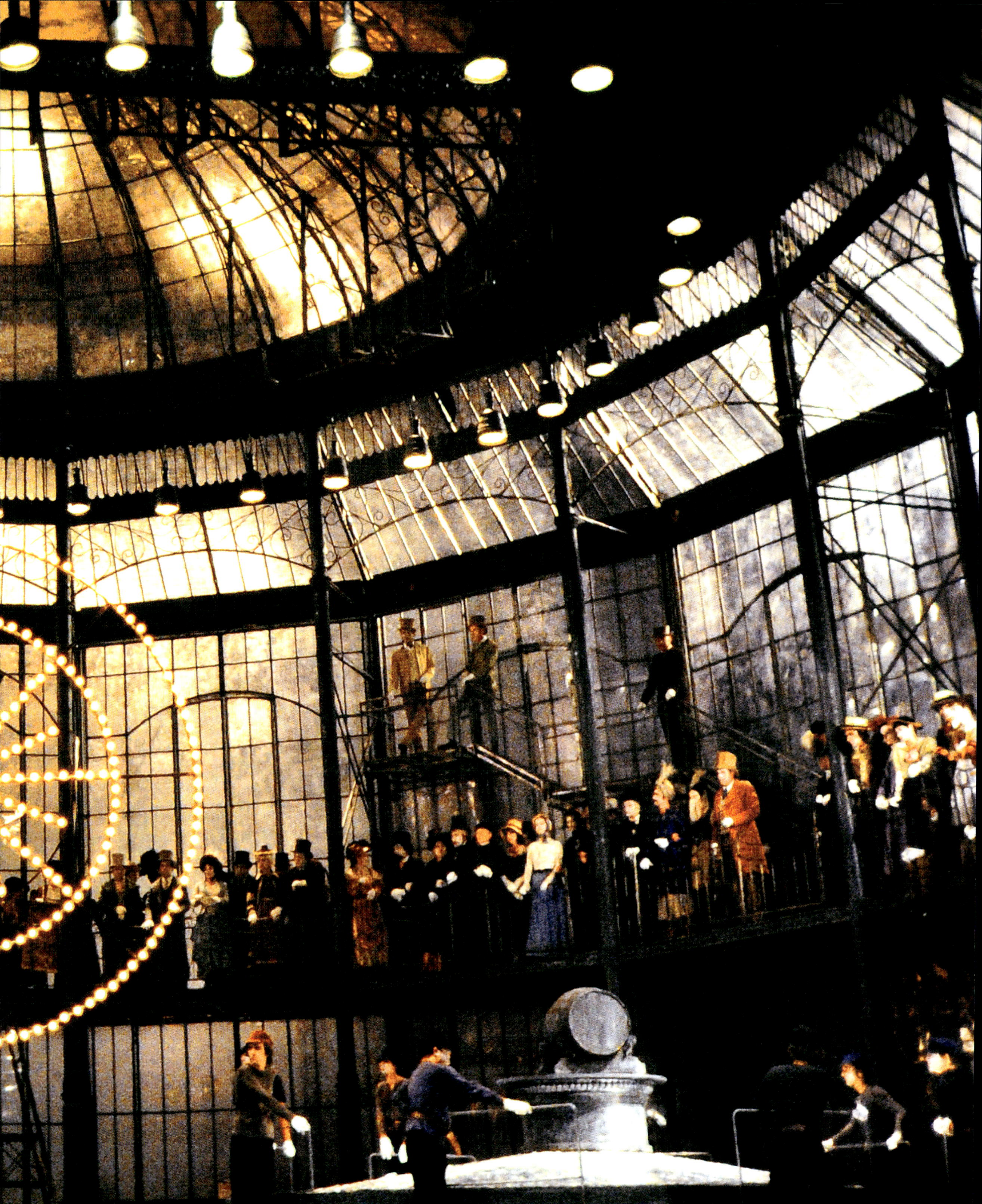

José Van Dam (Méphistophélès).

Mirella Freni (Marguerite).

Ariane et Barbe-Bleue

Musique : Paul Dukas
Direction musicale : Gary Bertini
Mise en scène : Jacques Dupont
Première à l'Opéra : 5 juillet 1975

Grace Bumbry (Ariane).

Grace Bumbry (Ariane) et *Jocelyne Taillon* (la Nourrice).

Samson et Dalila

Musique : Camille Saint-Saëns
Direction musicale : Georges Prêtre
Mise en scène : Piero Faggioni
Première à l'Opéra : 22 octobre 1975

Guy Chauvet (Samson).

Le Chevalier à la rose

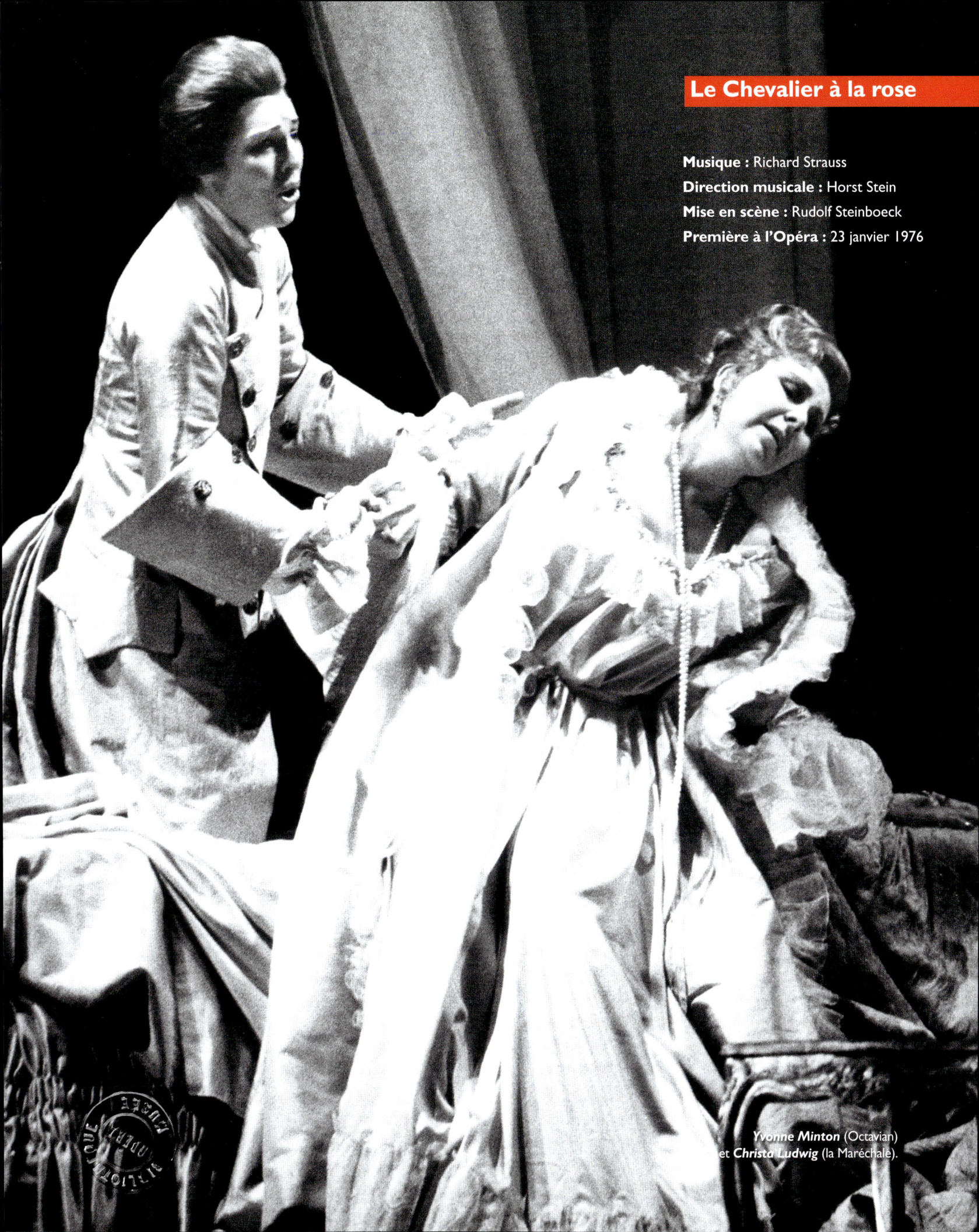

Musique : Richard Strauss
Direction musicale : Horst Stein
Mise en scène : Rudolf Steinboeck
Première à l'Opéra : 23 janvier 1976

Yvonne Minton (Octavian) et *Christa Ludwig* (la Maréchale).

Christa Ludwig (la Maréchale).

Yvonne Minton (Octavian) et *Lucia Popp* (Sophie).

Lucia Popp (Sophie) et *Yvonne Minton* (Octavian).

Noces

Chorégraphie : Bronislava Nijinska
Texte original et musique : Igor Stravinsky
Direction musicale : Manuel Rosenthal
Première à l'Opéra : 3 mars 1976

Irina Nijinska et *Patrice Bart.*

Ghislaine Thesmar.

L'Enlèvement au sérail

Musique : Wolfgang Amadeus Mozart
Direction musicale : Karl Böhm
Mise en scène : Günther Rennert
Première à l'Opéra : 23 mars 1976

Christiane Eda-Pierre (Konstanze) et *Paul-Emile Deiber* (Selim).

Günther Rennert en répétition.

Otello

Musique : Giuseppe Verdi
Direction musicale : Sir Georg Solti
Mise en scène : Terry Hands
Première à l'Opéra : 25 juin 1976

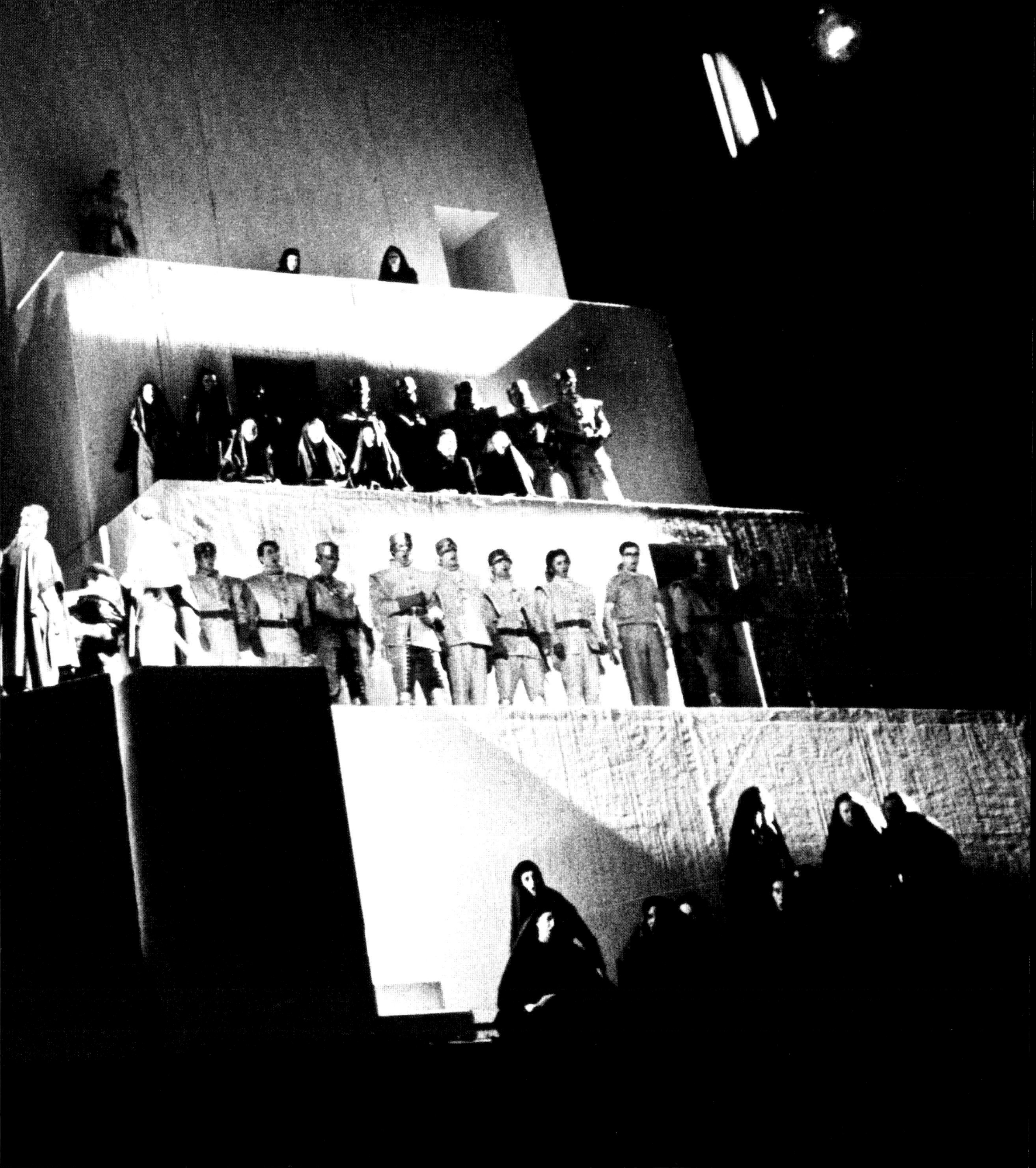

Margaret Price (Desdemona) et *Placido Domingo* (Otello) en répétition.

Gabriel Bacquier (Iago)
et Placido Domingo (Otello).

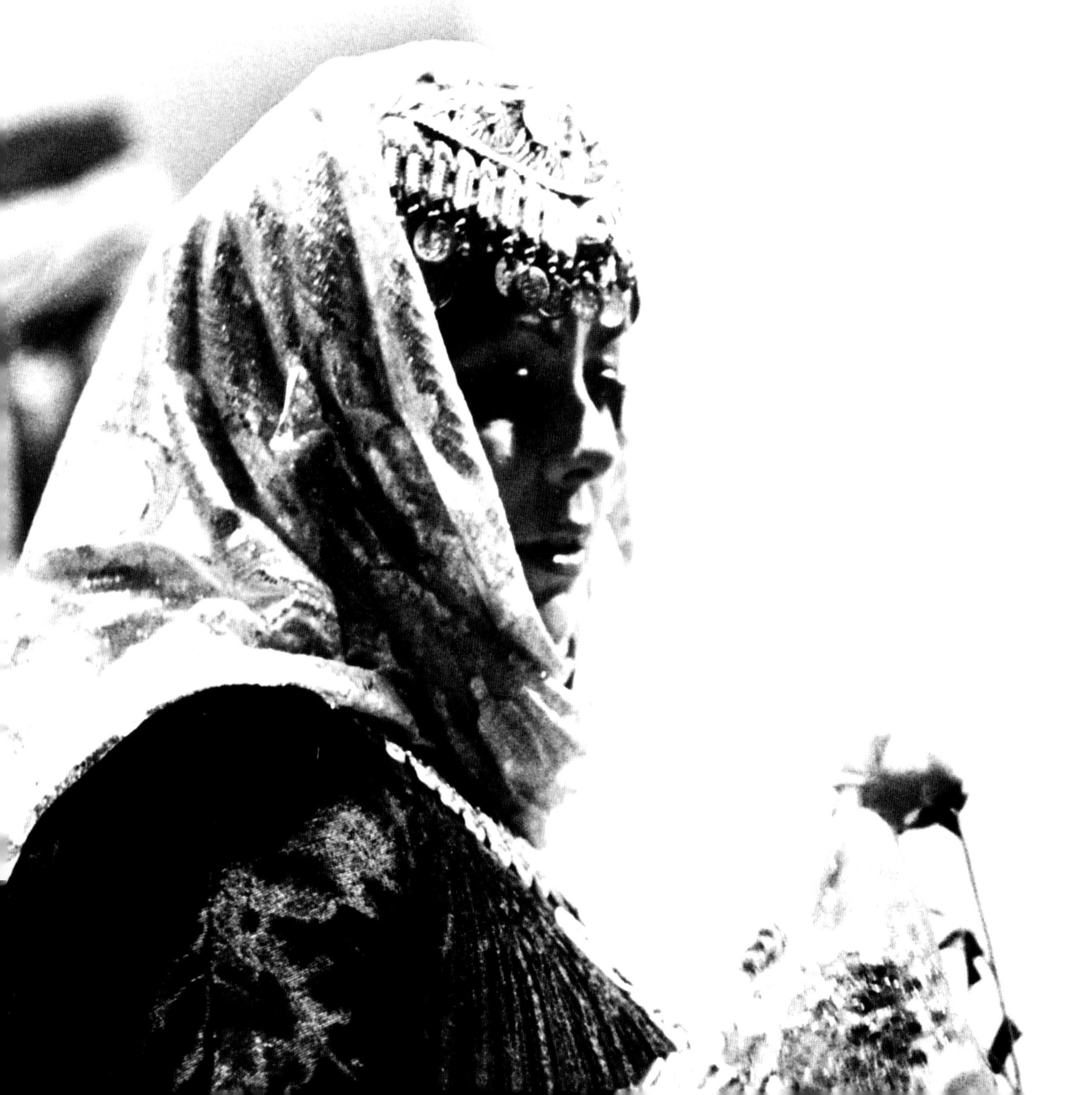

Margaret Price (Desdemona) et *Placido Domingo* (Otello).

Placido Domingo (Otello).

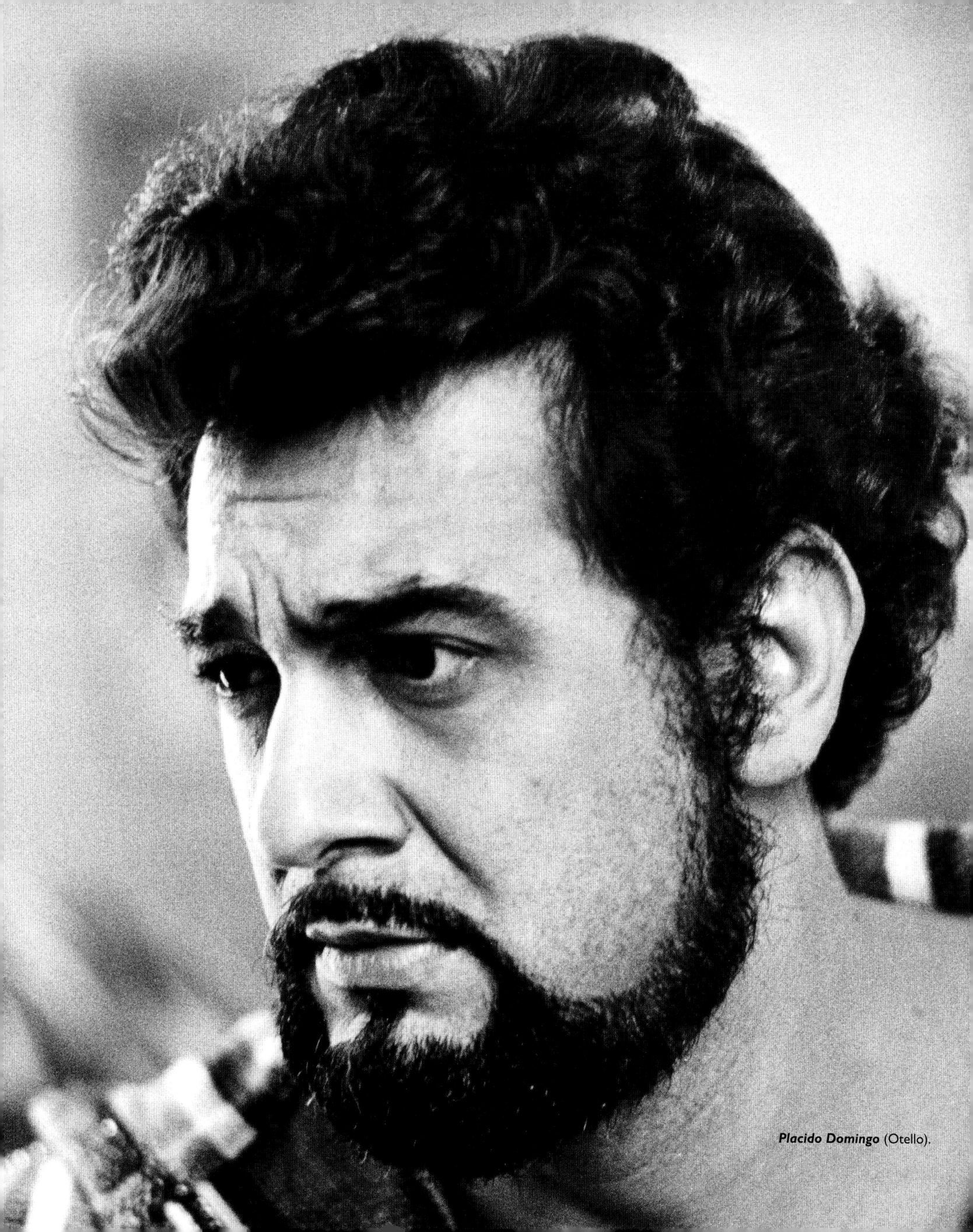

Gabriel Bacquier (Iago).

Ivan le Terrible

Argument et chorégraphie : Youri Grigorovitch
Musique : Serguei Prokofiev
Direction musicale : Algis Juraitis
Première à l'Opéra : 14 octobre 1976

Noëlla Pontois (Anastasie).

Cyril Atanassoff (Ivan) et **Noëlla Pontois** (Anastasie).

L'Or du Rhin

Livret et musique : Richard Wagner.
Direction musicale : Sir Georg Solti
Mise en scène : Peter Stein
Première à l'Opéra : 6 décembre 1976

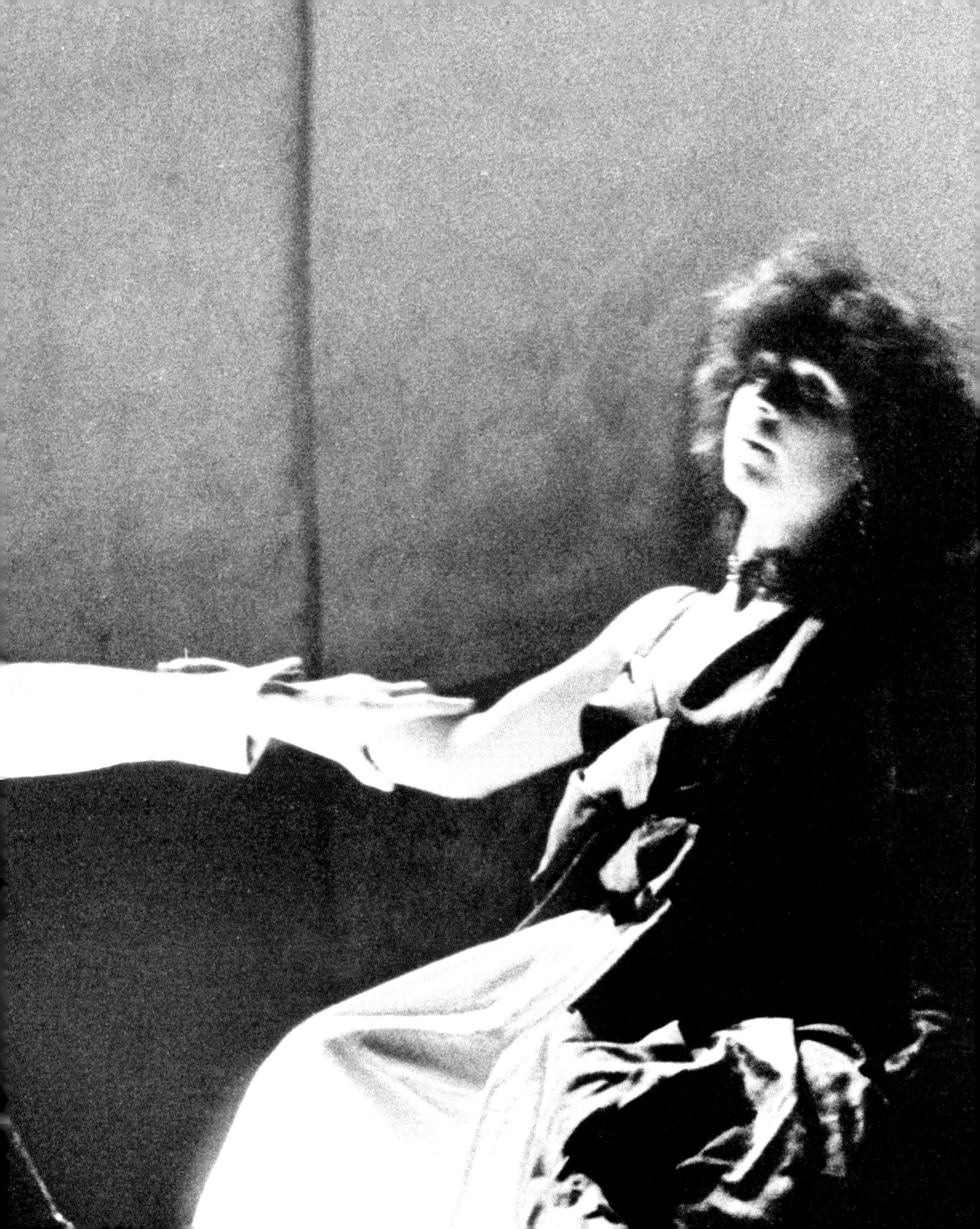

Peter Stein.

Franz Mazura (Alberich).

Helga Dernesch (Freia).

Helga Dernesch (Freia), **Christa Ludwig** (Fricka) et **Theo Adam** (Wotan).

Christa Ludwig (Fricka) et *Theo Adam* (Wotan).

Robert Tear (Loge),
Marc Vento (Donner),
Helga Dernesch (Freia),
Heribert Steinbach (Froh),
Theo Adam (Wotan)
et *Christa Ludwig* (Fricka).

La Walkyrie

Livret et musique : Richard Wagner
Direction musicale : Sir Georg Solti
Mise en scène : Klaus Michael Grüber
Première à l'Opéra : 18 décembre 1976

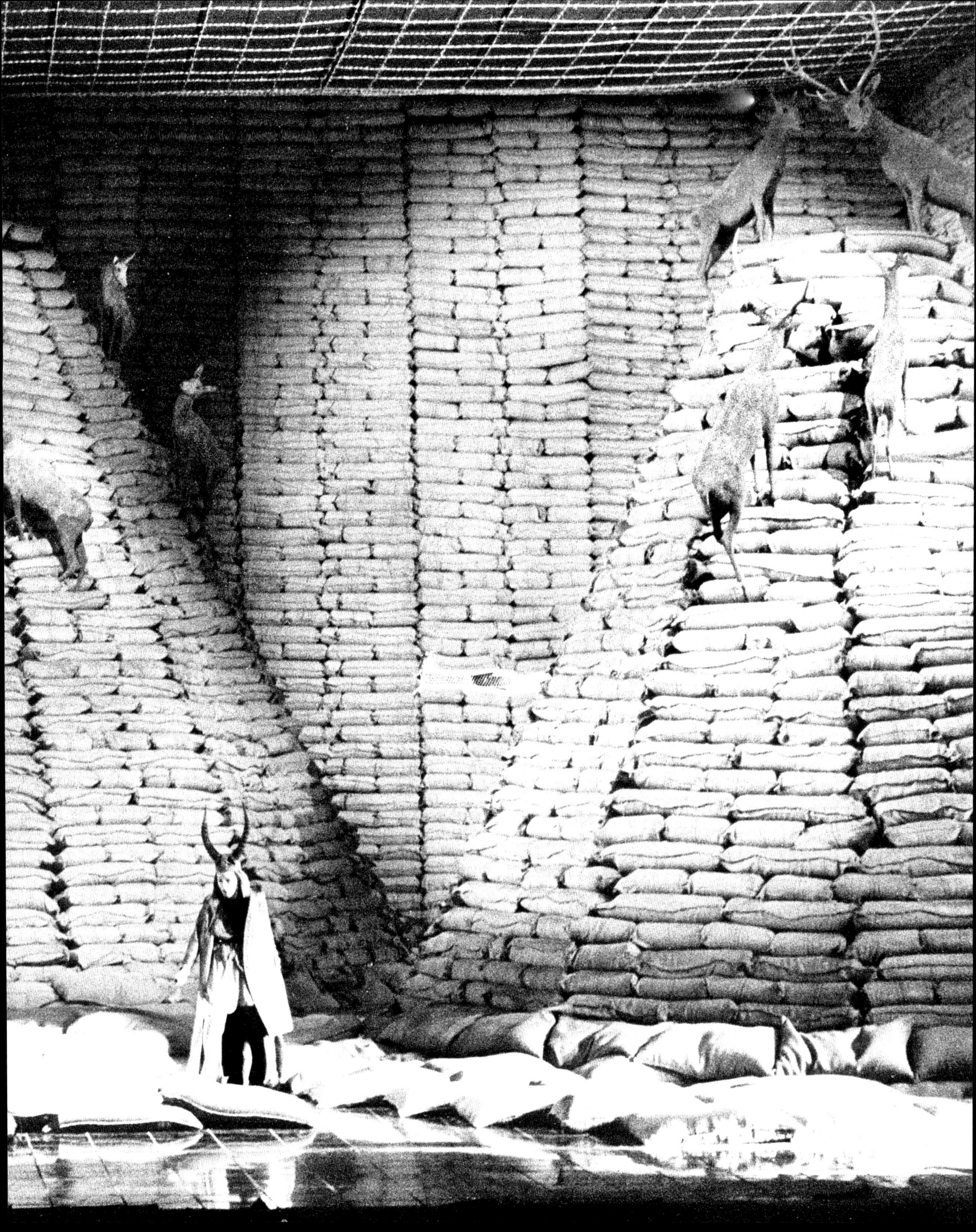

Peter Hofmann (Siegmund).

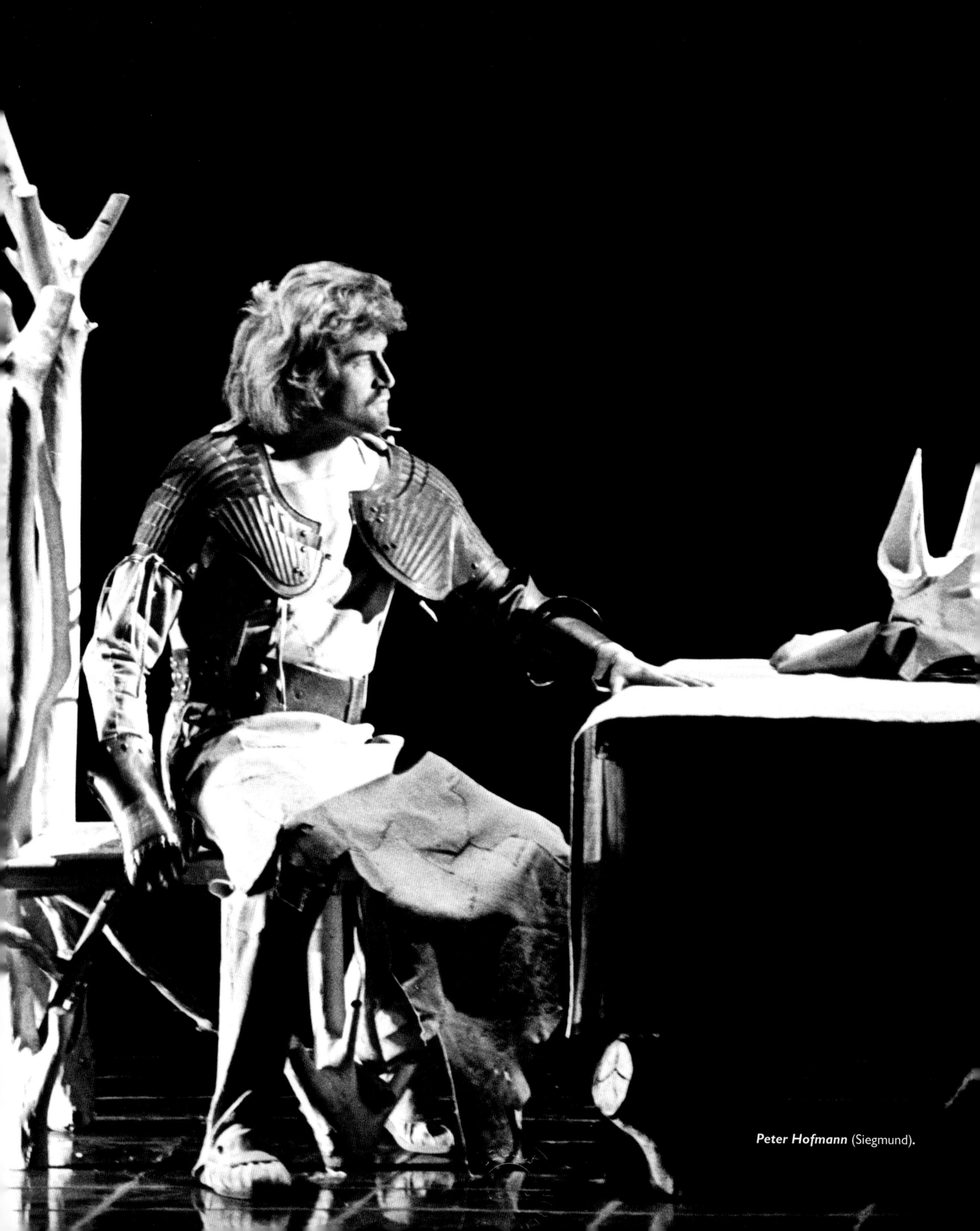

Gwyneth Jones (Brünnhilde) et *Christa Ludwig* (Fricka).

Theo Adam (Wotan).

205

Pelléas et Mélisande

Musique : Claude Debussy
Direction musicale : Lorin Maazel
Mise en scène : Jorge Lavelli
Première à l'Opéra : 18 mars 1977

Frederica von Stade (Mélisande).

Gabriel Bacquier (Golaud) et *Eliane Manchet* (Mélisande).

Jorge Lavelli et *Frederica von Stade* (Mélisande) en répétition.

Frederica von Stade (Mélisande) et *Richard Stilwell* (Pelléas).

Frederica von Stade (Mélisande) et *Richard Stilwell* (Pelléas).

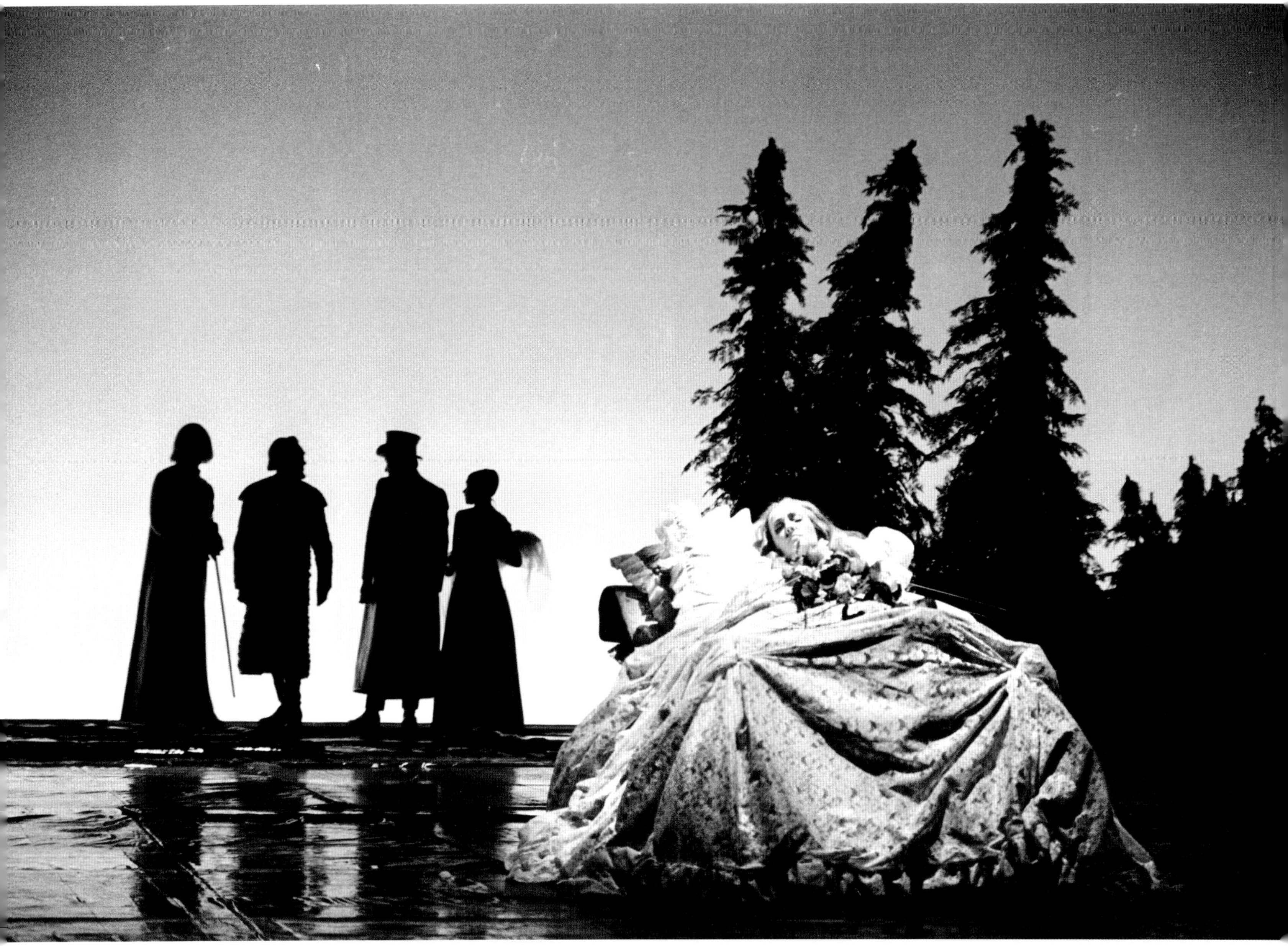

Platée

Musique : Jean-Philippe Rameau
Direction musicale : Michel Plasson
Mise en scène : Henry Ronse
Première à l'Opéra : 21 avril 1977 (Salle Favart)

Charles Burles (Mercure) et *Michel Sénéchal* (Platée).

Beni Montresor (costumier) et ***Françoise Boudet*** (chef de la couture) au cours d'un essayage.

Charles Burles (Mercure),
Michel Sénéchal (Platée) et *Roger Soyer* (Jupiter).

La Cenerentola

Musique : Gioachino Rossini
Direction musicale : Jesus Lopez-Cobos
Mise en scène : Jacques Rosner
Première à l'Opéra : 8 juillet 1977

Eliane Lublin (Clorinda) et *Francine Arrauzau* (Tisbe)

Jacques Rosner et *Teresa Berganza* (Angelina) en répétition.

Rolf Liebermann et *Jesus Lopez-Cobos.*

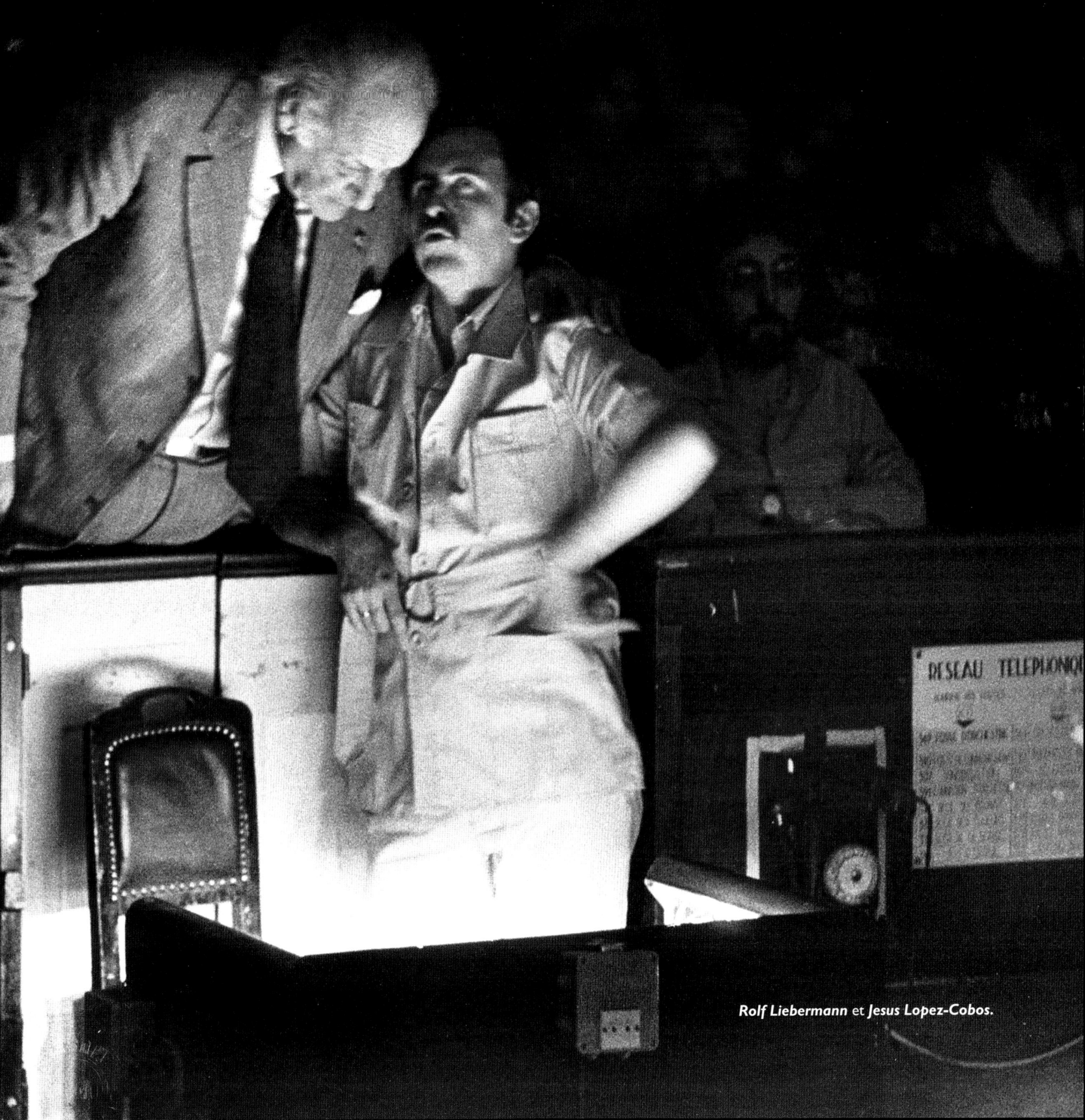

Roméo et Juliette

Chorégraphie : Youri Grigorovitch
Musique : Serguei Prokofiev
Direction musicale : Algis Juraitis
Première à l'Opéra : 22 février 1978

Patrick Dupond (Mercutio).

Michaël Denard (Roméo) et *Dominique Khalfouni* (Juliette).

Le Couronnement de Poppée

Musique : Claudio Monteverdi
Direction musicale : Julius Rudel
Mise en scène : Günther Rennert
Première à l'Opéra : 17 mars 1978

Gwyneth Jones (Poppea)
et *Jon Vickers* (Nerone).

Christa Ludwig (Ottavia).

Michel Sénéchal (Lucano).

Nicolai Ghiaurov (Seneca).

Jon Vickers (Nerone)
et *Gwyneth Jones* (Poppea).

Jon Vickers (Nerone) et *Gwyneth Jones* (Poppea).

Simon Boccanegra

Musique : Giuseppe Verdi
Direction musicale : Claudio Abbado
Mise en scène : Giorgio Strehler
Première à l'Opéra : 25 octobre 1978

Mirella Freni (Maria Boccanegra) et *Piero Cappuccilli* (Simon Boccanegra).

Kiri Te Kanawa (Maria Boccanegra).

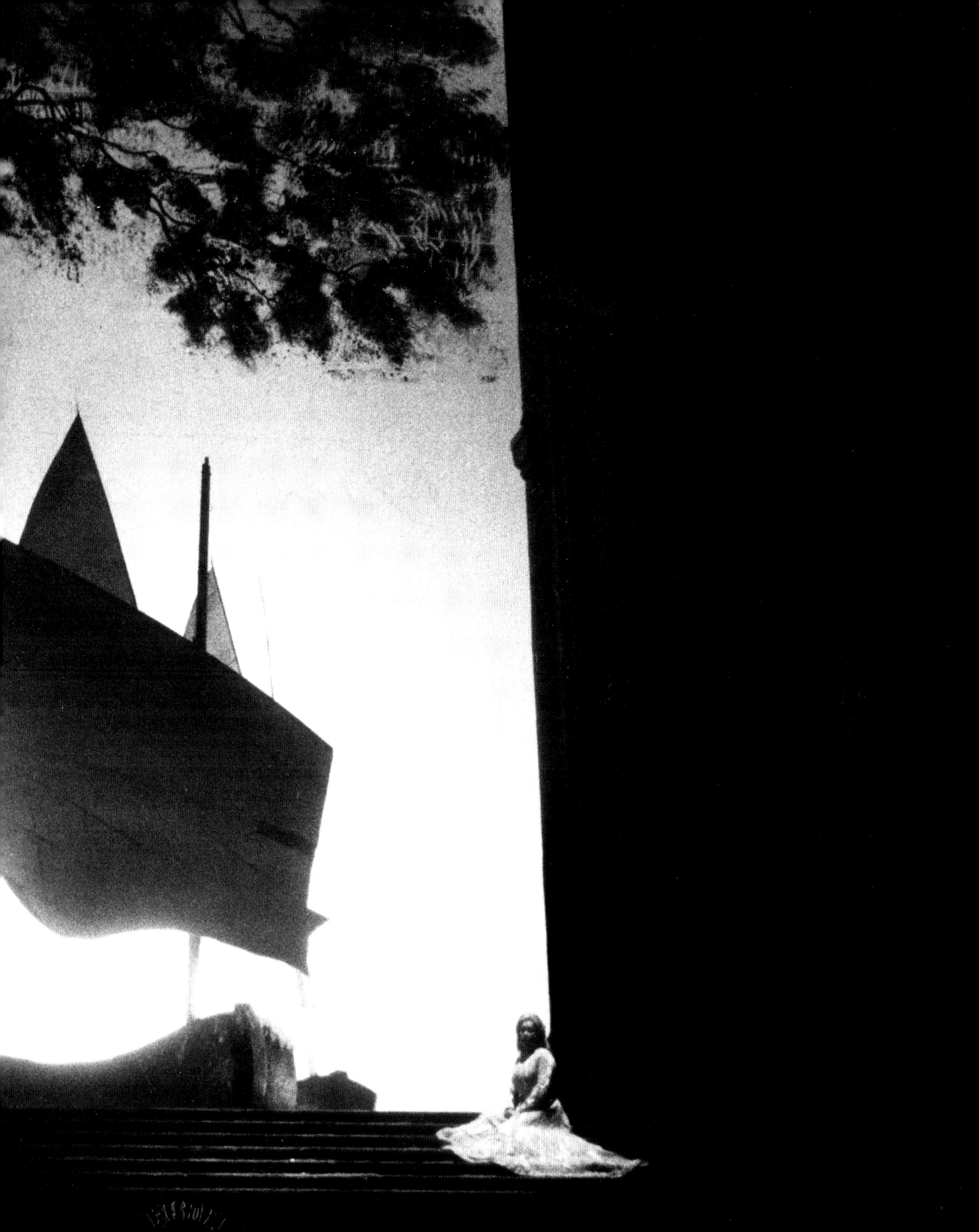

Writings in the wall

Chorégraphie : Carolyn Carlson
Musique : Barre Phillips, John Surman.
Scénographie, mise en scène et lumières : Carolyn Carlson
Première à l'Opéra : 9 janvier 1979

Carolyn Carlson.

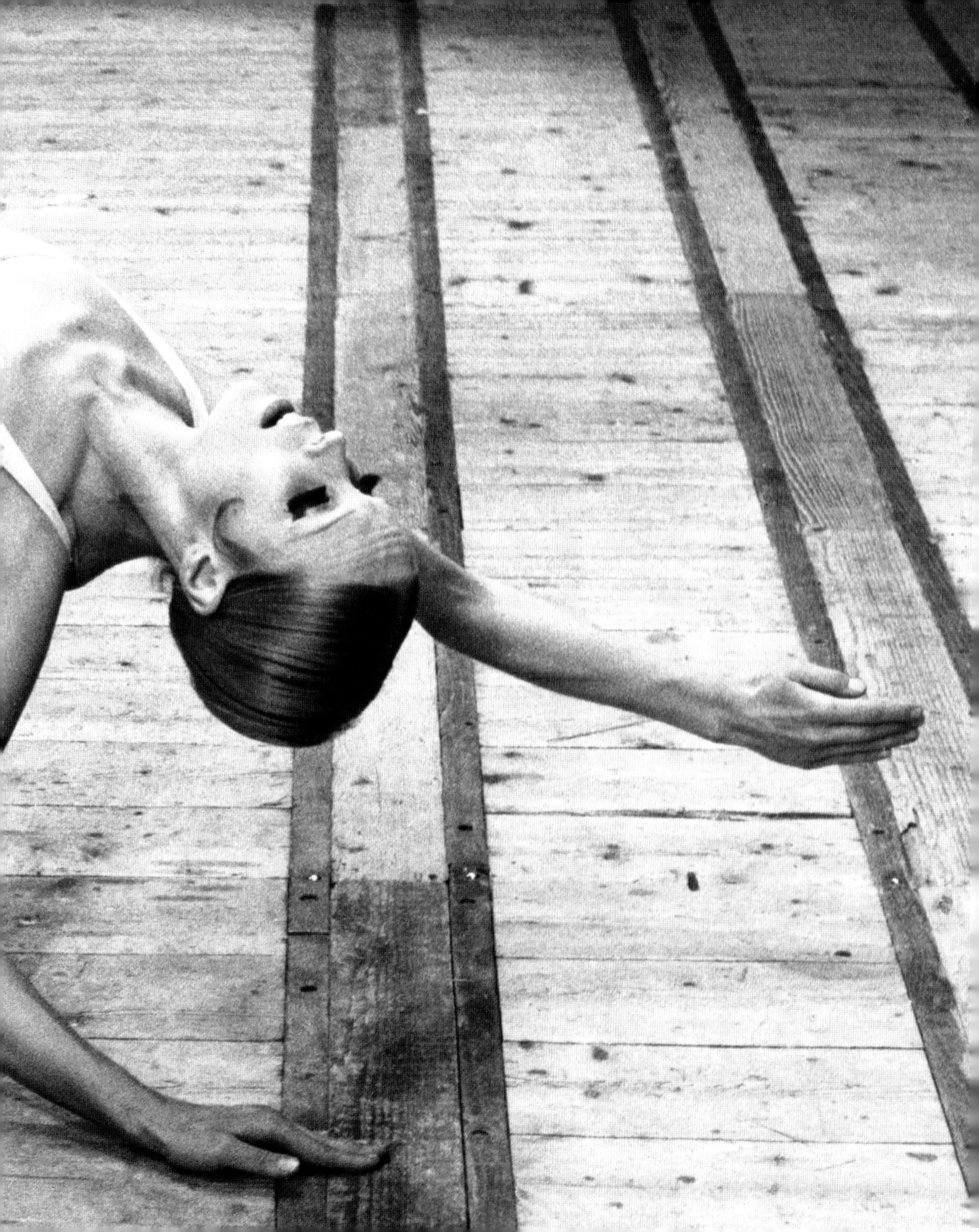

Lulu

Musique : Alban Berg
Direction musicale : Pierre Boulez
Mise en scène : Patrice Chéreau
Première à l'Opéra : 24 février 1979

Teresa Stratas (Lulu).

Yvonne Minton (Gräfin Geschwitz), **Teresa Stratas** (Lulu) et **Patrice Chéreau** en répétition.

Yvonne Minton (Gräfin Geschwitz), **Patrice Chéreau** et *Teresa Stratas* (Lulu) en répétition.

Pierre Boulez, **Patrice Chéreau** et **Rolf Liebermann**.

Pierre Boulez et *Jeffrey Tate* (son assistant)
en compagnie de *Friedrich Cerha* et sa femme.

Patrice Chéreau et **Teresa Stratas** en répétition.

Franz Mazura (Dr Schön) et *Teresa Stratas* (Lulu).

Teresa Stratas (Lulu) et *Franz Mazura* (Dr Schön).

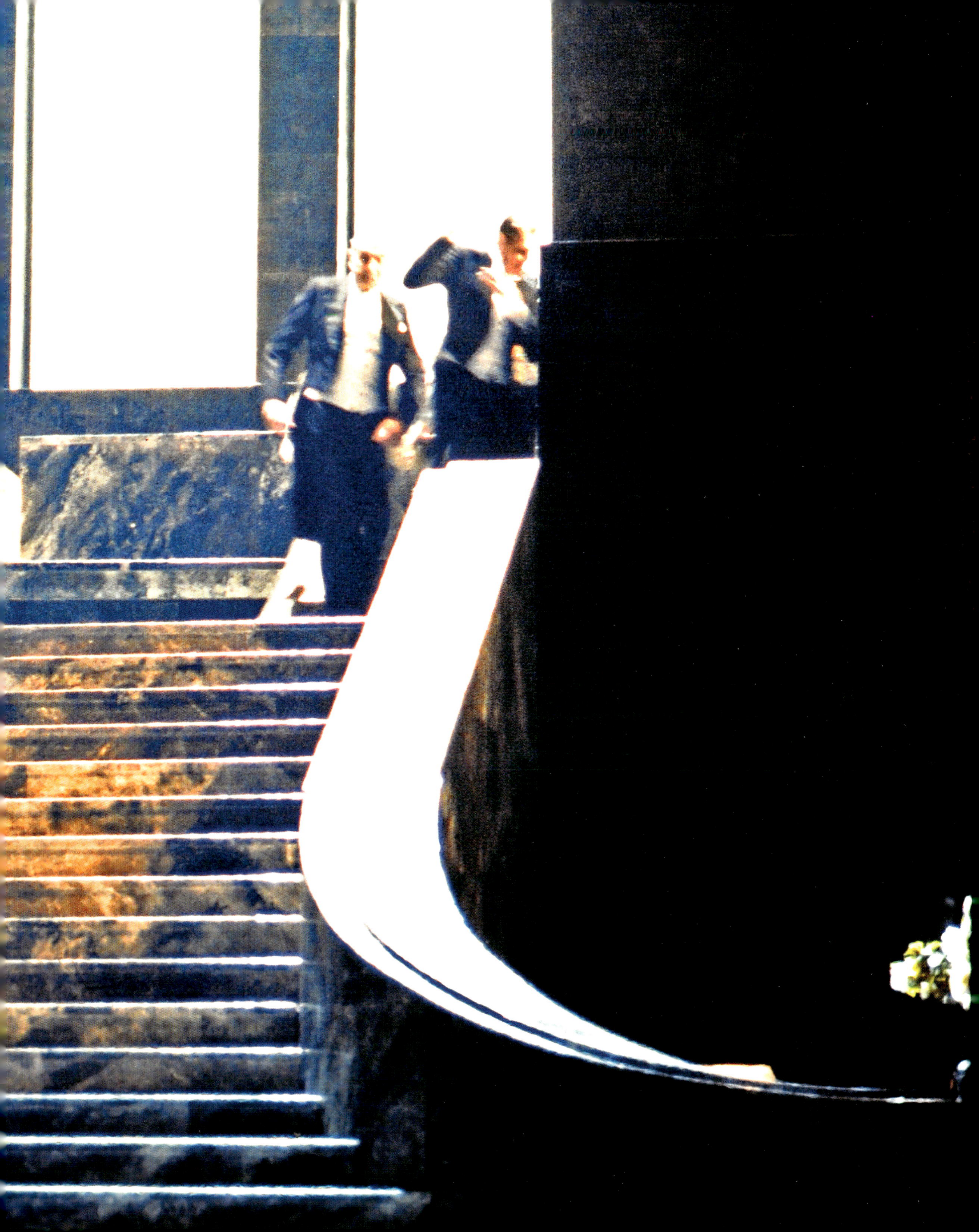

Teresa Stratas (Lulu) et **Franz Mazura** (Dr Schön).

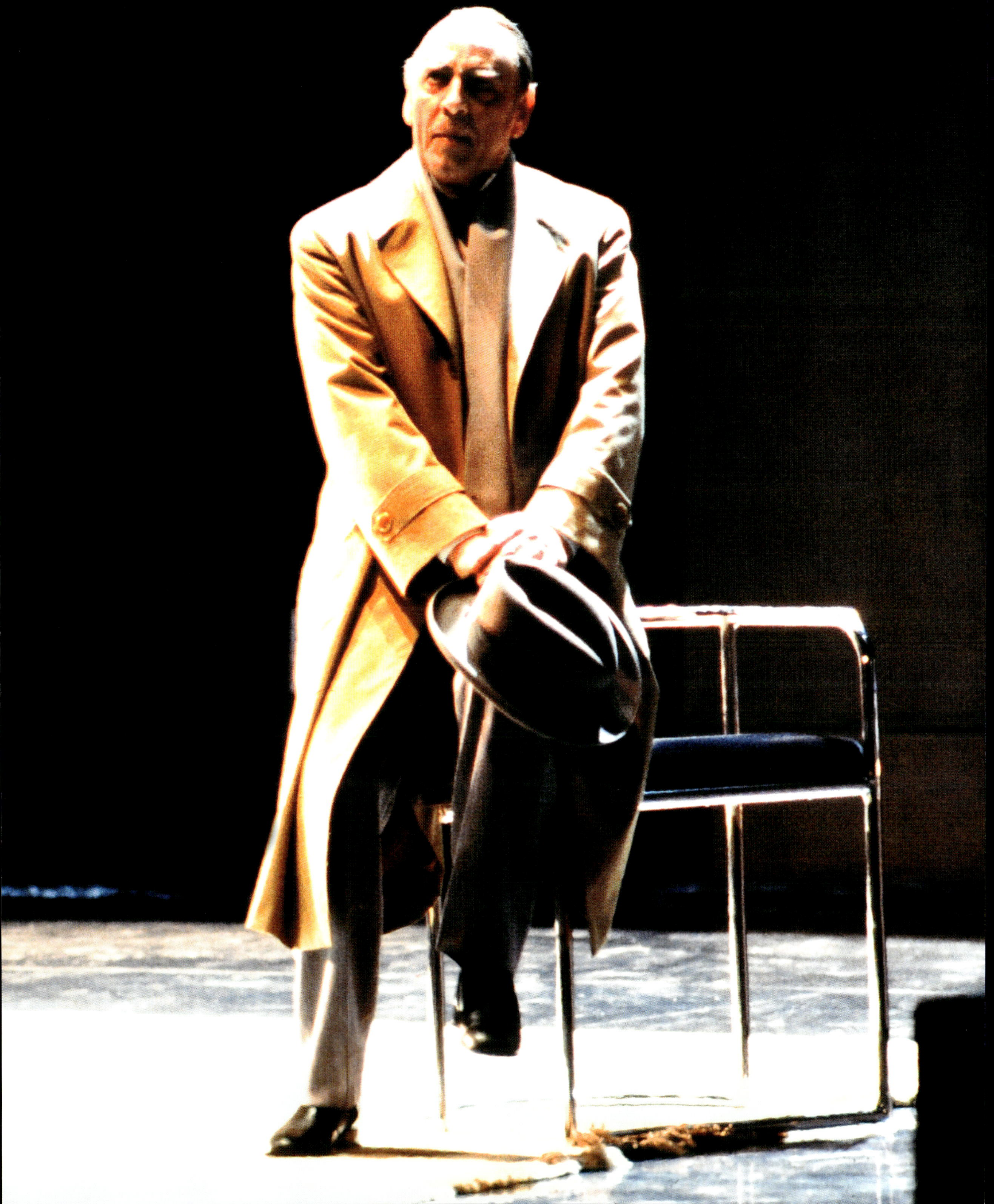

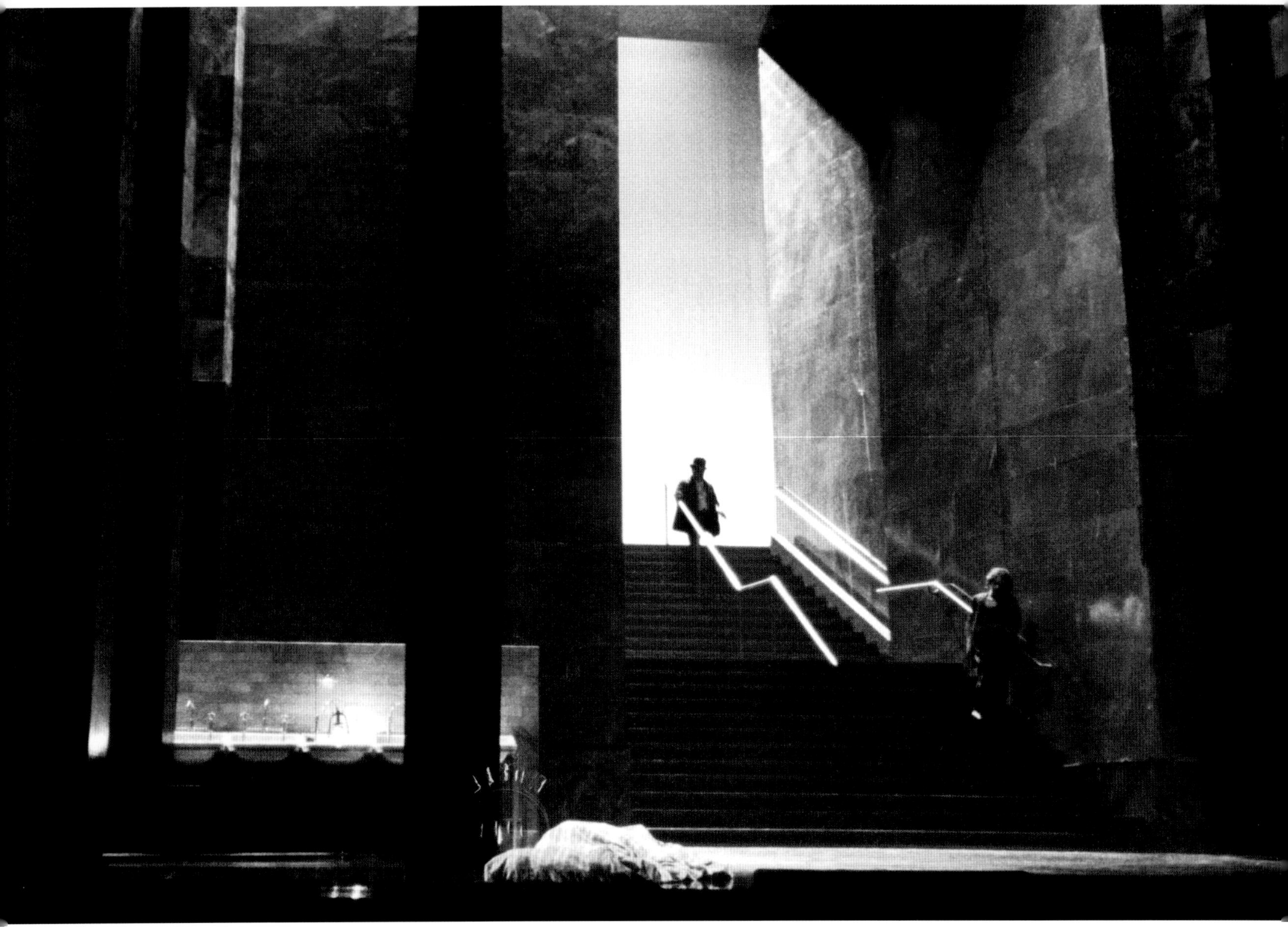

Life

Chorégraphie : Maurice Béjart
Musique : Johann Sebastian Bach
Direction musicale : Stewart Kershaw
Première à l'Opéra : 8 juin 1979

Élisabeth Platel et *Jean Babilée*.

Serait-ce la mort ?

Chorégraphie : Maurice Béjart.
Musique : Richard Strauss
Direction musicale : Stewart Kershaw
Première à l'Opéra : 9 juin 1979

Maurice Béjart en répétition.

Boléro

Chorégraphie : Maurice Béjart
Musique : Maurice Ravel
Direction musicale : Catherine Comet
Première à l'Opéra (Palais des Sports) : 28 janvier 1975

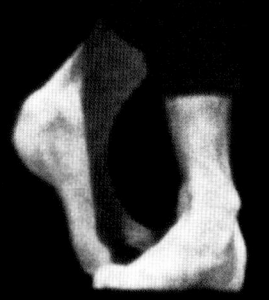

Jean-Pierre Franchetti.

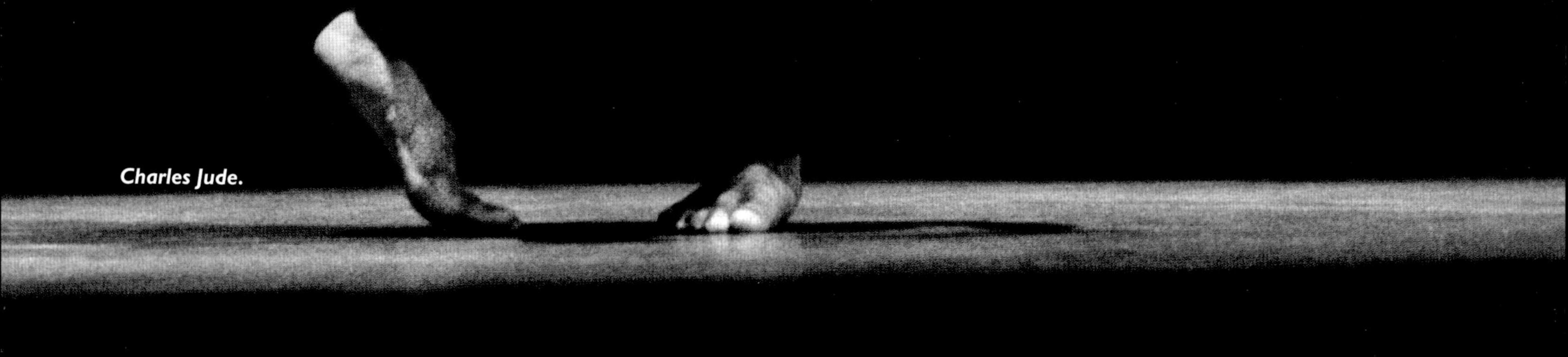

Charles Jude.

Jorge Donn.

Les Animaux modèles

Chorégraphie : Serge Lifar
Musique : Francis Poulenc
Direction musicale : Michel Quéval
Première à l'Opéra (Salle Favart, spectacle de l'École de Danse) : 11 juin 1979

Pierre Darde (un coq), *Élisabeth Maurin* (une poule) et *Eric Vu An* (un coq).

Sylvia

Chorégraphie : Lycette Darsonval, d'après Louis Mérante
Musique : Léo Delibes
Direction musicale : Stewart Kershaw
Première à l'Opéra : 16 novembre 1979

Claude de Vulpian et *Michaël Denard.*

Claude de Vulpian, ***Wilfride Piollet***, ***Jean-Yves Lormeau*** et ***Florence Clerc*** en répétition.

Noëlla Pontois et *Cyril Atanassoff* en répétition.

Le Fantôme de l'Opéra

Chorégraphie et mise en scène : Roland Petit
Musique : Marcel Landowski
Direction musicale : Patrick Flynn
Première à l'Opéra : 22 février 1980

Roland Petit.

Patrick Dupond (le Jeune Homme).

Erwartung

Musique : Arnold Schœnberg
Direction musicale : Sylvain Cambreling
Mise en scène : Humbert Camerlo
Première à l'Opéra (Salle Favart) : 19 janvier 1980

Suzanne Sarroca.

Suzanne Sarroca.

The Architects

Chorégraphie : Carolyn Carlson
Musique : Johann-Sébastian Bach
Première à l'Opéra : 7 mai 1980

Rolf Liebermann et *Carolyn Carlson.*

Carmen

Musique : Georges Bizet
Direction musicale : Pierre Dervaux
Mise en scène : Piero Faggioni
Première à l'Opéra (Salle Favart) : 9 mai 1980

Teresa Berganza (Carmen) et *Placido Domingo* (Don José).

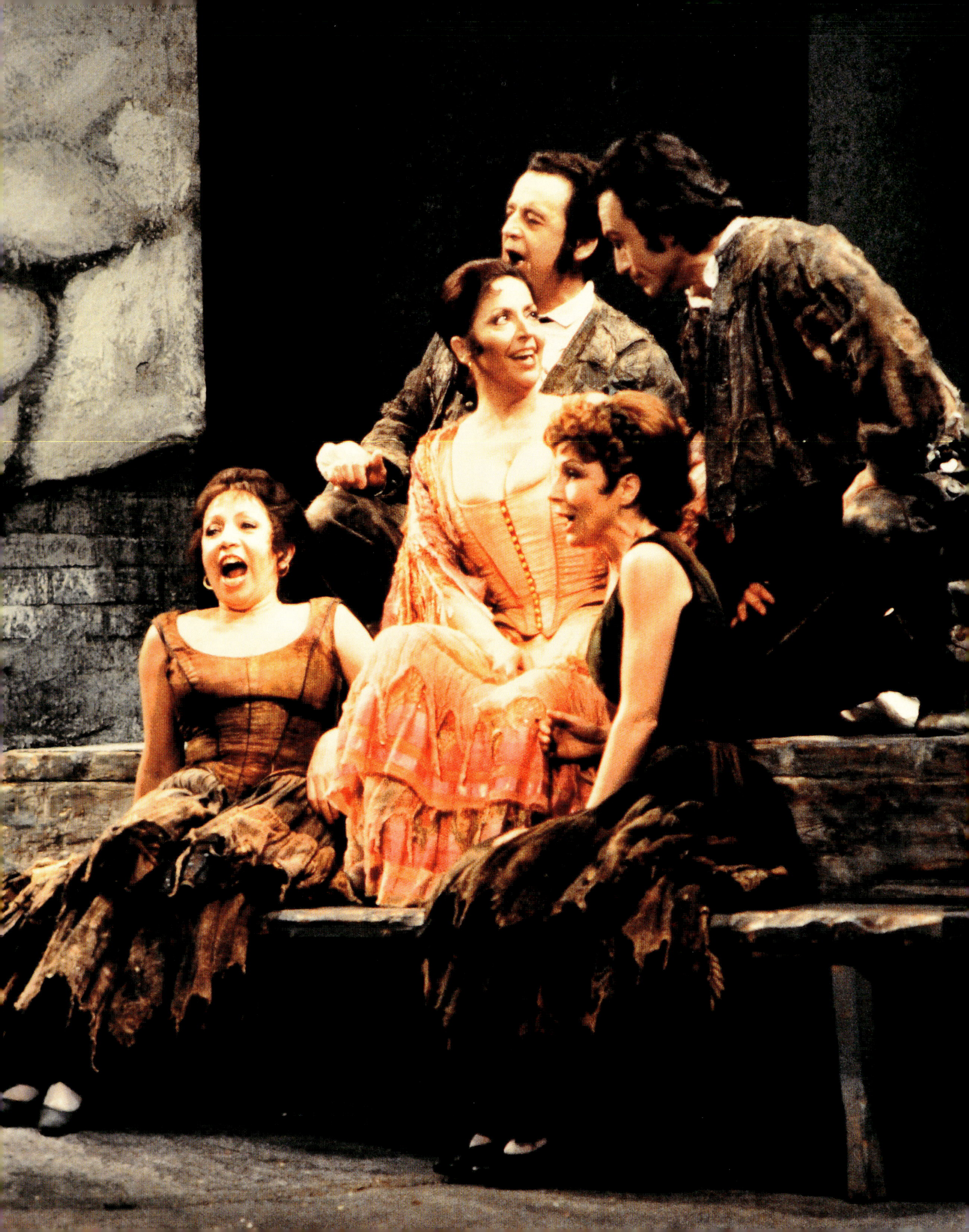

◀ **Jane Berbié** (Mercedes), **Teresa Berganza** (Carmen),
Danièle Perriers (Frasquita), **Michel Sénéchal** (le Remandado)
et **Michel Philippe** (le Dancaïre).

Katia Ricciarelli (Micaela),
Placido Domingo (Don José),
Michel Sénéchal (le Remandado)
et **Jane Berbié** (Mercedes).

Ruggero Raimondi (Escamillo).

Teresa Berganza (Carmen).

Boris Godounov

Musique : Modeste Moussorgski
Direction musicale : Rousslan Raytcheff
Mise en scène : Joseph Losey
Première à l'Opéra : 9 juin 1980

Joseph Losey et ***Ruggero Raimondi***
(Boris Godounov) en répétition.

Ruggero Raimondi (Boris Godounov). ▶

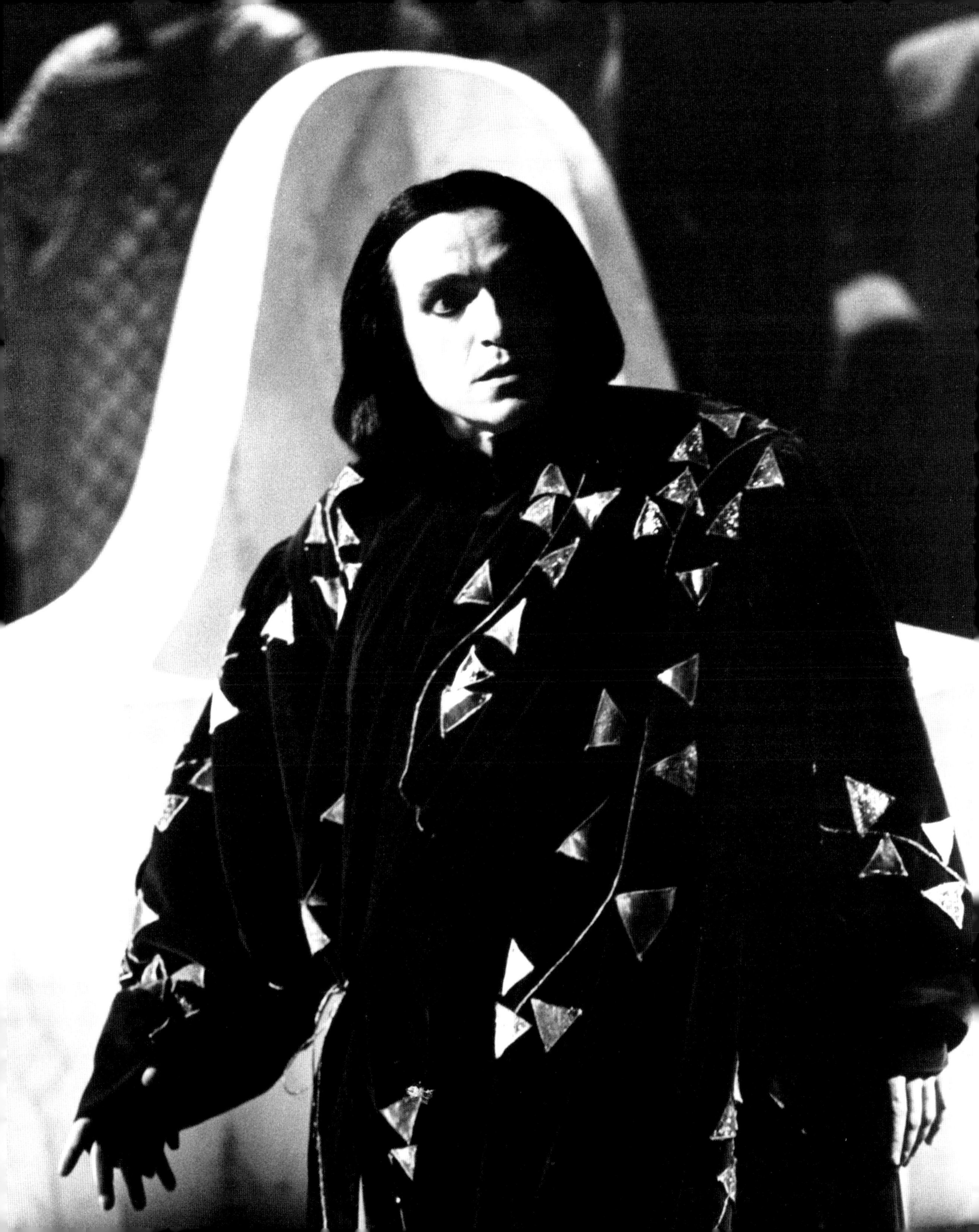

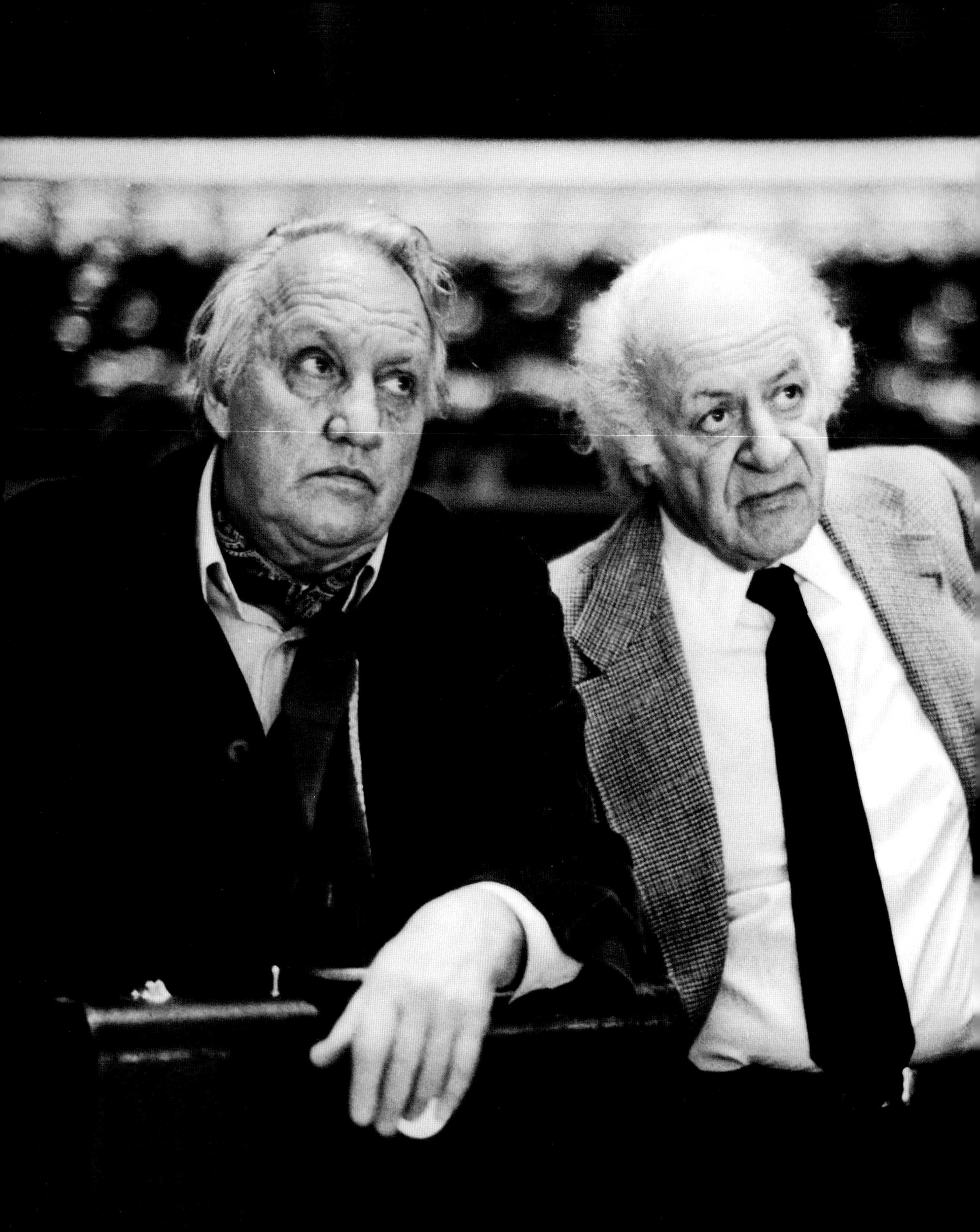

◀ *Joseph Losey* et *Rolf Liebermann.*

Ruggero Raimondi (Boris Godounov)
et *Kenneth Riegel* (le Prince Chouiski).

Annexes

OPÉRAS, BALLETS, SOIRÉES, RÉCITALS ET CONCERTS
DONNÉS SOUS LE MANDAT DE ROLF LIEBERMANN

par Mathias Auclair, Monique Caron,
Catherine Heuls, Xavier Loyant et Marine Rigeade

Cette annexe réunit les notices de l'ensemble des spectacles
donnés sous le mandat de Rolf Liebermann à l'Opéra de Paris,
quelles que soient les salles (Palais Garnier, Salle Favart, Palais des Congrès, etc.)
où ils ont été présentés, selon le plan suivant :

Opéras : p. 272
Ballets : p. 286
Soirées mixtes : p. 304
Récitals et concerts exceptionnels : p. 306

Les notices des opéras, des soirées mixtes des récitals et concerts sont celles rédigées
pour l'ouvrage de Rolf Liebermann, *En passant par Paris*, Paris, Gallimard, 1980, p. 433 à 448.
Les notices des ballets ont été établies en rassemblant les informations fournies par les programmes, les encarts de
distribution, les dossiers de presse et les journaux de régie conservés à la Bibliothèque-musée de l'Opéra.

SOURCES ET BIBLIOGRAPHIE

TABLE DES ILLUSTRATIONS

Opéras

Ariane et Barbe-Bleue

Conte en trois actes.
Poème de Maurice Maeterlinck.
Musique de Paul Dukas.

A 1975 : 5, 9, 12, 17, 21, 25 juillet. Au Palais Garnier.
B 1976 : 17, 20, 23, 29 avril, 5, 8, 11 mai. Au Palais Garnier.

Direction musicale :
Gary Bertini.
Mise en scène, décors et costumes :
Jacques Dupont.
Éclairages :
Serge Apruzzese.

Distribution :
Barbe-Bleue : Jacques Mars.
Ariane : Grace Melzia Bumbry.
La Nourrice : A, Irina Arkhipova ; B, Jocelyne Taillon.
Selysette : Francine Arrauzau.
Ygraine : Eliane Lublin.
Mélisande : Suzanne Sarroca.
Bellangère : Renée Auphan.
Alladine : Catherine Bresson.
Un vieux paysan : Fernand Dumont.
Deux paysans : A, Jean-Jacques Nadaud, Jean Savignol ;
B, Charles Méon, Georges Scamps.

Radiodiffusion France Musique : 23 avril 1976.

La Bohème

Opéra en quatre actes.
Livret de Giuseppe Giacosa et Luigi Illica, d'après les *Scènes de la vie de bohème* d'Henry Murger.
Musique de Giacomo Puccini.

A 1973 : 23, 27 novembre, 1er, 4, 7, 13, 19, 22, 24, 27, 29 décembre.
1974 : 2, 5, 10, 15, 17 janvier. Au Palais Garnier.
B 1974 : 25, 27 septembre, 1er, 4, 8, 12, 15, 18 octobre.
Au Palais Garnier.
C 1974 : 5, 9, 12, 16, 18, 21 décembre,
1975 : 4 janvier. Au Palais Garnier.
D 1977 : 15, 18, 21, 24, 28 janvier. Au Palais Garnier.
E 1979 : 13, 16, 19, 25, 28 avril, 2 mai. Au Palais Garnier.
F 1980 : 30 juin, 4, 8, 11 juillet. Au Palais Garnier.

Direction musicale :
A, Aldo Ceccato, Julius Rudel (5, 10, 15, 17 janv.) ; B, D, E, Giuseppe Patane ;
C, Jean-Pierre Jacquillat ; F, Nello Santi.
Mise en scène :
Gian Carlo Menotti.
Décors et costumes :
Pier Luigi Samaritani.

Distribution :
Rodolfo : A, Carlo Cossutta, Jean Dupouy (29 déc.) ;
B, Luciano Pavarotti ; C, Jean Dupouy ; D, F, Placido Domingo ;
E, Giacomo Aragall.
Schaunard : A, D, E, F, Yves Bisson ; B, C, Jacques Bona.
Marcello : A, Robert Kerns, Claude Meloni (23 nov.) ; B, Yves Bisson ;
C, Claude Meloni ; D, F, Tom Krause ; E, Thomas Allen.
Colline : A, José Van Dam ; B, C, D, F, Roger Soyer, Jean-Louis Soumagnas
(18 oct.) ; E, Samuel Ramey.
Benoit : A, B, C, D, F, Michel Roux ; E, Philippe Devine.
Alcindoro : Jacques Loreau.
Parpignol : Mario Agnetti.
Mimi : A, Jeannette Pilou ; B, Katia Ricciarelli ; C, Andrea Guiot ;
D, Mirella Freni ; E, F, Kiri Te Kanawa.
Musetta : A, Joanna Bruno, Sona Gazharian (10, 15, 17 janv.) ;
B, C, D, Suzanne Sarroca ; E, F, Wilhelmenia Fernandez.
Un sergente : A, B, C, D, Georges Scamps ; E, F, Philippe Désert.
Un doganiere : A, B, C, Philippe Désert ; D, E, Fernand Dumont.

Enregistrement TV ; diffusion Antenne 2 : 11 juillet 1980.

Boris Godounov

Drame musical populaire en quatre actes et neuf tableaux,
avec un prologue.
Musique de Modeste Moussorgski.
Version originale rétablie et instrumentée par Dimitri Chostakovitch.

1980 : 9, 12, 14, 16, 19, 21, 23 juin. Au Palais Garnier.

Direction musicale :
Rousslan Raytcheff.
Mise en scène :
Joseph Losey.
Scénographie et costumes :
Émile Aillaud.

Distribution :
Boris Godounov : Ruggero Raimondi.
Grigori (le faux Dimitri) : Wieslaw Ochman.
Le Prince Chouiski : Kenneth Riegel, Horst Hiestermann (21 juin).
Pimène : Peter Meven.
Varlaam : Aage Haugland.
Missaïl : Charles Burles.
L'Innocent : Michel Sénéchal.
Rangoni : Roger Soyer.
Tchelkalov : Ernest Blanc.
Nikitine, le Héraut : Jules Bastin.
L'Exempt : Jean-Louis Soumagnas.
Marina : Viorica Cortez.
Xenia : Christine Barbaux.
Fedor : Zehava Gal.
La Nourrice : Anna Ringart.
L'Hôtesse : Jocelyne Taillon, Maryse Acerra (21 juin).
Un jésuite : Jean Dupouy.
Mitiouk : Fernand Dumont.
Un boyard : Robert Dumé.
Boyard Kroutchov : Maurice Auzeville.
Lovitzki : Jean Dupouy.
Tcherniakovski : Michel Philippe.
Maîtrise de la Résurrection, direction : Francis Bardot.

Enregistrement : 23 juin 1980 ; diffusion Antenne 2 : 24 août 1980.

Carmen

Opéra-comique en quatre actes.
Livret d'Henri Meilhac et Ludovic Halévy,
d'après la nouvelle de Prosper Mérimée.
Musique de Georges Bizet.

1980 : 9, 12, 15, 18 mai. À la Salle Favart.

Direction musicale :
Pierre Dervaux.
Mise en scène :
Piero Faggioni.
Décors et costumes :
Ezio Frigerio.

Distribution :
Don José : Placido Domingo, Alain Vanzo (18 mai).
Escamillo : Ruggero Raimondi.
Le Dancaïre : Michel Philippe.
Le Remendado : Michel Sénéchal.
Zuniga : Jean Lainé.
Morales : Yves Bisson.
Carmen : Teresa Berganza.
Micaela : Katia Ricciarelli.
Frasquita : Danièle Perriers.
Mercédès : Jane Berbié.

Enregistrement TV ; diffusion Antenne 2 en direct.
Radiodiffusion France Musique : 15 mai 1980.

Opéras

LA CENERENTOLA

Mélodrame en deux actes.
Livret de Jacopo Ferretti.
Musique de Gioacchino Rossini.

A 1977 : 8, 9, 11, 14, 16, 18, 20, 22, 23, 25, 27 juillet. Au Palais Garnier.
B 1977 : 26, 29 septembre, 1er, 12, 15, 19, 22, 25, 28 octobre.
    Au Palais Garnier.
C 1978 : 27, 30 septembre, 3, 6, 11, 14 octobre. Au Palais Garnier.

Direction musicale :
A, B, Jesus Lopez-Cobos ; C, Miguel-Angel Gomez Martinez.

Mise en scène :
Jacques Rosner.
Décors et costumes :
Max Schoendorff.

Distribution
Don Ramiro : A, B, John Brecknock, Michael Cousins
(9, 16, 20, 23, 27 juil., 26, 29 septembre, 1er, 12, 15 octobre) ;
C, John Brecknock.
Dandini : A, B, Tom Krause, William Workman
(9, 16, 20, 23, 27 juil., 12, 15, 19 oct.) ; C, William Workman.
Don Magnifico : A, Paolo Montarsolo, Marius Rintzler
(9, 16, 20, 23, 27 juil.) ; B, C, Paolo Montarsolo.
Clorinda : Eliane Lublin.
Tisbe : Francine Arrauzau.
Angelina : A, B, Teresa Berganza, Frederica von Stade
(9, 20, 23, 27 juil., 26, 29 septembre, 1er, 12, 15 oct.) ; C, Jane Berbié.
Alidoro : Roger Soyer.
Clavecin : A, B, Richard Amner ; C, Anne-Marie Fontaine.

Enregistrement TV ; diffusion Antenne 2 : 1er octobre 1977.

LE CHÂTEAU DE BARBE-BLEUE

Opéra en un acte.
Livret de Béla Balázs d'après le conte de Charles Perrault.
Musique de Béla Bartók.

1980 : 19, 22, 25, 29, 31 janvier, 2, 5, 8, 11, 14 février. À la Salle Favart.

Direction musicale :
Sylvain Cambreling.
Mise en scène :
Humbert Camerlo.
Décors et costumes :
Max Schoendorff.

Distribution :
Judith : Viorica Cortez.
Barbe-Bleue : Ernest Blanc.

Donné avec **Erwartung**

LE CHEVALIER À LA ROSE

Voir **Der Rosenkavalier**

LE COMTE ORY

Opéra en deux actes.
Livret d'Eugène Scribe et Charles-Gaspard Delestre-Poirson.
Musique de Gioacchino Rossini.

1976 : 3, 7, 9, 12, 15, 17, 20, 22, 24 décembre 1976. À la Salle Favart.

Direction musicale :
Michel Plasson.
Mise en scène :
Robert Dhéry.
Décors et costumes :
Bernard Daydé.

Distribution :
Le Comte Ory : Michel Sénéchal.
Raimbaud : Yves Bisson.
Le Gouverneur : Roger Soyer.
Deux nobles : Philippe Duminy, André Daumas, Robert Daumas
(3, 7, 9 déc.).
La Comtesse : Françoise Garner, Eliane Manchet (9, 12, 15, 20 déc.).
Isolier : Renée Auphan.
Ragonde : Jocelyne Taillon.
Alice : Janine Boulogne.
Une suivante : Gisèle Ory.

LES CONTES D'HOFFMANN

Opéra fantastique en un prologue, trois actes et un épilogue.
Livret de Jules Barbier et Michel Carré.
Musique de Jacques Offenbach.
Version nouvelle de François Regnault et Patrice Chéreau,
d'après E. I. A. Hoffmann.

A 1974 : 28, 31 octobre, 4, 7, 12, 14 novembre,
    1975 : 11, 14, 17, 22, 25, 28 janvier. Au Palais Garnier.
B 1975 : 22, 25, 29 novembre, 2, 5, 9 décembre. Au Palais Garnier.
C 1978 : 8, 14, 17, 28 février, 4, 7 mars, 3, 6, 9 mai. Au Palais Garnier.
D 1979 : 1er, 4, 7, 12, 15, 18, 21 décembre.
    1980 : 21, 25, 28, 30 avril, 3 mai 1980. Au Palais Garnier.

Direction musicale :
A, Georges Prêtre ; B, C, Jean Périsson ; D, Sylvain Cambreling.
Mise en scène :
Patrice Chéreau.
Décors :
Richard Peduzzi.
Costumes :
Jacques Schmidt.

Distribution :
Olympia : A, Eliane Manchet, Michèle Pena (22 janv.) ; B, Annie Mory, Mady Mesplé (29 nov., 2, 5, 9 déc.) ; C, D, Danièle Chlostawa.
Giulietta : A, Régine Crespin (28 oct.), Suzanne Sarroca ; B, Helia T'Hézan, Suzanne Sarroca (22, 25, 29 nov., 2 déc.) ;
C, D, Suzanne Sarroca.
Antonia : Christiane Eda-Pierre, Eliane Lublin (21*, 25, 28 avr. 1980).
Stella : Sarah Sterling.
Nicklausse : Michel Philippe, Jean-Marie Frémeau (18 déc.).
Une prostituée, la Mère d'Antonia : Francine Arrauzau, Annick Dutertre (14, 17 févr. 1978, 21 déc. 1979), Maryse Acerra
(14, 17 févr. 1978).
Hoffmann : A, B, Nicolai Gedda ; C, D, Kenneth Riegel.
Spalanzani : Jacques Loreau.
Nathanaël : Robert Dumé.
Crespel : A, B, Joseph Rouleau ; C, D, Jules Bastin, Malcolm Smith
(3, 6, 9 mai 1978).
Luther : Fernand Dumont.
Pitichinaccio : Philippe Duminy.
Frantz : Michel Sénéchal.
Coppelius, Dapertutto, Dr Miracle : A, B, D, Tom Krause ;
C, José Van Dam, Tom Krause (3, 6, 9 mai 1978).
Lindorf : Marc Vento.
Hermann : Claude Meloni.
Schlemil : Jean-Louis Soumagnas.
Andrés : Roland Barrier.
*Christiane Eda-Pierre, aphone, joue sur scène, tandis qu'Eliane Lublin chante le rôle d'Antonia dans la fosse d'orchestre.

Radiodiffusion France Musique : 29 novembre 1975.
Enregistrement TV ; diffusion Antenne 2 : 4 mars 1978.

COSÌ FAN TUTTE

Ossia « La Scuola degli amanti »

Opéra bouffe en trois actes.
Livret de Lorenzo Da Ponte.
Musique de Wolfgang Amadeus Mozart.

Opéras

A 1974 : 17, 20, 22, 25, 28, 31 mai, 8, 14, 20, 22, 25, 29 juin.
   Au Palais Garnier.
B 1975 : 18, 21, 23, 26, 28 juin, 3 juillet. Au Palais Garnier.
C 1976 : 28, 31 mai, 2, 5, 7, 12, 15, 17 juin, 23, 26, 29 juillet.
   Au Palais Garnier.
D 1979 : 6, 9, 12, 14, 17 avril. Au Palais Garnier.
E 1980 : 16, 19, 22, 25, 29 janvier, 1er, 6 février. Au Palais Garnier.

Direction musicale :
A, Josef Krips, Serge Baudo (14, 19 juin) ; Marek Janowski (20, 22, 25 juin) ; B, Marek Janowski ; C, Julius Rudel, Sir Charles Mackerras (juillet) ; D, Sir Charles Mackerras ; E, Jesus Lopez-Cobos.

Mise en scène, décors et costumes :
Jean-Pierre Ponnelle.

Distribution :
Fiordiligi : A, B, Margaret Price ; C, Kiri Te Kanawa ; D, Teresa Zylis-Gara ; E, Helena Doese.
Dorabella : Jane Berbié.
Guglielmo : Tom Krause.
Ferrando : A, Ryland Davies ; B, Michael Cousins ; C, D, Horst Laubenthal ; E, David Rendall.
Despina : A, Teresa Stratas, Danièle Perriers (8, 14 juin) ; B, C, D, Danièle Perriers ; E, Norma Burrowes.
Don Alfonso : A, B, E, Gabriel Bacquier ; C, Richard Van Allan ; D, Roger Soyer.
Clavecin : A, B, Irène Aïtoff ; C, D, E, Odette Chaynes.
Radiodiffusion France Musique : 17 juin 1976, 29 janvier 1980.

LE COURONNEMENT DE POPPÉE
Voir **L'Incoronazione di Poppea**

LES DEUX JOURNÉES
Voir **Le Porteur d'eau**

DON CARLO

Opéra en cinq actes.
Livret de Joseph Méry et Camille du Locle.
Musique de Giuseppe Verdi.

1975 : 13, 17, 22, 25 février, 1er, 6, 11 mars. Au Palais Garnier.

Direction musicale :
Georges Prêtre.
Mise en scène :
Margharita Wallmann.
Décors et costumes :
Jacques Dupont.

Distribution :
Filippo II : Nicolai Ghiaurov.
Don Carlo : Veriano Luchetti.
Rodrigo : Robert Massard, Licinio Montefusco (13 févr.).
Il Grande Inquisitore : Jules Bastin.
Un frate : Fernand Dumont.
Elisabetta di Valois : Suzanne Sarroca, Katia Ricciarelli (25 févr., 1er, 6, 11 mars).
La Principessa Eboli : Fiorenza Cossotto.
Tebaldo : Regina Marheineke.
La Contessa d'Aremberg : Janine Cadet.
Il Conte di Lerma : Michel Sénéchal.
Un araldo reale : Jean Dupouy.
Voce dal cielo : Christiane Eda-Pierre, Monique Delassus (22 févr.).
Deputati fiamminghi : Roland Barrier, André Jonquères, Jacky Vivant, André Sénécal et Paul Thoron.

Reprise de la production créée à l'Opéra de Paris, le 8 mars 1966.

DON GIOVANNI
Don Juan

Opéra en deux actes.
Livret de Lorenzo Da Ponte.
Musique de Wolfgang Amadeus Mozart.

A 1975 : 7, 10, 12, 15, 19, 21, 24, 29 mars.
   Au Palais Garnier.
B 1975 : 9, 13, 15 juillet. Au Palais Garnier.
C 1975 : 24, 27, 30 septembre, 4 octobre, 28 novembre,
   1er, 3, 6 décembre. Au Palais Garnier.
D 1977 : 9, 12, 15, 28 février, 4, 8, 12, 17, 21, 23 mars.
   Au Palais Garnier.
E 1979 : 20, 23, 26, 29 octobre, 1er, 6, 9, 14, 17, 21 novembre.
   Au Palais Garnier.

Direction musicale :
A, Sir Georg Solti ; B, C, Sir Charles Mackerras ; D, Peter Maag ; E, Silvio Varviso, Janos Kulka (14, 17, 21 nov.).
Mise en scène :
August Everding.
Décors et costumes :
Toni Businger.

Distribution :
Don Giovanni : A, B, E, Roger Soyer ; C, D, Ruggero Raimondi.
Il Commendatore : A, B, Kurt Moll ; C, Robert Lloyd, John Macurdy (déc.) ; D, E, John Macurdy.
Donna Anna : A, D, Margaret Price, Renée Auphan (23 mars 1977) ; B, Edda Moser ; C, Edda Moser, Margaret Price (30 sept., 4 oct., 28 nov., 1er, 3 déc.) ; E, Christiane Eda-Pierre.
Don Ottavio : Stuart Burrows.
Donna Elvira : Kiri Te Kanawa, Elizabeth Vaughan (12 mars 1977), Julia Varady (28 nov., 1er, 3, 6 déc. 1975), Teresa Zylis-Gara (20, 23, 26, 29 oct., 1er nov. 1979).
Leporello : A, José Van Dam ; B, C, Geraint Evans ; D, Gabriel Bacquier, Stafford Dean (12, 17, 21, 23 mars) ; E, Gabriel Bacquier.
Masetto : A, B, C, Richard Van Allan ; D, E, Malcolm King.
Zerlina : Jane Berbié.
Clavecin : A, Irène Aïtoff ; B, C, E, Janine Reiss ; D, Richard Amner.
Radiodiffusion France Musique : 12 mars 1975.
Enregistrement TV ; diffusion Antenne 2 : 24 sept. 1975.

DON GIOVANNI. FILM.

Opéra en deux actes.
Livret de Lorenzo Da Ponte.
Musique de Wolfgang Amadeus Mozart.
Film de Joseph Losey, en collaboration avec Frantz Salieri, conçu par Rolf Liebermann.
Orchestre et choeurs de l'Opéra de Paris, dirigés par Lorin Maazel.
Conseiller musical et claveciniste, Janine Reiss.
Réalisateur : Joseph Losey.
Premier assistant-réalisateur : Jean-Michel Lacor.
Adaptation : Patricia et Joseph Losey, Frantz Salieri.
Scénographie : Alexandre Trauner.
Directeur de la photographie : Gerry Fischer B. S. C.
Son : Jean-Louis Ducarme, Jacques Maumont, Michèle Neny.
Montage : Reginald Beck.
Scripte : Pamela Davies.
Sous-titres : Joëlle Lacor.

Directeur de production : Pierre Saint-Blancat.
Producteur exécutif : Robert Nador.
Producteur délégué : Michel Seydoux.

Coproduction Gaumont, Camera One, Opéra Film Produzione, Janus Film, Antenne 2.
Disque : CBS Masterworks.

Distribution :
Don Giovanni : Ruggero Raimondi.
Le Commandeur : John Macurdy.

Donna Anna : Edda Moser.
Donna Elvira : Kiri Te Kanawa.
Don Ottavio : Kenneth Riegel.
Leporello : José Van Dam.
Zerlina : Teresa Berganza.
Masetto : Malcolm King.
Et Eric Adjani, dans le rôle d'un valet en noir.

Date de sortie en France 14 novembre 1979.
Au 17 juillet 1980, nombre d'entrées pour la France : 702 000.
Pour l'étranger, chiffres non communiqués.

Don Quichotte

Comédie lyrique en cinq actes.
Poème d'Henri Cain, d'après la comédie héroïque
de Jacques Le Lorrain.
Musique de Jules Massenet.

1974 : 16, 19, 24, 29 janvier, 1er, 6, 9 février, 6, 11, 13, 17, 21 juin.
    Au Palais Garnier.

Direction musicale :
Georges Prêtre.
Mise en scène, décors et costumes :
Peter Ustinov.
Divertissement :
Lele de Triana.

Distribution :
Dulcinée : Viorica Cortez.
Don Quichotte : Nicolaï Ghiaurov, Joseph Rouleau (1er, 6 févr., 6, 11, 13 juin).
Sancho : Robert Massard.
Pedro : Renée Auphan.
Garcias : Anna Ringart.
Rodriguez : Michel Sénéchal.
Juan : Robert Dumé.
Le Chef des brigands : Peter Ustinov (16 janv.), Jacques Loreau.

Elektra

Opéra en un acte.
Livret d'Hugo von Hofmannsthal, d'après Sophocle.
Musique de Richard Strauss.

A   1974 : 30 mai, 3, 7, 12 juin. Au Palais Garnier.
B   1975 : 11, 16, 21, 25 avril. Au Palais Garnier.
C   1975 : 2, 6, 10, 14, 18, 23 octobre. Au Palais Garnier.
D   1976 : 5, 9, 13, 18, 22 novembre. Au Palais Garnier.
E   1977 : 29 novembre, 5, 7 décembre. Au Palais Garnier.

Direction musicale :
A, B, Karl Böhm ; C, Sir Charles Mackerras ; D, Horst Stein ; E, Marek Janowski.
Mise en scène :
August Everding.
Décors et costumes :
Andrzei Majewski.

Distribution :
Klytämnestra : A, Christa Ludwig ; B, C, Astrid Varnay ; D, Christa Ludwig, Anny Schlemm (22 nov.) ; E, Anny Schlemm (29 nov.), Christa Ludwig.
Elektra : A, B, D, Birgit Nilsson, Ursula Schroeder-Feinen (22 nov. 1976) ; C, Ursula Schroeder-Feinen ; E, Danica Mastilovic.
Chrysothemis : A, B, Leonie Rysanek ; C, E, Arlene Saunders ; D, Teresa Kubiak.
Aegisth : A, Richard Cassily ; B, C, Richard Lewis ; D, E, Louis Roney.
Orest : A, Tom Krause ; B, C, D, Hans Sotin ; E, Franz Mazura.
Der Pfleger des Orest : A, B, D, E, Jean-Louis Soumagnas ; C, Fernand Dumont.
Die Vertraute : A, C, D, E : Martine Clavency ; B, Monique Marandon.
Der Schlepptraegerin : Maryse Acerra.
Ein Junger Diener : Robert Dumé.
Ein Alter Diener : A, Michel Marsetti ; B, E, Fernand Dumont ; C, D, Jean Rallo.
Die Aufseherin : A, Josée Vemian ; B, C, D, Helia T'Hézan ; E, Katie Clarke.
Funf Mägde : Jocelyne Taillon, Hélène Garetti ; A, B, C, D, Eliane Lublin ;
E, Danièle Chlostawa ; A, B, D, E, Anna Ringart ; C, D, Huguette Brachet ;
A, Simone Codinas ; B, C, Francine Arrauzau.

Radiodiffusion France Musique : 21 avril 1975.

L'Enfant et les sortilèges

Fantaisie lyrique en deux parties.
Poème de Colette.
Musique de Maurice Ravel.

A   1979 : 11, 14, 19, 22, 24 mai, 13, 15, 20, 21 juin. Au Palais Garnier.
B   1980 : 13, 17, 19, 21, 23 mai. Au Palais Garnier.

Direction musicale :
A, Seiji Ozawa ; B, Sylvain Cambreling.
Mise en scène :
Jorge Lavelli.
Décors et costumes :
Max Bignens.

Distribution :
L'Enfant : Maria-Fausta Gallamini.
Maman : Francine Arrauzau.
La tasse chinoise : Jocelyne Taillon.
La bergère, l'écureuil : Jane Berbié.
Le feu, le rossignol : Françoise Garner.
La princesse : Christiane Eda-Pierre.
La chatte : Anna Ringart.
La chauve-souris : Eliane Lublin.
La chouette : Yvonne Bernard.
Une pastourelle : Danièle Perriers.
La libellule, un pâtre : Annick Dutertre.
Le fauteuil, l'arbre : A, Roger Soyer ; B, Jules Bastin.
L'horloge : Yves Bisson.
La théière, le petit vieillard, la rainette : Michel Sénéchal.
Le chat : Jean-Christophe Benoît.
Et avec la participation du nain Roberto et de Geneviève Lallement.

Donné avec **Œdipus Rex**, sauf le 17 mai 1980, lors de la soirée présidentielle.
Enregistrement TV : 24 mai 1979 ; diffusion Antenne 2 : 27 mai 1979.

Die Entführung aus dem Serail
L'Enlèvement au sérail

Opéra en trois actes.
Livret de Gottlieb Stephanie, d'après une pièce de Christoph Friedrich Bretzner.
Musique de Wolfgang Amadeus Mozart.

A   1976 : 23, 26, 31 mars, 3, 9 avril, 30 juin, 2, 28, 31 juillet.
    Au Palais Garnier.
B   1977 : 23, 26, 28* avril, 4, 7, 12 mai. Au Palais Garnier.
C   1978 : 1er, 4, 8, 11 novembre,
    1979 : 23, 26, 30 janvier. Au Palais Garnier.
D   1980 : 30 janvier, 4, 7, 12, 15, 20, 23 février. Au Palais Garnier.

Direction musicale :
A, Karl Böhm, Julius Rudel (juin, juillet) ; B, Karl Böhm ; C, Sir Charles Mackerras ;
D, Serge Baudo, Sir Charles Mackerras (12, 15, 20, 23 février).
Mise en scène :
Günther Rennert.
Décors :
Bernard Daydé.
Costumes :
José Varona.

Distribution
Selim Bassa : A, Karlheinz Böhm ; B, C, D, Paul-Emile Deiber.
Konstanze : Christiane Eda-Pierre, Hildegard Uhrmacher (8 nov.), Valérie Masterson (11 nov. 1978, 23, 26, 30 janv. 1979).
Blonde : A, B, Norma Burrowes ; C, D, Danièle Perriers, Danièle Chlostawa (8 nov. 1978).
Belmonte : A, Stuart Burrows, Ryland Davies (23, 26 mars), Thomas Lehrberger (9 avr.) ; B, Stuart Burrows ; C, D, Ryland Davies.

275

Opéras

Pedrillo : A, B, D, Norbert Orth ; C, Heinz Kruse, Norbert Orth (23, 26, 30 janv.).
Osmin : A, D, Kurt Moll ; B, Noël Mangin ; C, Peter Meven, Kurt Moll (janv.).
Klaas : Michael Dittmann.
Ein Stummer : Pascal Vincent, Pascal Daniel (28, 31 juil. 1976).

*Le 28 avril, par suite d'une grève, la représentation est donnée en version concert.
Radiodiffusion France Musique : 26 mars 1976.
Enregistrement TV ; diffusion Antenne 2 : 12 mai 1977.

ERWARTUNG

Monodrame.
Poème de Marie Pappenheim.
Musique d'Arnold Schœnberg.

1980 : 19, 22, 25, 31 janvier, 2, 5, 8, 11, 14 février. À la Salle Favart.

Direction musicale :
Sylvain Cambreling.
Mise en scène :
Humbert Camerlo.
Décors et costumes :
Max Schœndorff.

Soliste : Suzanne Sarroca, Anna Ringart (31 janv.).

Donné avec **Le Château de Barbe-Bleue**.

FAUST

Opéra en cinq actes.
Livret de Jules Barbier et Michel Carré.
Musique de Charles Gounod.
A   1975 : 3, 6, 9, 11, 14, 17 juin*. Au Palais Garnier.
B   1976 : 27, 30 mars, 2, 10, 13, 16, 19, 24, 28, 30 avril. Au Palais Garnier.
C   1978 : 25, 28 janvier, 1er, 4, 7, 11 février, 10, 13, 16, 18 mai. Au Palais Garnier.
D   1979 : 26, 29 septembre, 4, 10, 13 octobre. Au Palais Garnier.
E   1980 : 10, 12, 15, 18, 22, 24 avril. Au Palais Garnier.

Direction musicale :
A, C, Michel Plasson ; B, Sir Charles Mackerras ; D, E, Pierre Dervaux.
Mise en scène :
Jorge Lavelli.
Décors et costumes :
Max Bignens.
Chorégraphie :
George Balanchine.
Distribution :
Faust : A, Nicolai Gedda ; B, Nicolai Gedda, Alain Vanzo (24, 28, 30 avr.) ; C, E, Alain Vanzo ; D, Kenneth Riegel.
Méphistophélès : A, Nicolai Ghiaurov ; B, Roger Soyer, José Van Dam (2 avr.), Jacques Mars (24 av. pour les 2 derniers actes, 30 avr.), Jean-Louis Soumagnas (16 mai 1978), Nicolai Ghiaurov (10, 13, 16, 19 avr.) ; C, Roger Soyer ; D, E, José Van Dam.
Valentin : A, Robert Massard, Yves Bisson (6, 9 juin) ; B, Tom Krause ; C, D, E, Yves Bisson.
Wagner : Jean-Louis Soumagnas.
Marguerite : A, B, Mirella Freni ; C, D, E, Valérie Masterson, Eliane Lublin (7 févr.).
Siebel : Renée Auphan.
Dame Marthe : Jocelyne Taillon.

Radiodiffusion France Musique : 9 juin 1975.
Enregistrement TV ; diffusion Antenne 2 : 30 mars 1976.
Les 6, 9, 11 et 14 juin 1975, par suite d'une grève des machinistes, le spectacle est donné sans décors.

Tournée aux États-Unis :

1976 : 14, 17 septembre. À New York.
1976 : 23, 25, 28 septembre ; 1er, 3 octobre. À Washington.

Direction musicale :
Michel Plasson.
Faust : Nicolai Gedda, Alain Vanzo (17, 23, 28 sept., 1er oct.).
Méphistophélès : Roger Soyer.
Valentin : Yves Bisson, Tom Krause (25 sept., 3 oct.).
Wagner : Jean-Louis Soumagnas.
Marguerite : Mirella Freni.
Siebel : Renée Auphan.
Dame Marthe : Jocelyne Taillon.

LA FILLE DU RÉGIMENT

Opéra-comique en deux actes.
Livret de Jules-Henri Vernoy de Saint-Georges et Jean-François Alfred Bayard.
Musique de Gaetano Donizetti.
Adaptation du livret : Jean-Louis Martin-Barbaz, Pierre-Yves Leprince.

1979 : 12, 15, 17, 20, 23, 27, 29 octobre, 1er, 3, 6, 8, 10 novembre. À la Salle Favart.

Direction musicale :
Paul Ethuin.
Mise en scène :
Jean-Louis Martin-Barbaz.
Décors et costumes :
Pierre-Yves Leprince.
Chorégraphie :
Michel Rayne.
Éclairages :
Marc Cheifetz.
Distribution :
La Marquise de Berkenfield : Michèle Le Bris.
Marie : Mady Mesplé, Danièle Chlostawa (15, 23, 27, 29 oct., 1er, 3, 6, 10, 18 nov.).
La Duchesse de Crackentorp : Françoise Felgeirolles.
Sulpice : Alain Fondary.
Tonio : Charles Burles.
Hortensius : Jean-Marie Frémeau.
Un notaire : Jacques Loreau.
Un caporal : Fernand Dumont.
L'Empereur Napoléon III : Paul Berger.
Le maître de cérémonie : Jacques Valdi.

Enregistrement TV : 20 octobre 1979 ; diffusion Antenne 2 : 1er janvier 1980.

LA FLÛTE ENCHANTÉE
Voir **Die Zauberflöte**

LA FORZA DEL DESTINO
La Force du destin

Mélodrame en quatre actes.
Livret de Francesco Maria Piave.
Musique de Giuseppe Verdi.
A   1975 : 2, 7, 10, 13, 16, 19, 24, 27, 30 mai, 4, 7 juin. Au Palais Garnier.
B   1976 : 11, 14, 17, 21, 24, 27 février, 2, 5 mars. Au Palais Garnier.
C   1977 : 2, 5, 8, 11, 16, 19, 22, 25 février. Au Palais Garnier.

Direction musicale :
Julius Rudel, Giuseppe Patane (19, 22, 25 févr. 1977).
Mise en scène :
John Dexter.
Décors et costumes :
Jocelyn Herbert, Andrew Sanders.
Éclairages :
Andy Phillips.
Distribution :
Il Marchese di Calatrava : A, Jules Bastin ; B, Fernand Dumont ; C, Giovanni Foiani.
Donna Leonora : Martina Arroyo, Raina Kabaivanska (24 mai, 4, 7 juin), Helia T'Hézan (19 mai 1975, 17 févr. 1976, 19 févr. 1977, 2e acte).

276

Opéras

Don Carlo di Vargas : A, Norman Mittelmann ; B, C, Piero Cappuccilli.
Don Alvaro : A, Placido Domingo, Giuseppe Giacomini (27 mai, 4, 7 juin) ; B, Ermano Mauro, Giuseppe Giacomini (24, 27 févr., 2, 5 mars) ; C, Carlo Cossutta.
Preziosilla : A, Fiorenza Cossotto ; B, Hanna Schwarz ; C, Katherine Pring.
Padre Guardiano : A, B, Martti Talvela, Kurt Moll (27 mai 1975, 11, 17 févr. 1976), Paul Plishka (14 févr. 1976) ; C, Nicolai Ghiaurov.
Fra Melitone : A, B, Gabriel Bacquier ; C, Fernando Corena.
Curra : A, Huguette Brachet ; B, Jocelyne Taillon, C, Anna Ringart.
Un Alcade : Jean-Louis Soumagnas.
Mastro Trabuco : Michel Sénéchal.
Un chirurgo : A, C, Fernand Dumont ; B, Clément Dessoy.

Radiodiffusion France Musique : 14 février 1976.

L'Incoronazione di Poppea
Le Couronnement de Poppée

Opéra en un prologue et trois actes.
Livret de Giovanni Francesco Busenello.
Musique de Claudio Monteverdi.
Réalisation de Raymond Leppard.

A 1978 : 17, 20, 22, 25, 29 mars, 1er, 4, 17, 19, 22 avril. Au Palais Garnier.
B 1979 : 24, 27, 29, 31 janvier, 3, 6, 9 février. Au Palais Garnier.

Direction musicale :
Julius Rudel.
Mise en scène :
Günther Rennert.
Décors :
Ita Maximowna (Opéra de San Francisco).
Costumes :
José Varona.

Distribution :
Fortuna : Valérie Masterson, Jocelyne Chamonin (29 janv.).
Virtu : Isabel Garcisanz.
Amor : Danièle Perriers, Annie Mory (29 janv.).
Ottone : Richard Stilwell, Jean-Marie Frémeau (29 mars, 1er, 4 avr.)
Primo soldato : Charles Burles.
Secondo soldato : Michel Philippe, Roland Barrier (19 avr.).
Poppea : Gwyneth Jones.
Nerone : Jon Vickers.
Arnalta : Jocelyne Taillon.
Ottavia : Christa Ludwig.
Drusilla : Valérie Masterson, Jocelyne Chamonin (29 janv.).
La Nutrice di Ottavia : Janine Boulogne, Annick Dutertre (29 janv., 3, 6 févr.).
Seneca : A, Nicolai Ghiaurov ; B, John Macurdy.
Valletto : Charles Burles.
Damigella : Danièle Perriers, Annie Mory (29 janv.).
Liberto : Marc Vento.
Pallade : Isabel Garcisanz.
Lucano : Michel Sénéchal.
Littore : Pierre-Yves Le Maigat.
Clavecins : Janine Reiss, Anne-Marie Fontaine.
Orgue : A, Thérèse Cochet ; B, Claudie Martinet.

Enregistrement TV : 22 avril 1978 ; diffusion Antenne 2 : 6 juillet 1978.

Lulu

Opéra en trois actes d'Alban Berg, d'après les drames *L'Esprit de la terre* et *La Boîte de Pandore* de Frank Wedekind.
Orchestration du 3e acte complétée par Friedrich Cerha.
Première exécution mondiale de l'œuvre intégrale.

1979 : 24, 27 février, 2, 7, 10, 13, 15, 21, 24 mars. Au Palais Garnier.

Direction musicale :
Pierre Boulez.
Mise en scène :
Patrice Chéreau.

Décors :
Richard Peduzzi.
Costumes :
Jacques Schmidt.

Distribution :
Lulu : Teresa Stratas, Slavka Taskova (27 févr.).
Gräfin Geschwitz : Yvonne Minton.
Ein Theater-Garderobiere, ein Gymnasiast, ein Groom : Hanna Schwarz.
Der Medizinalrat, Schigolch : Toni Blankenheim.
Der Professor : Le nain Roberto.
Der Maler, ein Neger : Robert Tear.
Dr. Schön, Jack : Franz Mazura.
Alwa : Kenneth Riegel.
Ein Tierbändiger, der Athlet : Gerd Nienstedt.
Der Prinz, der Kammerdiener, der Marquis : Helmut Pampuch.
Der Theaterdirektor, der Bankier : Jules Bastin.
Der Polizeikommissar : Fernand Dumont.
Eine Funfzehnjährige : Danièle Chlostawa.
Ihre Mutter : Ursula Boese.
Eine Kunstgewerblerin : Anna Ringart.
Ein Journalist : Claude Meloni.
Ein Diener : Pierre-Yves Le Maigat.

Enregistrement TV : 23 mars 1979 ; diffusion Antenne 2 : 15 avril 1979.

Tournée à la Scala de Milan :

1979 : 29 mai, 1er juin.

Direction musicale :
Pierre Boulez.

Même distribution avec Slavka Taskova *(Lulu)*.
Sauf :
Ein Theater-Garderobiere : Ursula Boese.
Ein Diener : Jean-Marie Frémeau.
Ein Groom : Annick Dutertre.
Ein Gymnasiast : Anna Ringart.

Madama Butterfly
Madame Butterfly

Production du Théâtre de la Scala de Milan.

Tragédie japonaise en trois actes.
Livret de Luigi Illica et Giuseppe Giacosa.
Musique de Giacomo Puccini.

1978 : 23, 27 juin, 1er, 6, 10, 15, 18, 21, 24, 27 juillet. Au Palais Garnier.

Direction musicale :
Georges Prêtre, Richard Amner (18 juil.).
Mise en scène :
Jorge Lavelli.
Décors et costumes :
Max Bignens.

Distribution :
Madama Butterfly : Teresa Zylis-Gara, Wilma Vernocchi (15 juil.), Elizabeth Vaughan (24 juil.), Elena Mauti-Nunziata (27 juil.).
Suzuki : Jocelyne Taillon.
Kate Pinkerton : Annick Dutertre.
Pinkerton : Franco Tagliavini.
Sharpless : Tom Krause.
Goro : Michel Sénéchal.
Il Principe Yamadori : Yves Bisson.
Lo Zio bonzo : Dmitri Petkov.
Yakusidé : Roland Barrier.
Il Commissario imperiale : Pierre-Yves Le Maigat.
L'Ufficiale del registro : Jean-Louis Soumagnas.
La Madre di Cio-Cio San : Jocelyne Morel.
La Zia : Edwige Perfetti.
La Cugina : Vera Honorat.

277

Opéras

MANON

Opéra en cinq actes.
Livret d'Henri Meilhac et Philippe Gille,
d'après le roman de l'Abbé Prévost.
Musique de Jules Massenet.

A   1974 : 2, 3, 5, 6, 8, 9, 11, 13, 14, 16 juillet. Au Palais Garnier.
B   1975 : 15, 20, 23, 27, 31 janvier, 4 février. Au Palais Garnier.

Direction musicale :
Serge Baudo.
Mise en scène :
Jean-Louis Thamin.
Décors et costumes :
Matias.
Chorégraphie :
Michel Rayne.

Distribution :
Manon Lescaut : A, Ileana Cotrubas, Eliane Manchet (14 juil.), Jeannette Pilou (3, 6, 9, 11 juil.) ; B, Jeannette Pilou, Ileana Cotrubas (27, 31 janv., 4 févr.).
Poussette : Eliane Lublin.
Javotte : Renée Auphan.
Rosette : Anna Ringart.
La Servante : Christine Chicoine.
Le Chevalier des Grieux : A, Alain Vanzo, Jean Dupouy (3, 6, 9, 16 juil.) ; B, Jean Dupouy, Alain Vanzo (27, 31 janv., 4 févr.).
Lescaut : A, Yves Bisson*, Robert Massard (3, 6, 9, 13, 16 juil.) ; B, Robert Massard (15, 23 juil.), Yves Bisson (20, 31 janv., 4 févr.).
Le Comte des Grieux : Jean-Louis Soumagnas.
Guillot de Morfontaine : Michel Sénéchal.
De Brétigny : A, Claude Meloni, Jacques Bona (3, 6, 9, 13, 16 juil.) ; B, Jacques Bona, Claude Meloni (27, 31 janv., 4 fév.).
L'Hôtelier : Michel Roux.
Deux gardes : A, Maurice Auzeville, Charles Méon ; B, Gérard Ferré, Gaston Eichwald.
Le Portier du séminaire : Pierre Gérald.

* Le 2 juillet, Yves Bisson, souffrant, ne peut assurer que les deux premiers actes. Robert Massard termine le spectacle.

LE MARCHAND DE VENISE

Opéra en trois actes et cinq tableaux
d'après la comédie de Shakespeare.
Adaptation en vers de Miguel Zamacoïs.
Musique de Reynaldo Hahn.

1979 : 11, 14, 17, 19, 25, 28 avril, 2 mai. À la Salle Favart.

Direction musicale :
Manuel Rosenthal.
Mise en scène :
Marc Cheifetz.
Décors et costumes :
Bernard Arnould.

Distribution :
Portia : Michèle Command.
Nerissa : Annick Dutertre.
Jessica : Eliane Lublin.
La Gouvernante, une servante : Janine Boulogne.
Shylock : Christian Poulizac.
Bassanio : Armand Arapian.
Antonio : Marc Vento.
Gratiano : Léonard Pezzino.
Lorenzo : Tibère Raffalli.
Tubal : Jean-Louis Soumagnas.
Le Prince d'Aragon, Deuxième Vénitien :
Jean Dupouy, Léonard Pezzino (25 avril).
Masque, Premier Vénitien : Christian Jean.
Le Prince du Maroc, le Doge : Pierre Néqueçaur.

Enregistrement TV : 19 avril 1979 ; diffusion Antenne 2 : 12 juillet 1979.

LE MÉDECIN MALGRÉ LUI

Opéra-comique en trois actes.
Livret de Jules Barbier et Michel Carré, d'après Molière.
Musique de Charles Gounod.

1978 : 6, 9, 11, 14, 16, 18, 20 octobre, 22, 25, 28, 30 novembre. À la Salle Favart.

Direction musicale :
Sylvain Cambreling.
Mise en scène :
Jean-Louis Martin-Barbaz.
Décors et costumes :
Pierre-Yves Leprince.
Chorégraphie :
Michel Rayne.
Eclairages :
André Diot.

Distribution :
Géronte : Jules Bastin (oct.), Jean-Louis Soumagnas (nov.).
Lucinde : Danièle Perriers (oct.), Eliane Lublin (nov.).
Martine : Martine Dupuy.
Jacqueline : Jocelyne Taillon.
Sganarelle : Jean-Philippe Lafont.
Léandre : Christian Jean.
Robert : Jacques Loreau.
Valère : Fernand Dumont.
Lucas : Robert Dumé.

MESDAMES DE LA HALLE

Voir **Vive Offenbach !**

MOÏSE ET AARON

Opéra en trois actes (le troisième n'a pas été composé).
Livret et musique d'Arnold Schœnberg.
Version française d'Antoine Goléa.

A   1973 : 27 septembre, 1er, 3, 6 octobre. Au Palais Garnier.
B   1974 : 23, 26, 31 janvier. Au Palais Garnier.
C   1975 : 27, 30 mars, 2, 4 avril. Au Palais Garnier.

Direction musicale :
A (- 6 oct.), Sir Georg Solti ; B (+ 6 oct.), C, Manuel Rosenthal.
Mise en scène :
Raymond Gérome.
Décors :
Günther Schneider-Siemssen.
Costumes :
Hill Reihs-Gromes.
Chorégraphie :
Dick Price.

Distribution :
Moïse : Raymond Gérome.
Aaron : Richard Lewis.
Une jeune fille : Renée Auphan.
Une malade : Jocelyne Taillon.
Un jeune homme : Jean Dupouy.
Un jeune homme nu : Peyo Garazzi.
Un autre jeune homme : A, Michel Marsetti ; B, Fernand Dumont.
L'Ephraïmite : Marc Vento.
Un prêtre : Jacques Mars.
Vierges nues : Françoise Peyrol, Huguette Brachet, Francine Arrauzau, Nadine Denize (A), Janine Boulogne (B).
Voix solistes : Christiane Issartel, Anna Ringart, Simone Codinas (A), Francine Arrauzau (B), Robert Dumé, Claude Meloni, Jean-Louis Soumagnas.

Opéras

Monsieur Choufleuri
Voir **Vive Offenbach !**

Nabucco

Opéra en quatre actes.
Livret de Temistocle Solera.
Musique de Giuseppe Verdi.

1979 : 30 juin, 4, 7, 10, 13, 17, 20, 23 juillet. Au Palais Garnier.

Direction musicale :
Nello Santi.
Mise en scène :
Henry Ronse.
Décors et costumes :
Beni Montresor, *assistant :* Maroun El Azouri.

Distribution :
Nabucco : Sherrill Milnes.
Ismaele : Carlo Cossutta, Ion Buzea (10 juil.).
Zaccaria : Ruggero Raimondi.
Abigaille : Grace Melzia Bumbry.
Fenena : Viorica Cortez.
Il Gran Sacerdote : Marc Vento.
Abdallo : Robert Dumé.
Anna : Janine Boulogne.

Enregistrement TV : 10 juillet 1979 ; diffusion Antenne 2 : 6 janvier 1980.

Les Noces chymiques

Rituel féerique en sept journées et vingt tableaux de Pierre Henry.

1980 : 5, 7, 10, 12, 13, 14 juin. À la Salle Favart.

Texte :
Les Noces Chymiques de Christian Rozencreutz par Jean-Valentin Andreae (1586-1654), traduit et adapté par Pierre Henry et Thérèse de Saint-Phalle.
Musique :
Séquences électroniques sur synthétiseur numérique en direct, composition et exécution : Michel Redolfi.
Structures instrumentales : Groupe Urban Sax.
Réalisation musicale et direction : Gilbert Artman.
Interventions vocales et chansons : Frank Royon Le Mée.

Scène :
Chorégraphie : Günther Pick.
Scénographie et lumières : Petrika Ionesco.
Effets spéciaux au laser : Groupe Laser Graphics.
Projections : iconographie et photos : Marie-Christine Vasquez.
Réalisation des costumes : Christiane Le Scanff.
Coordination : Dominique Guihard.

Son :
Ingénieur du son : Gilles Bayé-Pouey.
Régie : David Henry, Philippe Latron, Eric Lefevre.
Direction sonore : Pierre Henry.

Distribution :
Le pèlerin : Daniel Mesguich.
La vierge, la dame, la présidente : Laura Proença.
Le jeune homme, le page, le vieillard : Jean-Christophe Paré.
Le chanteur, le compagnon : Frank Royon Le Mée.
Les musiciens : Urban Sax.
L'oiseau : Bruno Cauhapé.
Cupidon : Frédéric Olivieri.
Le roi : Patrick Gauthier.
La reine : Véronique Vialar.
L'homme noir : Jean-Marie Didière.
Les vierges : Sylvie Guillaumin, Ghislaine Mathiot, Anne Pruvost.
Les gardiens : Jean-Claude Ciappara, Patrick Félix, Bruno Lehaut.
Les adeptes : Hervé Dirmann, Renaud Fauviau, Christian Mesnier, Pierre Darde, Laurent Hilaire, Alain Rouillon.

Le Nozze di Figaro
Les Noces de Figaro.

Opéra bouffe en quatre actes.
Musique de Wolfgang Amadeus Mozart.
Livret de Lorenzo Da Ponte d'après *Le Mariage de Figaro* de Pierre-Augustin Caron de Beaumarchais.

A 1973 : 30 mars et 2 avril. Au Théâtre Gabriel à Versailles ; 7, 13 avril, 11, 14, 16, 19, 31 mai, 2 juin. Au Palais Garnier.
B 1973 : 12, 15, 18, 21, 26, 28 septembre. Au Palais Garnier.
C 1974 : 28 septembre, 2, 5, 9 octobre, 2, 4, 6 décembre. Au Palais Garnier.
D 1976 : 23, 26 février, 6, 8, 10, 12 mars, 22, 24, 27, 30 juillet. Au Palais Garnier.
E 1978 : 24, 26, 29, 31 mai, 3 juin. Au Palais Garnier.
F 1979 : 5, 9, 12, 16, 18, 21 juillet. Au Palais Garnier.
G 1980 : 7, 9, 11, 14, 16, 19 avril. Au Palais Garnier.
H 1980 : 21, 25, 28 juin, 1er, 9, 12, 14 juillet. Au Palais Garnier.

Direction musicale :
A, Sir Georg Solti (30 mars, 2, 7 avr.), Sir Charles Mackerras, Julius Rudel (31 mai, 2 juin) ; B, Reynald Giovaninetti, Jean-Pierre Jacquillat (28 sept.) ; C, Jean-Pierre Jacquillat ; D, E, Gary Bertini ; F, John Pritchard ; G, Christoph von Dohnányi ; H, Sir Charles Mackerras, Sir Georg Solti (9, 12, 14 juil.).
Mise en scène :
Giorgio Strehler.
Décors et costumes :
Ezio Frigerio.

Distribution :
Il Conte Almaviva : A, Gabriel Bacquier (30 mars, 2 avr.), Tom Krause ; B, C, D, E, F, Gabriel Bacquier ; G, Wolfgang Schœne ; H, Gabriel Bacquier.
La Contessa : A, Gundula Janowitz, Margaret Price (11, 14, 16, 19, 31 mai, 2 juin) ; B, Margaret Price ; C, Pilar Lorengar, Elizabeth Söderström (2, 5 oct.), Evelyn Lear (9 oct.) ; Elizabeth Harwood (2 déc.), Evelyn Brunner (4 déc.), Margaret Price (6 déc.) ; D, Margaret Price, Christiane Eda-Pierre (22, 24 juil.) ; E, Christiane Eda-Pierre ; F, Kiri Te Kanawa ; G, Margaret Price ; H, Gundula Janowitz.
Cherubino : A, Frederica von Stade, Teresa Berganza (11, 14, 16, 19 mai) ; B, Teresa Berganza, Anna Ringart (15 sept.) ; C, Frederica von Stade, Teresa Berganza (déc.) ; D, Teresa Berganza, Anna Ringart (juil.) ; E, Teresa Berganza ; F, Agnès Baltsa ; G, Teresa Berganza ; H, Frederica von Stade.
Figaro : A, José Van Dam ; B, C, F, Tom Krause ; D, E, H, José Van Dam ; G, Malcolm King.
Susanna : A, Mirella Freni ; B, F, H, Lucia Popp ; C, Danièle Perriers, Lucia Popp (déc.) ; D, Teresa Stratas ; E, Danièle Perriers ; G, Ileana Cotrubas (7 avr.), Sona Ghazarian (9, 14, 16 avr.), Olivera Miljakovic (11 avr.), Lucia Popp (19 avr.).
Marcellina : Jane Berbié, Kerstin Meyer (2, 4, 6 déc. 1974).
Bartolo : A, D, Kurt Moll ; B, Noël Mangin, Zoltan Kelemen (21 sept.) ; C, Ugo Trama ; E, G, Jules Bastin ; F, Paolo Montarsolo ; H, Paolo Montarsolo, Kurt Moll (9, 12, 14 juil.).
Basilio : Michel Sénéchal.
Don Curzio : Jacques Loreau.
Antonio : A, Carl Schultz, Philippe Duminy (mai, juin) ; B, Michel Roux ; C, D, Carl Schultz ; E, F, G, Jean-Louis Soumagnas ; H, Jules Bastin.
Barbarina : A, B, F, H, Danièle Perriers ; C, D, Regina Marheineke ; E, G, Christine Barbaux, Donna Woodward (7 avr.).
Due Donne : A, B, C, D, Christiane Issartel ; E, F, G, H, Eliane Lublin ; Anna Ringart, Yvonne Bernard (D).
Clavecin : A, B, C, Irène Aïtoff, Janine Reiss.

Tournée aux États-Unis :

1976 : 8, 11, 16 septembre. À New York.
1976 : 30 septembre, 2 octobre. À Washington.

Direction musicale :
Sir Georg Solti (New York), Gary Bertini (Washington)

Distribution :
Il Conte Almaviva : Gabriel Bacquier, Tom Krause (11, 16 sept.).
La Contessa : Margaret Price, Christiane Eda-Pierre (11, 16 sept.).
Cherubino : Frederica von Stade.

Opéras

Figaro : José Van Dam.
Susanna : Mirella Freni (8 sept.), Edith Mathis.
Marcellina : Jane Berbié.
Bartolo : Kurt Moll.
Basilio : Michel Sénéchal.
Don Curzio : Jacques Loreau.
Antonio : Jules Bastin.
Barbarina : Danièle Perriers.
Due Donne : Eliane Lublin, Francine Arrauzau.

ŒDIPUS REX

Opéra-oratorio en deux actes.
Livret de Jean Cocteau d'après Sophocle.
Musique d'Igor Stravinsky.

A   1979 : 11, 14, 19, 22, 24 mai, 13, 15, 20, 21 juin. Au Palais Garnier.
B   1980 : 13, 17, 19, 21, 23 mai. Au Palais Garnier.

Direction musicale :
A, Seiji Ozawa ; B, Sylvain Cambreling.
Mise en scène :
Jorge Lavelli.
Décors et costumes :
Max Bignens.

Distribution :
Œdipe : Kenneth Riegel.
Jocaste : Viorica Cortez.
Créon : Siegmund Nimsgern.
Tirésias, un messager : John Macurdy.
Le Berger : Robert Dumé.
Le Récitant : Maria Casarès.

Donné avec *L'Enfant et les sortilèges*.
Enregistrement TV : 24 mai 1979 ; diffusion Antenne 2 : 27 mai 1979.

L'OR DU RHIN
Voir **Das Rheingold**

ORPHÉE ET EURYDICE

Tragédie-opéra en trois actes.
Paroles de Pierre-Louis Moline d'après le livret italien
de Ranieri de' Calzabigi.
Musique de Christoph Willibald Gluck.
Version revue par Manuel Rosenthal.

A   1973 : 4, 8, 11, 14, 22, 26 avril, 13, 17, 19, 23, 26 octobre.
          Au Palais Garnier.
B   1974 : 27, 30 novembre, 3, 7, 10, 13 décembre. Au Palais Garnier.

Direction musicale :
Manuel Rosenthal.
Mise en scène :
René Clair.
Décors et costumes :
Bernard Daydé.
Chorégraphie :
George Balanchine.

Distribution :
Orphée : Nicolai Gedda.
Eurydice : A, Jeannette Pilou ; B, Guitchka Petrova.
L'Amour : A, Christiane Eda-Pierre ; B, Eliane Lublin.

OTELLO

Drame lyrique en quatre actes.
Livret d'Arrigo Boito.
Musique de Giuseppe Verdi.

A   1976 : 25, 29 juin, 3, 8, 12, 17 juillet. Au Palais Garnier.
B   1977 : 9, 13, 16, 20, 25, 29 avril. Au Palais Garnier.
C   1978 : 30 juin, 4, 8, 13, 17 juillet. Au Palais Garnier.

Direction musicale :
A, Sir Georg Solti ; B, C, Nello Santi.
Mise en scène :
Terry Hands.
Décors :
Josef Svoboda.
Costumes :
Abd'Elkader Farrah.

Distribution :
Otello : A, C, Placido Domingo ; B, Jon Vickers, Richard Cassily (16 avr.).
Jago : A, Gabriel Bacquier ; B, Sherrill Milnes ; C, Kostas Paskalis.
Cassio : Horst Laubenthal.
Roderigo : Robert Dumé.
Lodovico : A, Kurt Moll ; B, Jacques Mars ; C, John Macurdy.
Montano : A, Marc Vento ; B, C, Jean-Louis Soumagnas.
Un araldo : Fernand Dumont.
Desdemona : Margaret Price.
Emilia : Jane Berbié.

Enregistrement TV ; diffusion Antenne 2 : 13 juillet 1978.

Tournée aux États-Unis :

1976 : 10, 15, 18 septembre. À New York.
1976 : 21, 24, 27 septembre. À Washington.

Direction musicale :
Sir Georg Solti, Lorin Maazel (27 sept.).

Distribution :
Otello : Carlo Cossutta.
Jago : Gabriel Bacquier.
Cassio : Horst Laubenthal.
Roderigo : Michel Sénéchal.
Lodovico : Kurt Moll.
Montano : Marc Vento.
Un araldo : Fernand Dumont.
Desdemona : Margaret Price.
Emilia : Jane Berbié.

PARSIFAL

Bühnenweihfestspiel en trois actes.
Livret et musique de Richard Wagner.

A   1973 : 20, 23, 29 avril. Au Palais Garnier.
B   1973 : 1er, 4, 7, 10, 15, 20 novembre,
          1974 : 12, 15, 20, 24 avril. Au Palais Garnier.
C   1974 : 1er, 6, 9 novembre. Au Palais Garnier.
D   1975 : 1er, 5, 8, 13 novembre. Au Palais Garnier.
E   1976 : 14, 18, 22, 27 mai. Au Palais Garnier.

Direction musicale :
Horst Stein.
Mise en scène :
August Everding.
Décors et costumes :
Jürgen Rose.

Distribution :
Amfortas : A, Donald McIntyre ; B, Norman Bailey, Donald McIntyre (15, 20 nov.), Tom Krause (avr.) ; C, Siegmund Nimsgern ; D, Theo Adam ; E, Siegmund Nimsgern, Theo Adam (18, 27 mai), Tom Krause (22 mai).
Titurel : A, B, Roger Soyer ; C, Joseph Rouleau ; D, E, Jules Bastin.
Gurnemanz : A, E, Kurt Moll ; B, Franz Crass, Martti Talvela (avr.) ; C, D, Hans Sotin, Franz Mazura (9 nov. 1974).
Parsifal : A, B, Helge Brilioth ; C, René Kollo ; D, James King ; E, Jon Vickers.
Klingsor : A, B, D, E, Jacques Mars ; C, Karl Heinz Herr.
Kundry : A, Josephine Veasey ; B, Régine Crespin ; C, Nadine Denize, Jane Rhodes (1er, 6 nov.) ; D, Eva Randova, Josephine Veasey (13 nov.) ; E, Nadine Denize, Gisela Schroeter (22 mai).
Gralsritter : A, B, C, Jean Dupouy ; D, E, Jean Angot ; C, D, E, Fernand Dumont ; A, B, Michel Marsetti.

Opéras

Knappen : A, B, Renée Auphan, Nadine Denize ; C, D, E, Eliane Lublin, Francine Arrauzau, Robert Dumé ; A, B, Peyo Garazzi ; C, Michel Cadiou ; D, E, Michel Philippe.
Zaubermädchen : Jane Berbié, Danièle Perriers, Anna Ringart, Huguette Brachet ; A, B, C, Andréa Guiot ; A, B, D, Christiane Eda-Pierre ; C, E Eliane Manchet ; D, E, Eliane Lublin.
Stimme von Oben : A, B, Simone Codinas ; C, Jocelyne Taillon ; D, Anna Ringart, Huguette Brachet ; E, Huguette Brachet.

Radiodiffusion France-Musique : 19 mai 1976.

PELLÉAS ET MÉLISANDE

Drame lyrique en cinq actes et douze tableaux.
Livret de Maurice Maeterlinck.
Musique de Claude Debussy.

A 1977 : 18, 22, 26, 29 mars, 1er, 4, 8, 11 avril. Au Palais Garnier.
B 1978 : 8, 11, 13, 26, 29 avril, 2, 5 mai. Au Palais Garnier.
C 1980 : 22, 25, 28, 31 mars, 2, 5 avril. Au Palais Garnier.

Direction musicale :
A, C, Lorin Maazel ; B, Serge Baudo.
Mise en scène :
Jorge Lavelli.
Décors et costumes :
Max Bignens.

Distribution :
Pelléas : A, B, Richard Stilwell ; C, Jorma Hynninen.
Golaud : Gabriel Bacquier.
Arkel : Roger Soyer, John Macurdy (1er avr. 1977).
Yniold : A, Soliste du Choeur d'Enfants de Paris ; B, Monique Pouradier-Duteil ; C, Maria-Fausta Gallamini, Colette Alliot-Lugaz (2, 5 avr.).
Un médecin : Fernand Dumont.
Mélisande : A, Frederica von Stade ; B, Eliane Manchet ; C, Ileana Cotrubas, Karan Armstrong (31 mars, 2 avr.).
Geneviève : Jocelyne Taillon.

Radiodiffusion France Musique : 29 janvier 1980.

PLATÉE

Comédie lyrique en trois actes et un prologue.
Livret d'Adrien-Joseph Le Valois d'Orville et de Ballot de Sauvot d'après la pièce de Jacques Autreau.
Musique de Jean-Philippe Rameau.

1977 : 21, 23, 26, 28 avril, 4, 7, 12, 14, 16 mai. À la Salle Favart.

Direction musicale :
Michel Plasson.
Mise en scène :
Henry Ronse.
Décors et costumes :
Beni Montresor.
Chorégraphie :
Pierre Lacotte.

Distribution :
Platée : Michel Sénéchal.
Cithéron : Jean-Marie Frémeau.
Junon : Suzanne Sarroca.
Jupiter : Roger Soyer.
L'Amour : Danièle Chlostawa.
La Folie : Eliane Manchet, Michèle Reynaud (26 avr.).
Thalie : Eliane Lublin.
Clarine : Renée Auphan.
Momus : Yves Bisson.
Un satyre : Claude Meloni.
Thespis : Jean Dupouy.
Mercure : Charles Burles.

Enregistrement TV : 14 mai 1977 ; diffusion Antenne 2 : 9 juillet 1977.

POMME D'API
Voir **Vive Offenbach !**

LE PORTEUR D'EAU
ou **Les Deux Journées**

Comédie lyrique en trois actes et en prose.
Livret de Jean Nicolas Bouilly.
Musique de Luigi Cherubini.

1980 : 12, 15, 17, 20, 22, 25, 28, 31 mars. A la Salle Favart.

Direction musicale :
Pierre Dervaux.
Mise en scène :
Bernard Sobel.
Décors :
Bernard Thomassin.
Costumes :
Pierre Cado.
Éclairages :
Michel Duverger.
Révision de la partition :
Jacques Aboulker.
Dramaturgie :
Michèle Raoul-Davis.

Distribution :
Constance : Eliane Lublin.
Marcelina : Françoise Garner.
Angelina : Annick Dutertre.
Armand : Charles Burles.
Antonio : Tibère Raffalli.
Mikeli : Jean-Philippe Lafont.
Daniel : Fernand Dumont, Jean-Louis Soumagnas (22, 25, 28, 31 mars).
Le Premier Commandant : Jean-Jacquet Nadaud.
Le Deuxième Commandant : Jean-Marie Frémeau.
Les Deux Soldats : Philippe Duminy, Alain Marmorat.

DAS RHEINGOLD
L'Or du Rhin

Prologue en quatre scènes au festival scénique *L'Anneau du Nibelung*.
Livret et musique de Richard Wagner.

A 1976 : 6, 8 décembre,
    1977 : 12, 14 anvier, 23, 26 février, 18, 21 mai. Au Palais Garnier.
B 1977 : 14 décembre,
    1978 : 12, 14 janvier. Au Palais Garnier.

Direction musicale :
A, Sir Georg Solti (6. 8 déc.), Edward Downes ; B, Rolf Reuter.
Mise en scène :
Peter Stein.
Décors :
Karl-Ernst Herrmann.
Costumes :
Moidele Bickel.

Distribution :
Wotan : Theo Adam, Hans Sotin (janv., févr. 1977).
Donner : Marc Vento.
Froh : Heribert Steinbach.
Loge : Robert Tear, Peter Hofmann (23 févr. 1977), Heinz Zednick (14 janv. 1978).
Alberich : Franz Mazura.
Mime : Helmut Pampuch, Heinz Zednick (14 déc. 1977).
Fasolt : A, Kurt Moll (déc.), John Macurdy ; B, Kurt Moll, Paul Plishka (janv.).
Fafner : A, Donald Shanks ; B, Matti Salminen.
Fricka : Christa Ludwig.
Freia : Helga Dernesch.
Erda : Birgit Finnilä, Jocelyne Taillon (janv. 1978).

281

Opéras

Woglinde : Christiane Eda-Pierre.
Wellgunde : Jane Berbié, Guitchka Petrova (18 mai).
Flosshilde : Anna Ringart.

DER ROSENKAVALIER
Le Chevalier à la rose

Comédie en musique en trois actes.
Livret d'Hugo von Hofmannsthal.
Musique de Richard Strauss.

A 1976 : 23, 27, 31 janvier, 3, 7, 12, 16 février. Au Palais Garnier.
B 1977 : 6, 10, 15, 18, 21, 25, 29 juin, 2, 6 juillet. Au Palais Garnier.
C 1977 : 21, 27, 30 septembre. Au Palais Garnier.
D 1978 : 25 février, 1er, 23, 27 mars. Au Palais Garnier.

Direction musicale :
A, C, Horst Stein ; B, D, Silvio Varviso.
Mise en scène :
Rudolf Steinboeck.
Décors et costumes :
Ezio Frigerio.
Distribution :
Die Feldmarschallin : A, B, C, Christa Ludwig, Helga Dernesch (29 juin, 2 juil. 1977) ; D, Arlene Saunders.
Der Baron Ochs : A, B, Hans Sotin ; C, Manfred Jungwirth ; D, Karl Ridderbusch.
Octavian : A, D, Yvonne Minton ; B, Tatiana Troyanos, Gertrude Jahn (15 juin) ; C, Brigitte Fassbaender.
Sophie : A, D, Lucia Popp, Danièle Perriers (1er mars 1978) ; B, C, Judith Blegen.
Herr Von Faninal : A, Raymond Wolansky, Roland Hermann (27 janv.), Ernst Gutstein (7 févr.) ; B, C, D, Robert Massard.
Valzacchi : Michel Sénéchal.
Annina : Jane Berbié.
Marianne Leitmetzerin : Janine Boulogne.
Ein Polizeikommissar : Fernand Dumont, Keith Engen (25 févr. 1978).
Der Haushofmeister bei der Feldmarschallin : Michel Philippe.
Der Haushofmeister bei Faninal : Robert Dumé.
Ein Notar : Jean-Louis Soumagnas.
Ein Sänger : A, B, Alain Vanzo ; C, D, Jean Dupouy.
Ein Wirt : Jacques Loreau.
Eine Modistin : Janine Cadet, Jacqueline Demontzey (21 sept.).
Ein Tierhändler : Mario Agnetti.
Ein Hausknecht : Jean Rallo.
Drei Adelige Waisen : Marie-Thérèse Dietzer, Guitchka Petrova (27 sept. 1977) ; Annick Dutertre ; Gisèle Ory.
Vier Lakaien der Marschallin, Vier Kellner : Michel Marimpouy, Jean Deguara, Jean-Jacques Nadaud, Paul Thoron.
Léopold : Philippe Désert.

Radiodiffusion France Musique : 31 janvier 1976.
Enregistrement TV ; diffusion Antenne 2 : 25 juin 1977.

SAMSON ET DALILA

Opéra en trois actes et quatre tableaux.
Livret de Ferdinand Lemaire.
Musique de Camille Saint-Saëns.

A 1975 : 22, 25, 27, 31 octobre, 3, 6, 12, 15, 18, 21, 24 novembre. Au Palais Garnier.
B 1976 : 22, 25, 28 octobre, 1er, 4 novembre. Au Palais Garnier.
C 1978 : 14, 19, 22, 25, 28 juillet. Au Palais Garnier.
D 1978 : 9, 12, 15, 18, 21 décembre. Au Palais Garnier.

Direction musicale :
A, B, Georges Prêtre ; C, D, Pierre Dervaux.
Mise en scène et éclairages :
Piero Faggioni.
Décors et costumes :
Jacques Dupont.
Chorégraphie :
George Skibine.
Distribution :
Dalila : A, Fiorenza Cossotto ; B, C, Francine Arrauzau ; D, Viorica Cortez, Francine Arrauzau (12, 15, déc.).
Samson : A, C, Guy Chauvet ; B, Gilbert Py ; D, Jon Vickers.
Le Grand Prêtre de Dagon : A, B, C, Robert Massard ; D, Ernest Blanc.
Abimelech : A, Joseph Rouleau ; B, John Macurdy ; C, Jacques Mars ; D, Malcolm Smith.
Le Vieillard hébreu : A, B, D, Jules Bastin ; C, John Macurdy, Dmitri Petkov (22 juill.).
Un messager philistin : Michel Marimpouy.
Premier Philistin : Jean Savignol.
Deuxième Philistin : Alain Pilard.

Radiodiffusion France Musique : 15 novembre 1975.
Enregistrement TV ; diffusion Antenne 2 : 21 décembre 1978.

SIMON BOCCANEGRA

Production de La Scala de Milan.

Mélodrame en un prologue et trois actes.
Livret de Francesco Maria Piave et Arrigo Boito.
Musique de Giuseppe Verdi.

A 1978 : 25, 28, 31 octobre, 3, 6, 9, 15, 18, 22, 25, 28 novembre. Au Palais Garnier.
B 1979 : 3, 6, 11, 16, 19, 22, 25 octobre. Au Palais Garnier.

Direction musicale :
A, Claudio Abbado, Nello Santi (18, 22, 25, 28 nov.) ; B, Nello Santi.
Mise en scène :
Giorgio Strehler, *assistant* : Lamberto Pugelli.
Décors et costumes :
Ezio Frigerio.
Distribution
Simon Boccanegra : Piero Cappuccilli.
Maria Boccanegra : A, Mirella Freni, Katia Ricciarelli (25 oct.) ; B, Kiri Te Kanawa.
Jacopo Fiesco : A, Nicolai Ghiaurov ; B, Ruggero Raimondi.
Gabriele Adorno : A, Veriano Luchetti ; B, Ermano Mauro.
Paolo Albiani : Felice Schiavi.
Pietro : Giovanni Foiani.
Un Capitano dei balestrieri : Mario Agnetti.
Un Ancella di Amelia : Maryse Acerra.

Enregistrement TV : 9 novembre 1978 ; diffusion Antenne 2 : 3 décembre 1978.

TOM JONES

Comédie lyrique en trois actes.
Livret d'Antoine Alexandre Henri Poinsinet et Bertin Davesne d'après le roman d'Henry Fielding.
Version nouvelle du livret par Charles Charras et André Gille.
Musique de François-André Danican Philidor.

1979 : 26, 27 février, 2, 3, 6, 7, 17, 21, 22, 24 mars. À la Salle Favart.

Direction musicale :
Jean-Pierre Wallez.
Mise en scène :
Jacques Fabbri, Philippe Rondest.
Décors et costumes :
Yves Faucheur.
Distribution :
Tom Jones : Léonard Pezzino.
M. Western : Jean-Philippe Lafont.
Mrs Western : Suzanne Sarroca.
Honora : Monique Pouradier-Duteil.

Sophie : Michèle Pena.
Blifil : Charles Burles.
Alworthy : Michel Hamel.
Dowling : Charles Charras.
L'Hôtesse : Claudine Collas.

TOSCA

Production de L'Opéra d'État de Hambourg.

Mélodrame en trois actes.
Livret de Giuseppe Giacosa et Luigi Illica d'après la pièce de Victorien Sardou.
Musique de Giacomo Puccini.

1974 : 20, 23, 26 février, 1er, 6, 9, 12, 15 mars. Au Palais Garnier.

Direction musicale :
Sir Charles Mackerras.
Mise en scène :
Günther Rennert.
Décors et costumes :
Wilhelm Reinking.

Distribution :
Floria Tosca : Orianna Santunione, Arlene Saunders (mars).
Mario Cavaradossi : Carlo Cossutta, Placido Domingo (mars).
Scarpia : Gabriel Bacquier.
Angelotti : Jean-Louis Soumagnas.
Il sagrestano : Renato Capecchi.
Spoletta : Michel Sénéchal.
Sciarrone : Fernand Dumont.
Un carceriere : Pierre Marret.
Un pastore : Anna Ringart.

IL TROVATORE
Le Trouvère

Opéra en quatre actes.
Livret de Salvatore Cammarano (avec des ajouts de Leone Emanuele Bardare) d'après la pièce d'Antonio García Gutierrez.
Musique de Giuseppe Verdi.

A 1973 : 2, 5, 10, 13, 20, 23, 26, 30 mai, 3, 7, 13, 18, 22, 27, 30 juin. Au Palais Garnier.
B 1973 : 20, 24, 27 octobre, 13, 16 novembre. Au Palais Garnier.
C 1973 : 5, 8, 11, 14 décembre,
    1974 : 30 janvier, 2, 13, 16 février. Au Palais Garnier.
D 1975 : 5, 8, 12, 15, 18 février, 5, 12, 19 avril. Au Palais Garnier.
E 1976 : 12, 17, 20, 23, 27 novembre, 1er décembre. Au Palais Garnier.

Direction musicale :
A, Sir Charles Mackerras, Julius Rudel (13, 30 mai, 3, 7, 13 juin) ;
B, Reynald Giovaninetti ; C, Julius Rudel, Reynald Giovaninetti ;
D, Jesus Lopez-Cobos, Julius Rudel ; E, Nello Santi.
Mise en scène :
Tito Capobianco.
Décors :
David Mitchell.
Costumes :
José Varona.

Distribution :
Il Conte di Luna : A, Piero Cappuccilli ; B, Kostas Paskalis ; C, Raymond Wolansky, Piero Cappuccilli, Victor Braun (13 févr.) ; D, Sherrill Milnes (févr.), Norman Mittelmann (avr.), Piero Cappuccilli (5 avr.) ; E, Ernest Blanc.
Leonora : A, Orianna Santunione, Gwyneth Jones (20, 23, 26 mai), Martina Arroyo (18, 22, 27, 30 juin) ; B, Luisa Bosabalian ; C, Gwyneth Jones, Renata Scotto, Rita Orlandi-Malaspina (30 janv., 2 févr.) ; D, Renata Scotto, Martina Arroyo (avr.) ; E, Gilda Cruz-Romo.
Azucena : A, Shirley Verrett (2, 5, 10, 13 mai), Mignon Dunn, Fiorenza Cossotto (18, 22, 27, 30 juin) ; B, Fiorenza Cossotto ; C, Mignon Dunn (déc.), Shirley Verrett (janv.) ; D, Fiorenza Cossotto, Viorica Cortez (12, 15, 18 févr.) ; E, Luisa Nave, Michèle Vilma (1er déc.), Ruza Baldani (20, 23 nov.).
Manrico : A, Carlo Cossutta, Placido Domingo (20, 23, 26 mai), Gilbert Py (30 mai, 3, 7, 13, 27 juin) ; B, Placido Domingo (oct.), Bruno Prevedi (nov.) ; C, Bruno Prevedi, Richard Cassily (13 févr.), James King (16 févr.) ; D, Carlo Cossutta, Juan Lloveras (5 févr.), Placido Domingo (avr.) ; E, Carlo Cossutta.
Ferrando : A, Roger Soyer, Ivo Vinco (18, 22, 27, 30 juin) ; B, D, Ivo Vinco ; C, Jacques Mars (déc.), Roger Soyer ; E, Roger Soyer.
Ines : A, B, C, D, Jocelyne Taillon ; E, Anna Ringart.
Ruiz : A, Jean Dupouy ; B, E, Robert Dumé ; C, Robert Dumé, Jean Dupouy (déc., 13, 16 févr.) ; D, Jean Dupouy (févr.), Robert Dumé (avr.).
Un vecchio zingaro : A, Claude Meloni, Philippe Duminy (20 mai, 13 juin) ; B, Claude Meloni ; C, Claude Meloni, Philippe Désert (11, 14 déc., 30 janv., 2, 13 févr.) ; D, Fernand Dumont ; F, Jean Rallo.
Un messo : Enzo La Selva.

LES VÊPRES SICILIENNES
Voir I Vespri Siciliani

VÉRONIQUE

Opéra-comique en trois actes.
Livret de Georges Duval et Albert Vanloo.
Musique d'André Messager.

1978 : 22, 23, 27, 28, 30, 31 décembre. À la Salle Favart.
1979 : 17, 19, 20, 23, 25, 26, 30 janvier. À la Salle Favart.

Direction musicale :
Pierre Dervaux.
Mise en scène :
Jean-Laurent Cochet.
Décors :
François de La Mothe.
Costumes :
Rosine Delamare.
Eclairages :
Serge Apruzzese.
Chorégraphie :
Michel Rayne.

Distribution :
Florestan de Valaincourt : François Le Roux.
Coquenard : Michel Roux.
Loustot : Léonard Pezzino.
Séraphin : Marc Gaussorgues.
Octave : Malcolm Walker*.
Félicien : Jean-Marie Marin.
Hélène de Solanges : Danièle Chlostawa.
Agathe Coquenard : Annick Dutertre.
Ermerance de Champ d'Azur : Odette Laure.
Denise : Agnès Host*.
Tante Benoît : Agnès Disney.
Sophie : Dominique Lebrun*.
Céleste : Patricia Bernard.
Irma : Ghislaine Raphanel*.
Héloïse : Brigitte Bellamy.
Zoé : Julie Sloman.
Elisa : Noëlle Bedu*.
* Élèves de l'École d'Art Lyrique de l'Opéra de Paris.

Enregistrement TV : 28 décembre 1978 ; diffusion Antenne 2 30 décembre 1978.

I VESPRI SICILIANI
Les Vêpres Siciliennes

Drame en cinq actes.
Livret d'Eugène Scribe et Charles Duveyrier.
Musique de Giuseppe Verdi.

A 1974 : 9, 13, 18, 23, 26, 29 avril, 2, 8, 11, 16, 23 mai. Au Palais Garnier.
B 1974 : 18, 21, 25, 28 novembre, 11, 14, 19, 23, 27 décembre,
    1975 : 2 janvier. Au Palais Garnier.

Opéras

C 1975 : 20, 23 décembre,
1976 : 10, 13, 17, 22, 26, 29 janvier. Au Palais Garnier.
D 1979 : 15, 22, 30 mars ; 2, 5 avril. Au Palais Garnier.

Direction musicale :
Nello Santi.
Mise en scène
John Dexter.
Décors et éclairages
Josef Svoboda.
Costumes
Jan Skalicky.
Divertissement
Michel Rayne.

Distribution
Guido di Monforte : A, B, Peter Glossop, David Ohanesian (9, 13 avr.) ;
C, Kostas Paskalis ; D, Pablo Elvira.
Il Sire di Béthune : Fernand Dumont.
Il Conte Vaudemont : Jean-Louis Soumagnas.
Arrigo : A, Placido Domingo (9, 13, 18, 23 avr.), Wieslaw Ochman ;
B, Franco Bonisolli, Wieslaw Ochman (déc.) ; C, Wieslaw Ochman,
Carlo Bini (13 janv.) ; D, Wieslaw Ochman.
Giovanni da Procida : A, Roger Soyer ; B, D, Ruggero Raimondi ;
C, Roger Soyer, Ruggero Raimondi (22 janv.).
La duchessa Elena : A, Martina Arroyo, Cristina Deutekom (29 avr.,
8, 11, 16 mai), Anna Alexieva (23 mai) ; B, Cristina Deutekom ;
C, D, Martina Arroyo.
Ninetta : A, B, C, Francine Arrauzau ; D, Anna Ringart, Nadine Duwez
(27 déc. 1974).
Danieli : A, Rémy Corazza ; B, C, D, Robert Dumé.
Tebaldo : A, B, Peyo Garazzi ; C, D, Michel Cadiou.
Roberto : A, B, Jacques Bona ; C, Carl Schultz ; D, Pierre-Yves Le Maigat.
Manfredo : A, Robert Dumé ; B, Jean Angot, Mario Agnetti (28 nov.) ;
C, Jean Angot ; D, Mario Agnetti.

La soirée de première du 3 avril 1974 est annulée à la suite du décès
de Georges Pompidou, président de la République. La soirée du 26 avril 1974
est interrompue, Martina Arroyo étant souffrante.

Radiodiffusion France Musique : 27 décembre 1975.

VIVE OFFENBACH !

1979 : 12, 13, 14, 15, 17, 18, 19, 20, 21, 22, 24, 26, 27, 28, 29, 31 décembre.
À la Salle Favart.

Direction musicale :
Manuel Rosenthal.
Mise en scène :
Robert Dhéry, *assistant* : Maurice Ducasse.
Décors et costumes :
Bernard Daydé.

Pomme d'api
Opérette en un acte.
Livret de Ludovic Halévy et William Busnach.
Musique de Jacques Offenbach.
Catherine : Christiane Issartel.
Rabastens : Jean-Philippe Lafont.
Gustave : Léonard Pezzino.
La mère Josèphe : Gisèle Ory.

Monsieur Choufleuri restera chez lui le…
Opérette bouffe en un acte.
Livret de Saint-Rémy [pseudonyme du duc de Morny],
Ernest L'Epine, Hector Crémieux et Ludovic Halévy.
Musique de Jacques Offenbach.
Monsieur Choufleuri : Jean-Philippe Lafont.
Chrysodule Babilas : Charles Burles.
Peterman : Michel Trempont.
Balandard : Michel Hamel.
Ernestine : Marie-Christine Porta, Danièle Chlostawa
(22, 24, 26, 28 déc.).
Madame Balandard : Michèle Alexandre.

Mesdames de la Halle
Opérette en un acte.
Paroles d'Armand Lapointe.
Musique de Jacques Offenbach.
Madame Poiretapée : Michel Hamel.
Madame Madou : Michel Trempont.
Madame Beurrefondu : Jean-Philippe Lafont.
Raflafla : Charles Burles.
Un commissaire : Philippe Devine.
Un marchand d'habits : Michel Marimpouy.
Croûte au pot : Léonard Pezzino.
Ciboulette : Marie-Christine Porta.
Une marchande de plaisirs : Annick Dutertre,
Danièle Chlostawa (20, 21, 22, 24, 26, 28 déc.).
Une marchande de pois verts : Gisèle Ory.

Enregistrement TV 19 décembre 1979 ; diffusion A2 : 20 décembre 1979.

DIE WALKÜRE
La Walkyrie

Première journée en trois actes du festival scénique *L'Anneau du Nibelung*.
Livret et musique de Richard Wagner.

A 1976 : 18, 21 décembre,
1977 : 19, 22, 25 janvier, 30 mars, 2 avril, 26, 28 mai. Au Palais Garnier.
B 1977 : 19, 23 décembre,
1978 : 17, 21 janvier, 15, 21, 25 avril. Au Palais Garnier.

Direction musicale :
A, Sir Georg Solti (déc.), Edward Downes ; B, Rolf Reuter.
Mise en scène :
Klaus Michael Grüber.
Décors :
Eduardo Arroyo.
Costumes :
Moidele Bickel.

Distribution :
Siegmund : A, Peter Hofmann ; B, Robert Schunk, Richard Cassily (15 avr.).
Hunding : A, Kurt Moll (déc.), John Macurdy ; B, Matti Salminen,
Kurt Moll (23 déc.), Peter Meven (15, 21 avr.).
Wotan : A, Theo Adam (déc., 26 mai), Leif Roar (22 janv.),
Franz Ferdinand Nentwig (28 mai), Hans Sotin ; B, Hans Sotin,
Franz Mazura (23 déc., 21 janv., 15, 21, 25 avr.), Theo Adam (17 janv.).
Sieglinde : Helga Dernesch, Arlene Saunders (23 déc., 21 janv., 21, 25 avr.).

Opéras

Brünnhilde : A, Gwyneth Jones (déc.), Roberta Knie, Ute Vinzing (22, 25 janv.) ; B, Roberta Knie.
Fricka : Christa Ludwig.
Gerhilde : Hélène Garetti.
Ortlinde : Helia T'Hezan, Edwige Perfetti (déc. 1977).
Waltraute : Michèle Vilma.
Schwertleite : Jocelyne Taillon, Huguette Brachet (avr. 1978).
Helmwige : Andréa Guiot, Katie Clarke (déc. 1977, 21, 25 avr. 1978).
Siegrune : Anna Ringart, Jacqueline Broudeur (21 déc. 1976).
Grimgerde : Danièle Grima.
Rossweisse : Francine Arrauzau, Maryse Acerra (déc. 1977, janv. 1978).

WERTHER

Drame lyrique en quatre actes et cinq tableaux.
Poème d'Édouard Blau, Paul Milliet et Georges Hartmann d'après Johann Wolfgang von Goethe.
Musique de Jules Massenet.

A   1978 : 13, 15, 17, 20, 22, 25, 29 mars, 1er avril. À la Salle Favart.
B   1978 : 25, 27, 30 octobre, 2, 4, 6, 9, 11 novembre. À la Salle Favart.

Direction musicale :
A, Pierre Dervaux ; B, Roberto Benzi (25, 30 oct.), Pierre Dervaux (27 oct.), Paul Ethuin.

Mise en scène, décors et costumes :
Dominique Delouche.

Distribution
Werther : Alain Vanzo, Peyo Garazzi (4, 11 nov.).
Albert : Yves Bisson, Claude Meloni (29 mars), Peyo Garazzi (4, 11 nov.).
Le Bailli : Jean-Louis Soumagnas.
Schmidt : Jacques Loreau.
Johann : Fernand Dumont.
Bruhlmann : Georges Scamps.
Charlotte : Jane Rhodes, Francine Arrauzau (15, 20, 25 mars, 1er avr.), Martine Dupuy (27, 30 oct., 4, 11 nov.)
Sophie : Danièle Chlostawa.
Katchen : Denise Brandu.
Les enfants de la Maîtrise de Radio-France.

Enregistrement TV 20 mars 1978 ; diffusion Antenne 2 : 20 juillet 1978.

WOZZECK

Production de La Scala de Milan

Opéra en trois actes et quinze tableaux.
Livret du compositeur d'après le drame de Georg Büchner.
Musique d'Alban Berg.

1979 : 30 mai, 1er, 3 juin. Au Palais Garnier.

Direction musicale :
Claudio Abbado.
Mise en scène :
Luca Ronconi.
Décors et costumes :
Gae Aulenti.
Mouvements chorégraphiques :
Marise Flach.

Distribution
Wozzeck : Guglielmo Sarabia.
Marie : Janis Martin.
Hauptmann : Gerhard Unger.
Doktor : Nikolaus Hillebrand.
Tambourmajor : Karl Walter Böhm, Ruggero Orofino (1er juin).
Andres : Gerald English.
Der Narr : Saverio Porzano.
Margret : Laura Zannini.
Erster Handwerksbursch : Hans Tschammer, Francesco Ruta (1er juin).
Zweiter Handwerksbursch : Alfredo Giacomotti.
Soldat : Gianfranco Manganotti.
Maries Knabe : Laura Mazzola.
Orchestre et Chœurs du Théâtre de la Scala. Chef des Chœurs : Romano Gandolfi.

DIE ZAUBERFLÖTE

La Flûte enchantée

Opéra en deux actes.
Livret d'Emanuel Schikaneder.
Musique de Wolfgang Amadeus Mozart.

A   1977 : 13, 17, 20, 23, 25, 30 mai, 4, 8, 11, 14, 17, 22 juin. Au Palais Garnier.
B   1977 : 29 octobre, 1er, 5, 8, 11 novembre. Au Palais Garnier.

Direction musicale :
A, Karl Böhm, Gerhard Lenssen (4, 8 juin) ; B, Julius Rudel.
Mise en scène :
Horst Zankl.
Décors et costumes :
Arik Brauer.

Distribution :
Sarastro : A, Martti Talvela, John Macurdy (17, 30 mai), Kurt Moll (14, 17, 22 juin) ; B, Kurt Moll.
Tamino : Horst Laubenthal.
Sprecher : A, Theo Adam (13, 17, 20, 25 mai), Siegmund Nimsgern ; B, Siegmund Nimsgern.
Erster Priester : Robert Dumé.
Zweiter Priester : Pierre-Yves Le Maigat.
Königin der Nacht : A, Edda Moser, Karin Ott (25 mai) ; B, Karin Ott.
Pamina : A, Kiri Te Kanawa ; B, Edith Mathis (+17 mai).
Erste Dame der Königin : Helena Doese, Janine Cadet (25 mai, 5 nov.).
Zweite Dame der Königin : Anna Ringart.
Dritte Dame der Königin : Gillian Knight.
Papageno : William Workman.
Papagena : Danièle Perriers.
Monostatos : A, Franz Grundheber, Norbert Orth (25 mai) ; B, Helmut Pampuch.
Drei Knaben : Solistes du Tölzer Knabenchor (Munich).
Erster Geharnischter Mann : Heribert Steinbach.
Zweiter Geharnischter Mann : Jacques Mars.
Erster Sklave : Michael Dittmann.
Zweiter Sklave : Jean-Loup Horwitz.
Dritter Sklave : Mario Agnetti.

Ballets

ADAGIETTO

Chorégraphie :
Oscar Araiz.
Musique :
Gustav Mahler, Adagietto de la Symphonie n° 5.
Costumes :
Oscar Araiz.
Création
A 1977 : 18, 21, 24 février, 1er, 2, 3, 5, 10, 11, 19 mars.
    Au Palais Garnier.
B 1977 : 15, 19, 21, 26, 28, 29, 30 juillet. Au Palais Garnier.
Direction musicale :
A, Peter Maag ; B, Ashley Lawrence.
Distribution des premières représentations :
A, B : Dominique Khalfouni, Michaël Denard.

AFTERNOON OF A FAUN

Chorégraphie :
Jerome Robbins.
Musique :
Claude Debussy, Prélude à l'après-midi d'un faune.
Décors et lumières :
Jean Rosenthal.
Costumes :
Irène Sharaff.
Création à l'Opéra
A 1974 : 3, 10, 14, 21, 26 octobre, 13, 16, 22, 23, 26, 29 novembre.
    Au Palais Garnier.
B 1975 : 18, 19, 21, 23, 24, 26 avril. Au Théâtre des Champs-Élysées.
C 1976 : 7, 12, 14, 21, 22 avril. Au Palais Garnier.
D 1977 : 16, 22 janvier. À Évry.
E 1977 : 25, 31 mars, 5, 6 avril. Au Palais Garnier.
F 1977 : 31 mai, 1er, 2, 7, 9, 13, 16, 23, 24 juin. Au Palais Garnier.
Direction musicale :
A, Catherine Comet ; B, Antonio de Almeida avec l'Orchestre des Concerts Lamoureux ; C, Manuel Rosenthal ; D, musique enregistrée ; E, Stuart Kershaw ; F, Ashley Lawrence.
Distribution des premières représentations :
A : Ghislaine Thesmar, Michaël Denard.
B : Ghislaine Thesmar, Michaël Denard.
C : Évelyne Desutter, Georges Piletta.
D : Florence Clerc, Charles Jude.
E : Florence Clerc, Charles Jude.
F : Ghislaine Thesmar, Michaël Denard.

AGON

Chorégraphie : George Balanchine.
Musique : Igor Stravinsky.
A 1974 : 13, 14, 16, 25, 26, 30 mars, 2, 8, 11 avril. Soirée de ballets
    en hommage à Igor Stravinsky. Au Palais Garnier.
B 1974 : 3, 10, 11, 14, 16, 17, 21, 26 octobre, 2 novembre.
    Au Palais Garnier.
Direction musicale :
A, Manuel Rosenthal ; B, Catherine Comet.
Distribution des premières représentations :
A : Wilfride Piollet, Ghislaine Thesmar, Claude de Vulpian, Francesca Zumbo, Cyril Atanassoff, Michaël Denard, Jean Guizerix, Georges Piletta.
B : Claude de Vulpian, Francesca Zumbo, Bernard Boucher, Rudolf Noureev, Georges Piletta.

AMÉRIQUES

Chorégraphie : John Butler.
Musique : Edgar Varèse.

Décor et costumes : Bernard Daydé.
Création
1973 : 24, 25, 28 mai, 4, 6, 9, 16, 20, 21, 23, 26 juin. Soirée de ballets
    en hommage à Edgar Varèse. Au Palais Garnier.
Direction musicale :
Marius Constant.
Distribution de la première représentation :
Sylvie Clavier, Josyane Consoli, Wilfride Piollet, Claudette Scouarnec, Cyril Atanassoff, Michaël Denard, Jean-Pierre Franchetti, Jean Guizerix.

LES ANIMAUX MODÈLES

Chorégraphie : Serge Lifar.
Musique : Francis Poulenc.
Décors et costumes : Maurice Brianchon.
1979 : 11, 12, 13, 14, 16 juin. Spectacle de l'École de Danse.
    À la Salle Favart.
Direction musicale :
Michel Quéval.

APOLLON MUSAGÈTE

Chorégraphie :
George Balanchine.
Musique :
Igor Stravinsky.
A 1974 : 13, 16, 22, 23, 26, 29 novembre. Au Palais Garnier.
B 1977 : 15, 19, 21, 26, 28, 29, 30 juillet. Au Palais Garnier.
C 1978 : 31 mars, 3, 7, 10, 12, 20 avril. Au Palais Garnier.
D 1979 : 20, 21, 22, 23, 24, 25, 28, 29, 30 novembre,
    1er, 2, 4, 5 décembre. Au Palais des Sports.
Direction musicale :
A, Marius Constant ; B, Ashley Lawrence ; C, Robert Irving ;
D, Stewart Kershaw.
Distribution des premières représentations :
Apollon : A, B, Michaël Denard ; C, Jean Guizerix ; D, Jean-Pierre Franchetti.
Terpsichore : A, Noëlla Pontois ; B, Christiane Vlassi ; C, Wilfride Piollet ;
D, Ghislaine Thesmar.
Polymnie : A, Wilfride Piollet ; B, C, D, Claude de Vulpian.
Calliope : A, Christiane Vlassi ; B, Nanon Thibon ; C, D, Florence Clerc.

L'APPRENTI SORCIER

Chorégraphie :
Norbert Schmucki.
Musique :
Paul Dukas.
Argument :
Norbert Schmucki, d'après un poème de Goethe.
Décor et costumes :
Jean Sardy.
Création à l'Opéra
1973 : 12, 21, 28 avril, 6, 9, 12, 18 mai. Au Palais Garnier.
Direction musicale :
Boris de Vinogradov.
Distribution de la première représentation :
L'Apprenti : Jean Guizerix.
Le Sorcier : Michel Dussaigne.

L'APRÈS-MIDI D'UN FAUNE

Chorégraphie :
Vaslav Nijinski.
Musique :
Claude Debussy, Prélude à l'après-midi d'un faune.

Ballets

Décor et costumes :
Léon Bakst.

A   1976 : 7, 12, 14, 21, 22 avril. Au Palais Garnier.
B   1977 : 15, 19, 21, 26, 28, 29, 30 juillet. Au Palais Garnier.
C   1978 : 2, 6, 8, 9, 10, 15, 16, 17, 22, 24, 29 juin. Au Palais Garnier.
D   1978 : 12 octobre. Soirée de gala. Au Palais Garnier.

Direction musicale :
A, Manuel Rosenthal ; B, Ashley Lawrence ; C, Gilbert Amy ;
D, Stewart Kershaw.

Distribution des premières représentations :
Le Faune : A, Georges Piletta ; B, Charles Jude ; C, Patrick Félix ;
D, Charles Jude.

Arcana

Chorégraphie :
Félix Blaska.
Musique :
Edgar Varèse.
Décors et costumes :
Bernard Daydé.
Lumières :
Serge Apruzzese.

Création

1973 : 24, 28 mai. Soirée de ballets en hommage à Edgar Varèse.
         Au Palais Garnier.

Direction musicale :
Marius Constant.

Distribution de la première représentation :
Jean Guizerix, Georges Piletta.

The Architects

Chorégraphie :
Carolyn Carlson.
Musique :
Jean Sébastien Bach.
Décors et mise en scène :
Petrika Ionesco.
Costumes :
John Ashpool.
Lumières :
Richard Nelson.

Création du G.R.T.O.P.

1980 : 7, 8, 9, 12, 14, 15, 16, 20 mai. Au Palais Garnier.

Distribution :
Malou Airaudo, Carolyn Carlson, Hervé Diasnas, Larrio Ekson, Rosario Luna, Caroline Marcadé, Dominique Mercy, Peter Morin, Jean-Christophe Paré, Dominique Petit, Quentin Rouillier, Jorma Uotinen, Kris Varjan

Auréole

Chorégraphie :
Paul Taylor.
Musique :
Georg Friedrich Haendel, extraits des *concerti grossi* en ut
et en fa et de *Jephta*.
Costumes :
Georges Tacet.
Lumières :
Thomas Skelton.

A   1979 : 28, 29, 31 mars, 7, 10, 18, 20, 21, 27 avril, 12, 15, 16, 18, 21, 23 mai,
         8, 28 juin. Au Palais Garnier.
B   1979 : 17, 19 septembre. Au Palais Garnier.

C   1979 : 20, 21, 22, 23, 24, 25, 27, 28, 29, 30 novembre, 1er, 2, 4, 5, 6, 7, 8, 9
         décembre. Au Palais des sports.

Direction musicale :
A, Stewart Kershaw ; B, Ashley Lawrence ; C, Stewart Kershaw.

Distribution des premières représentations :
A : Florence Clerc, Ghislaine Mathiot, Wilfride Piollet, Jean Guizerix,
Charles Jude.
B : Wilfride Piollet, Ghislaine Mathiot, Monique Loudières, Charles Jude,
Jean Guizerix.
C : Monique Loudières, Ghislaine Mathiot, Wilfride Piollet, Ghislaine Thesmar,
Serge Daubrac, Jean-Marie Didière.

Les Bal des cadets

Chorégraphie :
David Lichine.
Musique :
Johann Strauss.
Décors et costumes :
Robert Savary.

Création à l'Opéra

A   1976 : 26, 29, 30, 31 décembre. À Créteil.
B   1977 : 16, 22 janvier. À Evry.
C   1977 : 17 février. Soirée de ballet à Versailles.
D   1979 : 11, 12, 13, 14, 16 juin. Spectacle de l'École de Danse.
         À la Salle Favart.

Direction musicale :
A, B, C, musique enregistrée ; D, Michel Quéval.

Ballet de Faust

Chorégraphie :
Léo Staats, réglée par Claude Bessy.
Musique :
Charles Gounod.

1978 : 10, 11, 17, 19, 20, 23 mai. Spectacle de l'École de Danse.
         À la Salle Favart.

Direction musicale :
Michel Quéval.

Ballet moderne

Chorégraphie :
Joseph Russillo.
Musique :
Alina Pascal.

1977 : 25, 26 mai. Spectacle de l'École de Danse. À la Salle Favart.

La Bayadère (Acte III : Les Ombres)

Chorégraphie :
Marius Petipa, réglée par Rudolf Noureev.
Musique :
Ludwig Minkus.
Costumes :
Martin Kamer.

Création à l'Opéra

A   1974 : 3, 10, 11, 14, 16, 17, 21, 26 octobre, 2 novembre.
         Au Palais Garnier.
B   1975 : 17, 18, 22, 23, 24 avril, 3, 6 mai. Au Palais Garnier.
C   1979 : 28, 29, 31 mars, 10, 18, 20, 21, 27, avril, 12, 15, 16, 18, 21, 23 mai.
         Au Palais Garnier.

Direction musicale :
A, B, Catherine Comet ; C, Stewart Kershaw.

Distribution des premières représentations :
Nikiya : A, Noëlla Pontois ; B, Wilfride Piollet ; C, Noëlla Pontois.
Solor : A, Rudolf Noureev ; B, Jean-Pierre Franchetti ; C, Patrick Dupond.

Ballets

Les Ombres : A, Claire Motte, Wilfride Piollet, Ghislaine Thesmar ; B, Florence Clerc, Emilia Gobin, France Mérovak ; C, Florence Clerc, Claudette Scouarnec, Claude de Vulpian.

THE BEGINNING

Musique :
Igor Wakhévitch.
Mise en scène :
Carolyn Carlson.
Scénographie et lumières :
John Davis.

Création du G.R.T.O.P.

1977 : 5, 6, 7, 8, 9, 13, 14 octobre. Au Palais Garnier.

Distribution :
Carolyn Carlson, Michelle Collison, Larrio Ekson, Caroline Marcadé, Peter Morin, Dominique Petit, Jorma Uotinen.

LA BELLE AU BOIS DORMANT

Chorégraphie :
Alicia Alonso, d'après Marius Petipa.
Musique :
Piotr Ilyitch Tchaikovski.
Décors et costumes :
José Varona.
Lumières :
Serge Apruzzese.

Création à l'Opéra

A   1974 : 31 décembre,
      1975 : 1er, 3, 16, 18, 21, 24, 29, 30 janvier, 1er février. Au Palais Garnier. 6 et 7 février. À la Maison de la culture de Créteil.
B   1975 : 17, 18, 22, 23, 24 avril, 3, 6 mai. Acte III. Au Palais Garnier.
C   1975 : 16, 17, 18, 19, 20, 21, 23, 24, 25, 26, 27, 28, 30 juin, 1er, 2, 3, 4, 5, 7, 8, 9, 10, 11, 12, 13, 15, 16, 17, 18, 19, 20, 22, 23, 24, 25, 26 juillet. À la Cour carrée du Louvre.
D   1977 : 2, 3, 4, 5, 6, 7, 9, 10, 11, 12, 13 mars. À Lyon.
E   1977 : 15, 16, 18, 19, 25 novembre, 2, 3, 6, 13, 15, 17, 20, 21, 22 décembre. Au Palais Garnier.
F   1978 : 16, 18, 19, 20, 24, 26, 27 janvier. Au Palais Garnier.
G   1978 : 5 juillet. Enregistrement. Au Palais des Congrès.
H   1979 : 15, 16, 17, 18, 19 juin. Tournée en Espagne et au Portugal.

Direction musicale :
A, Ashley Lawrence ; B, Catherine Comet ; C, D, Ashley Lawrence ; E, Stewart Kershaw ; F, Michel Quéval ; G, Ashley Lawrence ; H, enregistrement dirigé par Ashley Lawrence.

Distribution des premières représentations :
La Fée des Lilas : A, Wilfride Piollet ; B, C, D, Francesca Zumbo ; E, F, G, Nanon Thibon ; H, Claude de Vulpian.
La Fée Carabosse : Georges Piletta.
La Princesse Aurore : A, Noëlla Pontois ; B, C, Florence Clerc ; D, E, F, G, H, Noëlla Pontois.
Le Prince Désiré : Cyril Atanassoff.
Cantalabutte : A, B, C, D, Lucien Duthoit ; E, Michel Dussaigne.
L'Oiseau bleu : Patrice Bart.

BOLÉRO

Chorégraphie :
Maurice Béjart.
Musique :
Maurice Ravel.
Lumières :
Serge Apruzzese.

A   1975 : 28, 29, 30, 31 janvier, 1er, 3, 4, 5, 6, 7, 8 février. Au Palais des Sports.
B   1976 : 14, 15, 16, 24, 28, 30 janvier. Soirée de ballets en hommage à Maurice Ravel. Au Palais Garnier.
C   1979 : 8 juin. Au Palais Garnier.

Direction musicale :
A, Catherine Comet, avec l'Orchestre des Concerts Lamoureux ; B, Manuel Rosenthal.

Distribution des premières représentations :
A : Nicole Chouret ou Josiane Consoli.
B : Florence Clerc.
C : Jorge Donn ou Jean-Yves Lormeau.

BOLÉRO III

Chorégraphie :
Maurice Béjart.
Musique :
Maurice Ravel.

Création à l'Opéra

A   1979 : 9, 14, 16, 28 juin, 6, 11, 14, 19 juillet. Au Palais Garnier.
B   1979 : 14, 15, 17, 18, 19, 20 septembre. Au Palais Garnier.

Direction musicale :
A, Stewart Kershaw ; B, Ashley Lawrence.

Distribution des premières représentations :
A : Jorge Donn.
B : Bernard Boucher.

LE BOURGEOIS GENTILHOMME

Chorégraphie :
George Balanchine.
Musique :
Richard Strauss.
Costumes :
Bernard Daydé.

Création à l'Opéra

1979 : 6, 7, 8 décembre. Au Palais des Sports.

Direction musicale :
Ashley Lawrence, Stuart Kershaw.

Distribution de la première représentation :
Cléonte : Rudolf Noureev.
Lucille : Noëlla Pontois
Le Bourgeois : Georges Piletta.
Pas de deux : Ghislaine Thesmar, Bernard Boucher.

CAPRICCIO

Chorégraphie :
George Balanchine.
Musique :
Igor Stravinsky.
Costumes :
Bernard Daydé.

Création à l'Opéra

A   1974 : 13, 14, 16, 25, 26, 30 mars, 2, 8, 11 avril. Soirée de ballets en hommage à Igor Stravinsky. Au Palais Garnier.
B   1974 : 11, 14, 17, 21, 26 octobre. Au Palais Garnier.
C   1977 : 31 mai, 1er, 2, 7, 9, 13, 16, 23, 24 juin. Au Palais Garnier.

Direction musicale :
A, Manuel Rosenthal ; B, Catherine Comet ; C, Ashley Lawrence.
Piano solo :
Georges Pludermacher.

Distribution des premières représentations :
A : Patricia Mac Bride, Sylvie Clavier, John Clifford.
B : Sylvie Clavier, Christiane Vlassi, Patrice Bart.
C : Christiane Vlassi, Francesca Zumbo, Patrice Bart.

Ballets

Chaconne

Chorégraphie :
George Balanchine.
Musique :
Christoph Willibald Gluck. Extrait d'*Orphée et Eurydice*.
Décors :
Maurice Le Nestour.
Costumes :
Yasmina Bozin.

1978 : 31 mars, 3, 5, 7, 10, 12, 14, 20, 21 avril. Au Palais Garnier.

Direction musicale :
Robert Irving.

Distribution de la première représentation :
Ghislaine Thesmar, France Mérovak, Francesca Zumbo, Jean Guizerix, Jean-Yves Lormeau.

Le Chant de la terre

Chorégraphie :
Kenneth MacMillan.
Musique :
Gustav Mahler.
Décors et costumes :
Nicholas Georgiadis.
Lumières :
William Bundy.

Création à l'Opéra

A   1978 : 23, 24, 29, 30 novembre, 2, 4, 5, 8, 11, 13, 14 décembre. Au Palais Garnier.
B   1979 : 9, 14, 16, 28 juin, 6, 11, 14, 19 juillet. Au Palais Garnier.
C   1979 : 14, 15, 17, 18, 19, 20 septembre. Au Palais Garnier.

Direction musicale :
A, B, Stewart Kershaw ; C, Ashley Lawrence.
Solistes :
A, B, Jocelyne Taillon, Peyo Garazzi ; C, Ute Treckel-Burckhardt, William Lewis.

Distribution des premières représentations :
La Femme : A, Wilfride Piollet ; B, Ghislaine Thesmar ; C, Marie-Christine Mouis.
L'Homme : A, B, C, Jean Guizerix.
Le Messager : A, Patrick Dupond ; B, C, Bernard Boucher.

Circus Polka

Chorégraphie :
Jerome Robbins.
Musique :
Igor Stravinsky.

Création à l'Opéra

A   1974 : 13, 14, 16, 25, 26, 30 mars, 2, 8, 11, avril. Soirée de ballets en hommage à Igor Stravinsky. Au Palais Garnier.
B   1974 : 11, 14, 17, 21, 26 octobre. Au Palais Garnier.

Direction musicale :
A, B, Manuel Rosenthal.

Distribution des premières représentations :
Monsieur Loyal : A, David Richardson ; B, Jocelyn Bosser.
48 petites filles.

Concerto

Chorégraphie :
George Skibine.
Musique :
André Jolivet.
Décors et costumes :
André Delfau.

1975 : 18, 19, 20, 21, 22, 23, 24, 26 avril. Au Palais Garnier.

Direction musicale :
Antonio de Almeida, avec l'Orchestre des Concerts Lamoureux.

Distribution de la première représentation :
Wilfride Piollet, Janine Guitton, Cyril Atanassoff, Jean Guizerix.

Concerto barocco

Chorégraphie :
George Balanchine.
Musique :
Johann Sebastian Bach, *Concerto en ré mineur* pour deux violons et orchestre à cordes.

1977 : 15, 19, 21, 26, 28, 29, 30 juillet. Au Palais Garnier.

Direction musicale :
Ashley Lawrence.
Violons :
Alain Kouznetzoff, Christian Gentis.

Distribution de la première représentation :
Wilfride Piollet, Ghislaine Thesmar, Claude de Vulpian, Georges Piletta.

Concerto en ré

Chorégraphie :
Claude Bessy.
Musique :
Johann Sébastian Bach.

Création : final du spectacle de l'École de Danse.

A   1977 : 25, 26 mai. Spectacle de l'École de Danse. À la Salle Favart.
B   1979 : 11, 12, 13, 14, 16 juin. Spectacle de l'École de Danse. À la Salle Favart.
C   1980 : 29 mars, 1er, 2, 3 avril. Spectacle de l'École de Danse. À la Salle Favart.

Direction musicale :
B, Michel Quéval ; C, Patrick Flynn.
Piano :
A, Pietro Galli, Françoise Le Gonidec.

Distribution :
Toute l'École de Danse.

Conservatoire

Chorégraphie :
August Bournonville réglée par Hans Brénaa.
Musique :
Holger Simon Paulli.
Décors et costumes :
Maurice Le Nestour, d'après Degas.
Lumières :
John Davis.

1976 : 15, 16, 17, 18, 20, 21, 22, 23, 24, 25, 27, 28, 29 septembre. Au Palais Garnier.

Direction musicale :
Ashley Lawrence.

Distribution de la première représentation :
Louise : Florence Clerc.
Victorine : Claude de Vulpian.
Un Premier Danseur : Jacques Namont.
Le Maître de ballet : Bernard Boucher.
Avec les élèves de l'École de Danse.

Coppélia

Chorégraphie :
Pierre Lacotte d'après Arthur Saint-Léon.
Musique :
Léo Delibes.

Ballets

Argument :
Charles Nuitter.
Décors et costumes
Réalisés d'après les maquettes de la création.
A   1973 : 18, 20, 21, 26, 28, 31 décembre,
         1974 : 3, 4, 12, 14, 18 janvier. Au Palais Garnier.
B   1974 : 16, 17, 19, 25, 27 avril. Au Palais Garnier.
C   1974 : 20, 21, 24, 25, 26, 28, 30, 31 décembre. Au Palais des Congrès.
D   1975 : 10, 12, 13, 19, 20, 24, 25 juin, 4, 7, 8, 10, 11, 14, 15,
         24, 26 juillet. Au Palais Garnier.
E   1978 : 15, 17, 19, 20 mai, 3, 5, 7, 11, 20, 26, 29 juillet.
         Au Palais Garnier.
F   1978 : 10, 19, 24, 26, 27 octobre. Au Palais Garnier.
G   1979 : 20, 22, 24, 26, 27, 28, 29, 31 décembre,
         1980 : 15, 17, 21, 23, 24, 26 janvier. Au Palais Garnier.
Direction musicale :
A, Antonio de Almeida ; B, C, D, Catherine Comet ; E, Richard Amner ;
F, Stewart Kershaw ; G, Patrick Flynn.
Distribution des premières représentations :
Swanilda : A, Ghislaine Thesmar ; B, C, Noëlla Pontois ; D, Ghislaine Thesmar ;
E, Christiane Vlassi ; F, Noëlla Pontois ; G, Ghislaine Thesmar.
Frantz : Michaël Denard ; B, C, Cyril Atanassoff ; D, Michaël Denard ;
E, Jean-Pierre Franchetti ; F, Patrice Bart ; G, Michaël Denard.
Coppélius : A, B, C, D, Lucien Duthoit ; E, Michel Dussaigne ;
F, Serge Peretti ; G, Georges Piletta.

LE CORSAIRE

Chorégraphie :
Marius Petipa.
Musique :
Ricardo Drigo.
1977 : 17 février. Soirée de ballets à Versailles.
Distribution de la première représentation :
Florence Clerc, Patrice Bart.

DANSES ANCIENNES

Chorégraphie :
Francine Lancelot.
Musique :
Musique française de la Renaissance : Claude Gervaise,
Pierre Attaingnant, Pierre Francisque Caroubel, Jean d'Estrée,
Estienne du Tertre.
1977 : 25, 26 mai. Spectacle de l'École de Danse. À la Salle Favart.
Musiciens : Marcello Ardizzone, Jean-Noël Catrice, Joël Dugot.

DANSES RUSSES

Chorégraphie :
Irina Grjebina.
Musique :
Musique populaire russe.
1977 : 25, 26 mai. Spectacle de l'École de Danse. À la Salle Favart.
Musiciens : Jean-Pierre Aigeldinger, Pierre Jacquet, Riccardo Peranic,
Michel Tararine.

DANSES POLOVTSIENNES DU PRINCE IGOR

Chorégraphie :
Michel Fokine.
Musique :
Alexandre Borodine.
Décors :
B, Nicolas Roerich.

Costumes :
A, Mstislav Doboujinsky ; B, Nicolas Roerich.
A   1978 : 10, 11, 17, 19, 20, 23 mai. Spectacle de l'École de Danse.
         À la Salle Favart.
B   1979 : 28, 29, 31 mars, 7, 10, 18, 20, 21, 27 avril, 12, 15, 16, 18, 21, 23 mai,
         8 juin. Au Palais Garnier.
Direction musicale :
A, Michel Quéval ; B, Stewart Kershaw.
Distribution de la première représentation :
Le chef des guerriers : B, Cyril Atanassoff.
La Favorite : B, Liliane Oudart.
La Jeune fille : B, Marie-Josée Redont.

DAPHNIS ET CHLOÉ : PAS DE DEUX

Chorégraphie :
George Skibine.
Musique :
Maurice Ravel.
Argument :
Michel Fokine et Maurice Ravel.
Décors et costumes :
Marc Chagall.
1975 : 7, 11, 13, 15, 21, 24, 28, 29 octobre, 4, 7 novembre. Au Palais Garnier.
Direction musicale :
Michel Quéval.
Distribution de la première représentation :
Claude Bessy, Michaël Denard.

DENSITY 21,5

Chorégraphie :
Carolyn Carlson.
Musique :
Edgar Varèse.
Décor et costume :
Bernard Daydé.
Lumières :
Serge Apruzzese.
Création
A   1973 : 24, 25, 28 mai, 4, 6, 9, 16, 20, 21, 23, 26 juin. Soirée de ballets
         en hommage à Edgar Varèse. Au Palais Garnier.
B   1976 : 10, 11 juin. Spectacle du G.R.T.O.P. Au Palais Garnier.
C   1979 : 4, 5, 6, 7, 9 avril. Au Palais Garnier.
Flûte :
A, B, Jean-Pierre Eustache ; C, musique enregistrée.
Distribution des premières représentations :
A, B, C : Carolyn Carlson.

LES DEUX PIGEONS

Chorégraphie :
Albert Aveline.
Musique :
André Messager.
Décors et costumes :
Paul Larthe.
Lumières :
B, Dominique Lucchesi.
A   1978 : 10, 11, 17, 19, 20, 23 mai. Spectacle de l'École de Danse.
         À la Salle Favart.
B   1980 : 26, 27, 29 mars, 1er, 23 avril. Spectacle de l'École de Danse.
         À la Salle Favart.
Direction musicale :
A, Michel Quéval ; B, Patrick Flynn.

Ballets

Diachronies

Chorégraphie :
Janine Charrat.
Musique :
Béla Bartók.
Mise en images et costumes :
Etienne Weill.
Lumières :
John Davis.

Création Salle Favart.

1979 : 2, 3, 6, 7, 8, 9, 10, 13, 14, 15, 16, 17 février. À la Salle Favart.

Direction musicale :
Stewart Kershaw.

Distribution de la première représentation :
Claudette Scouarnec, Ghislaine Mathiot, Elisabeth Platel, Patrick Dupond, Michel Mesnier.

Divertimento

Chorégraphie :
George Balanchine.
Musique :
Wolfgang Amadeus Mozart, *Divertimento n°15*.
Décors :
Maurice Le Nestour.
Costumes : Yasmina Bozin.

Création à l'Opéra

1978 : 31 mars, 3, 5, 7, 10, 12, 14, 20, 24 avril. Au Palais Garnier.

Direction musicale :
Robert Irving.

Distribution de la première représentation :
Claude de Vulpian, Jacques Namont.

Don Quichotte, pas de deux

Chorégraphie :
Marius Petipa.
Musique :
Ludwig Minkus.

A 1975 : 17, 18, 22, 24 avril, 3, 6 mai. Au Palais Garnier.
B 1976 : 22, 23 23, 27, 28, 29 septembre. À la Salle Favart.

Direction musicale :
A, Catherine Comet ; B, Ashley Lawrence.

Distribution des premières représentations :
A : Wilfride Piollet, Mikhail Baryshnikov.
B : Christiane Vlassi, Georges Piletta.

Elvire

Chorégraphie :
Albert Aveline, réglée par Christiane Vaussard.
Musique :
Domenico Scarlatti, adaptée par Roland-Manuel.
Costumes :
Sigrist.
Piano :
Pietro Galli, Françoise Le Gonidec.

1977 : 25, 26 mai. Spectacle de l'École de Danse. À la Salle Favart.

The End

Musique :
Igor Wakhévitch.
Mise en scène :
Carolyn Carlson.

Scénographie et lumières :
John Davis.

Création du G.R.T.O.P.

1977 : 5, 6, 7, 8, 9, 13, 14 octobre. Au Palais Garnier.

Distribution :
Carolyn Carlson, Michelle Collison, Larrio Ekson, Caroline Marcadé, Peter Morin, Dominique Petit, Jorma Uotinen.

En Sol

Chorégraphie :
Jerome Robbins.
Musique :
Maurice Ravel, *Concerto en sol pour piano et orchestre*.
Décors et costumes :
Erté.
Lumières :
Roland Bates.

Création à l'Opéra

A 1975 : 12, 16, 17, 19, 22, 24, 26, 27, 29, 30, 31 décembre,
   1976 : 14, 15, 16, 24, 28, 30 janvier. Soirée de ballets en hommage
   à Maurice Ravel. Au Palais Garnier.
B 1977 : 18, 21, 24 février, 1er, 2, 3, 5, 10, 11, 19 mars. Au Palais Garnier.
C 1979 : 28, 29, 31 mars, 7, 10, 18, 20, 21, 27 avril, 12, 15, 16, 18, 21, 23 mai.
   Au Palais Garnier.

Direction musicale :
A, Manuel Rosenthal ; B, Peter Maag ; C, Stewart Kershaw.
Piano :
Georges Pludermacher.

Distribution des premières représentations :
A : Suzanne Farrell, Peter Martins.
B, C : Ghislaine Thesmar, Jean Guizerix.

Études

Chorégraphie :
Harald Lander.
Musique :
Knudage Riisager, d'après les *Études* de Czerny.
Décors et costumes :
Bernard Daydé.

A 1976 : 3, 4, 9, 11, 19 mars, 1er, 5, 6 avril. Au Palais Garnier.
B 1976 : 7, 12, 14, 21, 22 avril. Au Palais Garnier.
C 1977 : 25, 31 mars, 5, 6 avril. Au Palais Garnier.

Direction musicale :
A, B, Manuel Rosenthal ; C, Michel Quéval.

Distribution des premières représentations :
A : Noëlla Pontois, Jean-Pierre Franchetti.
B : Claire Motte, Cyril Atanassoff.
C : Noëlla Pontois, Cyril Atanassoff.

Le Fantôme de l'Opéra

Chorégraphie et mise en scène :
Roland Petit.
Musique :
Marcel Landowski.
Argument :
Roland Petit, d'après le roman de Gaston Leroux.
Décors :
Giulio Coltellacci.
Costumes :
Franca Squarciapino.
Lumières :
Serge Apruzzese.

Ballets

Création
1980 : 22, 25, 26, 27, 28 février, 1er, 3, 4, 6, 7, 8, 10, 11, 15, 17, 18, 19 mars. Au Palais Garnier.

Direction musicale :
Patrick Flynn.

Distribution de la première représentation :
La Voix chantée du fantôme : David Wilson-Johnson.
La Voix parlée du fantôme : Michel Bouquet.
Le Fantôme : Peter Schaufuss.
La Danseuse : Dominique Khalfouni.
Le Jeune homme : Patrick Dupond.
Madame Carlotta : Sylvie Clavier.
Le Maître de ballet : Jacques Namont.

FAUST : BALLETS EXTRAITS DE L'OPÉRA

Chorégraphie :
George Balanchine.
Musique :
Charles Gounod.
Costumes :
Max Bignens.
1975 : 7, 11, 13, 15, 21, 24, 28, 29 octobre, 4, 7 novembre. Au Palais Garnier.

Direction musicale :
Michel Quéval.

Distribution de la première représentation :
Wilfride Piollet, Claudette Scouarnec, Florence Clerc, Francesca Zumbo, Jean-Paul Gravier.

FÊTE DES FLEURS À GENZANO

Musique :
Edvard Helsted.
Chorégraphie :
August Bournonville.
1975 : 15, 17 mai, 5 juin. Au Palais Garnier.

Direction musicale :
Catherine Comet.

Distribution de la première représentation :
Claude de Vulpian, Jacques Namont.

LE FILS PRODIGUE

Chorégraphie :
George Balanchine.
Musique :
Serge Prokofiev.
Argument :
Boris Kochno.
Décors et costumes :
Georges Rouault.
Création à l'Opéra
A   1973 : 29, 30 novembre, 3, 12, 15 décembre,
       1974 : 8, 21, 22, 25 janvier. Au Palais Garnier.
B   1974 : 28 février, 2, 4, 5, 7, 27 mars, 5 avril. Au Palais Garnier.
C   1974 : 3, 10, 16 octobre, 2, 29 novembre. Au Palais Garnier.
D   1975 : 28, 29, 30, 31 janvier, 1er, 3, 4, 5, 6, 7, 8 février. Au Palais des Sports.
E   1977 : 25, 31 mars, 5, 6 avril. Au Palais Garnier.
F   1978 : 2, 6, 7, 8, 9, 10, 15, 16, 17, 22, 24, 29 juin. Au Palais Garnier.

Direction musicale :
A, B, Manuel Rosenthal ; C, Catherine Comet ; D, Catherine Comet, avec l'Orchestre des Concerts Lamoureux ; E, Stewart Kershaw ; F, Gilbert Amy.

Distribution des premières représentations :
La Sirène : A, B, Liliane Oudart ; C, Sylvie Clavier ; D, Claire Motte ; E, F, Ghislaine Thesmar.
Le Fils prodigue : A, B, Georges Piletta ; C, Rudolf Noureev ; D, Patrice Bart ; E, Georges Piletta ; F, Patrice Bart.

FORMES

Chorégraphie :
Roland Petit.
Musique :
Improvisation collective.
1978 : 7, 8, 9, 14, 15, 16 décembre. À la Salle Favart.

Direction musicale :
Marius Constant, avec l'Ensemble Ars Nova.

Distribution de la première représentation :
Ghislaine Thesmar et Jean-Pierre Franchetti, ou Wilfride Piollet et Georges Piletta.

LES FOUS D'OR

Chorégraphie :
Carolyn Carlson.
Musique :
Igor Wakhévitch.
Scénographie et lumières :
John Davis.
Création du G.R.T.O.P.
1975 : 16, 22, 23, 24 juillet. Au Palais Garnier.
Présenté avec **L'Or des fous**.

Distribution :
Carolyn Carlson, Henri Smith, Larrio Ekson.

GISELLE

Chorégraphie :
Alicia Alonso, d'après la chorégraphie originale de Jules Perrot et Jean Coralli.
Musique :
Adolphe Adam.
Argument :
Théophile Gautier et Jules Henri Vernoy de Saint-Georges.
Décor et costumes :
Thierry Bosquet.
Lumières :
Serge Apruzzese.
A   1973 : 29 septembre, 2, 4, 5, 8, 9, 10, 12, 15, 17, 22, 25, 31 octobre, 3 novembre. Au Palais Garnier.
B   1975 : 17, 18 avril ; 15, 17 mai, 5 juin. Acte II, pas de deux. Au Palais Garnier.
C   1977 : 22, 23, 24, 26, 28, 30 novembre, 8, 9, 10, 24, 26, 27, 28, 29, 30, 31 décembre,
       1978 : 30, 31 janvier, 2, 3, 9), 10, 16 février, 21, 24, 28 mars. Au Palais Garnier.
D   1978 : 12 octobre. Acte II, extrait. Au Palais Garnier.
E   1979 : 8, 10, 12, 13, 14, 19, 26, 28 février, 1er, 3 mars. Au Théâtre des Champs-Élysées.

Direction musicale :
A, Richard Blareau ; B, Catherine Comet ; C, Ashley Lawrence ; D, Stewart Kershaw ; E, Ashley Lawrence.

Distribution des premières représentations :
Giselle : A, Noëlla Pontois ; B, Noëlle Taddei ; C, Ghislaine Thesmar ; D, E, Noëlla Pontois.
Albert : A, Cyril Atanassoff ; B, Charles Jude ; C, Michaël Denard ; D, Mikhail Baryshnikov ; E, Cyril Atanassoff.
Hilarion : A, Lucien Duthoit ; C, D, E, Bernard Boucher.
Myrtha : A, B, C, Francesca Zumbo ; D, Wilfride Piollet ; E, Claude de Vulpian.

Enregistrement TV : 28 décembre 1977 ;
diffusion Antenne 2 : 1er janvier 1978

Ballets

GRAND PAS CLASSIQUE

Musique :
Daniel-François-Esprit Auber.
Chorégraphie :
Victor Gsovsky.
1975 : 15, 17 mai, 5 juin. Au Palais Garnier.
Direction musicale :
Catherine Comet.
Distribution de la première représentation :
Evelyne Desutter, Marc du Bouays.

HYPERPRISM

Chorégraphie :
Janine Charrat.
Musique :
Edgar Varèse.
Décors et costumes :
Bernard Daydé.
Lumières :
Serge Apruzzese.
Création
1973 : 24, 28 mai, 4, 6, 9, 16, 20, 21, 23, 26 juin.
Soirée de ballets en hommage à Edgar Varèse. Au Palais Garnier.
Direction musicale :
Marius Constant (24 mai), Diego Masson.
Distribution de la première représentation :
Jacqueline Rayet, Nanon Thibon, Francesca Zumbo, Georges Piletta.

IL Y A JUSTE UN INSTANT

Chorégraphie :
Carolyn Carlson.
Musique :
Barre Phillips, interprétée par lui-même.
Costumes :
Georges Gatecloud dit Bellecroix.
Création à l'Opéra
A   1974 : 30 avril, 4, 6, 7, 9, 10, 18, 24, 27 mai. Au Palais Garnier.
B   1976 : 14, 16 juillet. Au Palais Garnier.
Distribution des premières représentations :
A, B : Carolyn Carlson et Larrio Ekson.

INTÉGRALES

Chorégraphie :
John Butler.
Musique :
Edgar Varèse.
Décors et costumes :
Bernard Daydé.
Lumières :
Serge Apruzzese.
Création
1973 : 24, 28 mai, 4, 6, 9, 16, 20, 21, 23, 26 juin.
Soirée de ballets en hommage à Edgar Varèse. Au Palais Garnier.
Direction musicale :
Marius Constant.
Distribution de la première représentation :
Wilfride Piollet, Cyril Atanassoff, Michaël Denard, Jean Guizerix.

IONISATION

Chorégraphie :
Serge Keuten.
Musique :
Edgar Varèse.
Décors et costumes :
Bernard Daydé.
Lumières :
Serge Apruzzese.
Direction musicale :
Marius Constant.
Création
1973 : 24, 28 mai, 4, 6, 9, 16, 20, 21, 23, 26 juin.
Soirée de ballets en hommage à Edgar Varèse. Au Palais Garnier.
Distribution de la première représentation :
Georges Piletta.

IVAN LE TERRIBLE

Argument et Chorégraphie :
Youri Grigorovitch.
Musique :
Serguei Prokofiev.
Décors, costumes et lumières :
Simon Virsaladzé.
Création à l'Opéra
A   1976 : 14, 15, 16, 18, 19, 21, 23, 26, 27, 29, 30 octobre, 3, 6, 8, 11, 16, 19, 24, 30 (Acte I) novembre. Au Palais Garnier.
B   1977 : 12, 14, 15 avril. Ballet du Théâtre Bolchoï. Au Palais Garnier.
C   1977 : 4, 5, 6, 7, 8, 9, 11, 12, 13, 14, 15, 16, 18, 19, 20, 21, 22, 23 juillet. Dans la Cour carrée du Louvre.
Direction musicale :
A, Algis Juraitis, Ashley Lawrence, Michel Quéval ; B, Algis Juraitis ;
C, musique enregistrée sous la direction d'Algis Juraitis.
Distribution des premières représentations :
Ivan : A, Jean Guizerix ; B, Iouri Vladimirov ; C, Jean Guizerix.
Anastasie : Dominique Khalfouni ; B, Natalia Bessmertnova ;
C, Dominique Khalfouni.
Kourbski : A, Michaël Denard ; B, Boris Akimov ; C, Michaël Denard.

JEUX

Chorégraphie :
Flemming Flindt.
Musique :
Claude Debussy.
Décor et costumes :
Bernard Daydé.
Création à l'Opéra
1973 : 12, 21, 28 avril, 6, 9, 12, 18 mai. Au Palais Garnier.
Direction musicale :
Catherine Comet.
Distribution :
Claire Motte, Noëlla Pontois, Cyril Atanassoff, Jean-Pierre Franchetti.

JEUX D'ENFANTS

Chorégraphie :
Albert Aveline.
Musique :
Georges Bizet.
Décors :
Kim Ta (élève de 3e division garçons).
Costumes :
Marie-Hélène Daste.
1977 : 25, 26 mai. Spectacle de l'École de Danse. À la Salle Favart.
Piano :
Pietro Galli, Françoise le Gonidec.

Ballets

Konservatoriet
(chorégraphie : August Bournonville)
Voir **Conservatoire**

Le Lac des cygnes

Chorégraphie :
Vladimir Bourmeister.
Musique :
Piotr Ilyitch Tchaikovski.
Décor :
Maurice Le Nestour.
Costumes :
Marcel Escoffier.
Lumières :
Serge Apruzzese.

- A 1973 : 1er juin. Extrait. Au Palais Garnier.
- B 1973 : 14, 16, 17, 18, 19, 20, 21, 23, 24, 25, 26, 27, 28 juillet. Dans la Cour carrée du Louvre.
- C 1974 : 7, 8, 11, 12, 14, 15, 19, 21, 22 février, 19, 20, 21 22, 23 mars. 3 mai : gala du Rotary (acte III). Au Palais Garnier.
- D 1974 : 17, 18, 19, 20, 22, 23, 25, 27 juillet. Au Palais des Congrès.
- E 1976 : 14, 15, 16, 17, 18, 19, 21, 22, 23, 24, 25, 26, 28, 29, 30 juin, 1er, 2, 3, 5, 6, 7, 8, 9, 10 juillet. Dans la Cour carrée du Louvre.
- F 1978-79 : 20, 30, 31 décembre, 15, 16, 17, 18, 19, 20, 25 janvier. Au Palais Garnier.
- G 1979 : 21, 22, 23, 24 juin. Tournée en Espagne.
- H 1979 : 17 octobre. Acte II. Au Palais Garnier.
- I 1980 : 4, 5, 6, 7 avril. Au Palais des Congrès.

Direction musicale :
A, Catherine Comet ; B, musique enregistrée sous la direction d'Ashley Lawrence ; C, Ashley Lawrence ; D, musique enregistrée ; E, musique enregistrée sous la direction d'Ashley Lawrence ; F, Ashley Lawrence ; G, musique enregistrée sous la direction d'Ashley Lawrence ; H, Ashley Lawrence ; I, Michel Quéval.

Distribution des premières représentations :
Odette/ Odile : A, Claire Motte ; B, C, Noëlla Pontois ; D, Noëlla Pontois ou Ghislaine Thesmar ; E, Dominique Khalfouni ou Claire Motte ; F, G, H, I, Noëlla Pontois.
Siegfried : A, Cyril Atanassoff ; B, Rudolf Noureev ; C, D, Cyril Atanassoff ; E, Patrice Bart ; F, Charles Jude ; G, H, Cyril Atanassoff ; I, Peter Schaufuss.
Rothbart : A, B, C, D, E, Lucien Duthoit ; F, Patrick Marty ; G, Francis Malovik ; H, Jocelyn Bosser ; I, Francis Malovik.
Le Bouffon : A, B, C, D, Patrice Bart ; E, Patrick Dupond ; F, G, H, I, Patrice Bart.

Life

Chorégraphie :
Maurice Béjart.
Musique :
Johann Sebastian Bach, cinq extraits de la première *Partita*.
Lumières :
Alan Burrett.

Création à l'Opéra

1979 : 8, 9, 14, 16 juin, 6, 11, 14, 19 juillet, 14, 15, 18, 20 septembre. Au Palais Garnier.

Direction musicale :
Stewart Kershaw.

Distribution de la première représentation :
Jean Babilée, Élisabeth Platel.

Linea

Chorégraphie :
Félix Blaska.
Musique :
Luciano Berio.
Costumes :
Jacques Schmidt.
Lumières :
John Davis.

Création à l'Opéra, Salle Favart

1979 : 2, 3, 6, 7, 8, 9, 10, 13, 14, 15, 16, 17 février. À la Salle Favart.

Direction musicale :
Stewart Kershaw.

Distribution de la première représentation :
Wilfride Piollet, France Mérovak, Jean Guizerix.

Le Loup

Chorégraphie :
Roland Petit.
Musique :
Henri Dutilleux.
Argument :
Jean Anouilh et Georges Neveux.
Décors et costumes :
Jean Carzou.

Création à l'Opéra

- A 1975 : 18, 20, 22, 26, 31 mars, 1er, 3, 8, 9, 10 avril. Au Palais Garnier.
- B 1975 : 11, 17, 14, 19, 27 novembre, 4 décembre. Au Palais Garnier.
- C 1977 : 31 mai, 1er, 2, 7, 9, 13, 16, 23, 24 juin. Au Palais Garnier.

Direction musicale :
A, B, Marius Constant ; C, Ashley Lawrence.

Distribution des premières représentations :
La Jeune fille : A, B, C, Noëlla Pontois.
Le Loup : A, B, C, Jean-Pierre Franchetti.
La Bohémienne : A, B, Wilfride Piollet ; C, Claude de Vulpian.
Le Jeune homme : A, B, Jean-Yves Lormeau ; C, Bernard Boucher.

Mahler's Lieder

Chorégraphie et costumes :
Oscar Araiz.
Musique :
Gustav Mahler.

Création à l'Opéra

1977 : 18, 21, 24 février, 1er, 2, 3, 5, 10, 11, 19 mars. Au Palais Garnier.

Direction musicale :
Peter Maag.
Solistes :
Jocelyne Taillon, Wolfgang Schœne.

Distribution de la première représentation :
France Mérovak, Wilfride Piollet, Francesca Zumbo, Jean Guizerix.

Manfred

Argument et chorégraphie :
Rudolf Noureev.
Musique :
Piotr Ilyitch Tchaikovski.
Décors :
Radu Boruzescu.
Costumes :
Miruna Boruzescu.
Lumières :
Serge Peyrat.

Création mondiale au Palais des sports

1979 : 20, 21, 22, 23, 24, 25, 27, 28, 29, 30 novembre, 1er, 2, 4, 5, 6, 7, 8, 9 décembre. Au Palais des Sports.

Ballets

Direction musicale :
Stewart Kershaw.

Distribution de la première représentation :
Le Poète : Jean Guizerix.
Asturlé / la Sœur : Wilfride Piollet.
La Comtesse : Dominique Khalfouni.
La Femme : Sylvie Clavier.
L'Ami : Stéphane Prince.
La Femme de l'ami : Francesca Zumbo
La Belle-sœur de l'ami : France Mérovak.
Ariménès : Jean-Pierre Franchetti.

Métaboles

Chorégraphie :
Kenneth MacMillan.
Musique :
Henri Dutilleux.
Décors, costumes et lumières :
Barry Kay.
Création
1978 : 23, 24, 29, 30 novembre, 2, 4, 5, 8, 11, 13, 14 décembre. Au Palais Garnier.
Direction musicale :
Stewart Kershaw.
Distribution de la première représentation :
Dominique Khalfouni, Patrice Bart.

Mime

Chorégraphie :
Yasmine Piletta.
1977 : 25, 26 mai ; Spectacle de l'École de Danse. À la Salle Favart.

Les Mirages

Chorégraphie :
Serge Lifar.
Musique :
Henri Sauguet.
Décors et costumes :
Cassandre.
1977 : 18, 20, 21, 24, 26, 31 octobre, 2, 3, 4, 7, 9, 10, 12 novembre. Soirée de ballets en hommage à Serge Lifar. Au Palais Garnier.
Direction musicale :
Manuel Rosenthal.
Distribution de la première représentation :
L'Ombre : Nanon Thibon.
Le Jeune homme : Cyril Atanassoff.
La Femme : Christiane Vlassi.
La Chimère : Francesca Zumbo.
Le Marchand : Bernard Boucher.
La Lune : Liliane Oudart.

Mouvances

Chorégraphie :
Roland Petit.
Musique :
Giuseppe Verdi, *Quatuor en mi mineur*.
Costumes :
Franca Squarciapino.
Création
1976 : 6, 7, 10, 13, 15, 17, 19, 20, 21, 24, 25, 29 mai, 1er, 3, 4, 9 juin. Au Palais Garnier.

Direction musicale :
Marius Constant.
Distribution de la première représentation :
Noëlla Pontois, Patrice Bart.

Mouvements

Chorégraphie :
Claude Bessy.
Musique :
Serge Prokoviev, *Symphonie classique*.
Mise en scène :
Nicolas Ribowski.
1980 : 29 mars, 1er, 2, 3 avril. Spectacle de l'École de Danse. À la Salle Favart.
Direction musicale :
Patrick Flynn.
Distribution :
Toute l'École de Danse.

Nana

Chorégraphie :
Roland Petit.
Musique :
Marius Constant.
Argument :
Edmonde Charles-Roux, d'après le roman d'Émile Zola.
Décors et costumes :
Ezio Frigerio.
Création
1976 : 6, 7, 10, 13, 15, 17, 19, 20, 21, 24, 25, 29 mai, 1er, 3, 4, 9 juin. Au Palais Garnier.
Direction musicale :
Marius Constant.
Distribution de la première représentation :
Nana : Karen Kain.
Muffat : Cyril Atanassoff.

Napoli

Chorégraphie :
August Bournonville.
Musique :
Holger Simon Paulli, Edvard Helsted, Niels Wilhelm Gade, Hans Christian Lumbye.
1976 : 15, 16, 17, 18, 20, 21, 22 septembre. Au Palais Garnier.
Direction musicale :
Ashley Lawrence.
Distribution de la première représentation :
Francesca Zumbo, Patrice Bart.

Noces

Chorégraphie :
Bronislava Nijinska.
Texte original et musique :
Igor Stravinsky.
Décors et costumes :
Natalia Gontcharova.
Lumières :
John Davis.
A 1976 : 3, 4, 9, 11, 19 mars, 1er, 5, 6 avril. Au Palais Garnier.
B 1979 : 6, 7, 8, 9, 10, 13, 14, 15, 16, 17 février. À la Salle Favart.
Direction musicale :
A, Manuel Rosenthal ; B, Stewart Kershaw.

Ballets

Solistes :
A, Bernadette Antoine (mars), Eliane Lublin, Anna Ringart, Michel Sénéchal, Jean-Louis Soumagnas ; B, Eliane Lublin, Alexandra Papadjiakou, Michel Sénéchal, Jean-Louis Soumagnas.

Distribution des premières représentations :
La Fiancée : A, B, Francesca Zumbo.
L'Amie : A, Christiane Vlassi ; B, Claudette Scouarnec.
L'Ami : A, B, Patrice Bart.

NOTRE-DAME DE PARIS

Chorégraphie :
Roland Petit.
Musique :
Maurice Jarre.
Décors :
René Allio.
Costumes :
Yves Saint Laurent.

1980 : 8, 9, 10, 11, 12, 13, 15, 16, 29, 30, 31 juillet. Au Palais des Congrès.

Direction musicale :
Musique enregistrée sous la direction de Diego Masson.

Distribution de la première représentation :
Esmeralda : Claire Motte.
Quasimodo : Roland Petit.
Frollo : Jean-Pierre Franchetti.
Phoebus : Michaël Denard.

LA NUIT TRANSFIGURÉE

Chorégraphie :
Roland Petit.
Musique :
Arnold Schœnberg.
Argument :
Edmonde Charles-Roux.
Décor et costumes :
Paul Delvaux.

Création
1976 : 6, 7, 10, 13, 15, 17, 19, 20, 21, 24, 25, 29 mai, 1er, 3, 4, 9 juin. Au Palais Garnier.

Direction musicale :
Marius Constant.

Distribution de la première représentation :
La Nuit : Ghislaine Thesmar.
Le Jour : Denys Ganio.

OCTANDRE

Chorégraphie :
Félix Blaska.
Musique :
Edgar Varèse.
Décors et costumes :
Bernard Daydé.
Lumières :
Serge Apruzzese.

Création
A   1973 : 24, 28 mai, 4, 6, 9, 16, 20, 21, 23, 26 juin. Soirée de ballets en hommage à Edgar Varèse. Au Palais Garnier.
B   1975 : 18, 19, 21, 22, 23, 24, 26 avril. Au Théâtre des Champs-Élysées.

Direction musicale :
A : Marius Constant (24 mai), Diego Masson ; B, Antonio de Almeida.

Distribution des premières représentations :
A, Claude de Vulpian, MM. Bogréau, Bosser, Boucher ; B, Marie-Claude Dubus, MM. Debrus, Dorizon, Jude.

OFFRANDES

Chorégraphie :
Janine Charrat.
Musique :
Edgar Varèse.
Décors et costumes :
Bernard Daydé.
Lumières :
Serge Apruzzese.

Création
1973 : 24, 28 mai, 4, 6, 9, 16, 20, 21, 23, 26 juin. Soirée de ballets en hommage à Edgar Varèse. Au Palais Garnier.

Direction musicale :
Marius Constant.
Chant :
Anna Ringart.

Distribution de la première représentation :
Florence Clerc, Evelyne Desutter, Dominique Khalfouni, Yannick Stéphant, Claude de Vulpian.

L'OISEAU DE FEU

Chorégraphie :
Maurice Béjart.
Musique :
Igor Stravinsky.
Costumes :
Joëlle Roustan.
Lumières :
Serge Apruzzese.

A   1973 : 12, 21, 28 avril, 6, 9, 12, 18 mai. Au Palais Garnier.
B   1974 : 30 avril, 3, 4, 6, 7, 9, 10, 18, 24, 27 mai. Au Palais Garnier.
C   1975 : 28, 29, 30 janvier, 3, 4, 5, 6, 7, 8 février. Au Palais des Sports.
D   1976 : 26, 29, 30, 31 décembre. À Créteil.
E   1977 : 16, 22 janvier. Au Palais Garnier.
F   1977 : 17 février. Au Palais Garnier.
G   1977 : 25, 31 mars, 5, 6 avril. Au Palais Garnier.

Direction musicale :
A, Boris de Vinogradov ; B, Catherine Comet ; C, Catherine Comet, avec l'Orchestre des concerts Lamoureux ; D, E, F, musique enregistrée ; G, Stewart Kershaw.

Distribution des premières représentations :
L'Oiseau de feu : A, B, C, D, Michaël Denard ; E, Jean Guizerix ; F, Jean-Pierre Franchetti ; G, Michaël Denard.
L'Oiseau phénix : A, Bernard Rouselle ; B, Jocelyn Bosser ; C, D, E, Charles Jude ; F, Francis Malovik ; G, Jean-Yves Lormeau.

L'OR DES FOUS

Chorégraphie :
Carolyn Carlson.
Musique :
Barre Phillips.
Scénographie et lumières :
John Davis.

Création du G.R.T.O.P.
1975 : 16, 22, 23 juillet. Présenté avec **Les Fous d'or**. Au Palais Garnier.

Chant :
Ève Brenner.

Distribution :
Carolyn Carlson, Larrio Ekson, Henri Smith.

Ballets

ORPHÉE

Chorégraphie :
George Balanchine.
Musique :
Igor Stravinsky.
Décors et costumes :
Isamu Nogushi.

Création à l'Opéra

1974 : 13, 14, 16, 25, 26, 30 mars, 2, 8, 11 avril. Soirée de ballets en hommage à Igor Stravinsky. Au Palais Garnier.

Direction musicale :
Manuel Rosenthal.

Distribution de la première représentation :
Orphée : Jean-Pierre Bonnefous.
Eurydice : Christiane Vlassi.

ORPHÉE ET EURYDICE

(chorégraphie : George Balanchine)
Voir **Orphée et Eurydice**, p. 280.

LE PALAIS DE CRISTAL (SYMPHONIE EN UT)

Chorégraphie :
George Balanchine.
Musique :
Georges Bizet.
Costumes :
Leonor Fini.

A 1973 : 12, 21, 28 avril, 6, 9, 12, 18 mai. Au Palais Garnier.
B 1975 : 7, 11, 13, 15, 21, 24 28, 29 octobre, 4, 7 novembre. Au Palais Garnier.
C 1977 : 31 mai, 1er, 2, 7, 13, 16, 23, 24 juin. Au Palais Garnier.

Direction musicale :
A, Catherine Comet ; B, Michel Quéval ; C, Ashley Lawrence.

Distribution des premières représentations :
A :
Premier mouvement : Wilfride Piollet, Francesca Zumbo, Bernard Boucher, Georges Piletta, Jacques Valdi.
Deuxième mouvement : Noëlle Taddei, Ghislaine Thesmar, Michaël Denard, Michel Dussaigne.
Troisième mouvement : Christiane Vlassi, Patrice Bart.
Quatrième mouvement : Marie-Claude Folyot, Pierrette Mallarte, Nanon Thibon, Jean Guizerix.
B : Emilia Gobin, Claire Motte, Wilfride Piollet, Noëlla Pontois, Nanon Thibon, Jean-Pierre Franchetti, Jean Guizerix, Georges Piletta.
C : Florence Clerc, Dominique Khalfouni, Christiane Vlassi, Francesca Zumbo, Patrice Bart, Jean-Pierre Franchetti, Jean Guizerix, Georges Piletta.

LE PAPILLON

Adaptation et chorégraphie :
Pierre Lacotte, d'après Marie Taglioni.
Musique :
Jacques Offenbach.
Costumes :
D'après les maquettes de la création.

1976 : 23, 24, 27, 28, 29, 30, 31 décembre. Au Palais Garnier.
1977 : 20 janvier, 4, 10 février. Au Palais Garnier.

Direction musicale :
Ashley Lawrence.

Distribution :
Dominique Khalfouni, Pierre Lacotte.

PARADE

Chorégraphie :
Léonide Massine.
Musique :
Erik Satie
Argument :
Jean Cocteau
Décors et costumes :
Pablo Picasso

1979 : 11 mai. Intégrale Erik Satie à la Salle Favart, deuxième jour.

Direction musicale :
Marius Constant, avec l'Orchestre Colonne.

Distribution :
Le Prestidigitateur chinois : Patrick Dupond.
La Petite fille américaine : France Mérovak.
Le Couple d'acrobates : Élisabeth Platel, Bernard Boucher.

Voir également la notice sur l'**Intégrale** Erik **Satie** (p. 304).

PAS DE DEUX

Chorégraphie :
Roland Petit.
Musique :
Franz Schubert.
Costumes :
Bernard Daydé.

Création
1975 : 15, 17 mai, 5 juin. Au Palais Garnier.

Direction musicale :
Catherine Comet.

Distribution de la première représentation :
Dominique Khalfouni, Jean-Yves Lormeau.

PAS DE DIEUX

Chorégraphie et mise en scène :
Gene Kelly.
Musique :
George Gershwin, *Concerto en Fa*.
Décors et costumes :
André François.

1975 : 7, 11, 13, 15, 21, 24, 28, 29 octobre, 4, 7 novembre. Au Palais Garnier.

Direction musicale :
Michel Quéval.
Piano solo :
Georges Pludermacher.

Distribution de la première représentation :
Aphrodite : Claude Bessy.
Zeus : Cyril Atanassoff.
Le Maître baigneur : Lucien Duthoit.

PAS DE QUATRE

Chorégraphie :
Alicia Alonso, d'après la chorégraphie originale de Jules Perrot.
Musique :
Cesare Pugni.
Costumes :
Salvador Fernandez d'après la lithographie d'Alfred-Edouard Chalon.

Création à l'Opéra

A : 1973 : 29 septembre, 2, 4, 5, 8, 9, 10, 12, 15, 17, 22, 25, 31 octobre, 3 novembre. Au Palais Garnier.
B : 1974 : 3 mai. Au Palais Garnier.
C : 1975 : 15, 17, 23 mai, 5 juin. Au Palais Garnier.

Ballets

D : 1976 : 30 novembre. Au Palais Garnier.
E : 1979 : 8 novembre. Au Palais Garnier.

Direction musicale :
A, Richard Blareau ; B, C, Catherine Comet ; D, Ashley Lawrence ;
E, Stewart Kershaw.

Distribution des premières représentations :
Lucile Grahn : A, B, Nanon Thibon ; C, Claude de Vulpian ;
D, Claire Motte ; E, Claudette Scouarnec.
Carlotta Grisi : A, B, Wilfride Piollet ; C, Dominique Khalfouni ;
D, Francesca Zumbo ; E, Noëlla Pontois.
Fanny Cerrito : A, B, Christiane Vlassi ; C, Noëlle Taddéi ;
D, Claudette Scouarnec ; E, Wilfride Piollet.
Marie Taglioni : A, B, Ghislaine Thesmar ; C, Marie-Christine Charmolu ;
D, Christiane Vlassi ; E, Ghislaine Thesmar.

Pas de quatre

Chorégraphie :
Anton Dolin, d'après la chorégraphie originale de Jules Perrot.
Musique :
Cesare Pugni.
Costumes :
d'après la lithographie d'Alfred-Édouard Chalon.

A 1976 : 15, 16, 17, 18, 20, 21, 22, 23, 24, 25, 27, 28, 29 septembre.
     À la Salle Favart.
B 1979 : 8 novembre. Au Palais Garnier.

Direction musicale :
A, Ashley Lawrence ; B, Stewart Kershaw.

Distribution des premières représentations :
Lucile Grahn : A, Claire Motte ; B, Claudette Scouarnec.
Carlotta Grisi : A, Francesca Zumbo ; B, Noëlla Pontois.
Fanny Cerrito : A, B, Wilfride Piollet.
Marie Taglioni : A, Christiane Vlassi ; B, Ghislaine Thesmar.

La Péri

Chorégraphie :
George Skibine.
Musique :
Paul Dukas.
Décors, costumes et lumières :
Nicolas Cernovitch, Robert Mitchell.

1977 : 18, 21, 24 février, 1er, 2, 3, 5, 10, 11, 19 mars. Au Palais Garnier.

Direction musicale :
Peter Maag.

Distribution de la première représentation :
La Péri : Claire Motte.
Iskender : Charles Jude.

Pétrouchka

Chorégraphie :
Michel Fokine, Bronislava Nijinska.
Argument :
Alexandre Benois et Igor Stravinsky.
Musique :
Igor Stravinsky.
Décors et costumes :
Alexandre Benois.

A 1975 : 19, 20, 21, 26, 27, 28 février, 8 mars. Au Palais Garnier.
B 1975 : 18, 19, 21, 22, 23, 24, 26 avril. Au Théâtre des Champs-Élysées.
C 1976 : 7, 12, 14, 21, 22 avril. Au Palais Garnier.
D 1976 : 26, 29, 30, 31 décembre. À Créteil.
E 1978 : 2, 6, 7, 8, 9, 10, 15, 16, 17, 22, 24, 29 juin. Au Palais Garnier.

Direction musicale :
A, Marius Constant ; B, Antonio de Almeida, avec l'Orchestre des Concerts Lamoureux ; C, Manuel Rosenthal ; D, musique enregistrée ; E, Gilbert Amy.

Distribution des premières représentations :
La Ballerine : A, B, Claudette Scouarnec ; C, Noëlla Pontois ;
D, Claudette Scouarnec ; E, Christiane Vlassi.
Pétrouchka : A, B, Georges Piletta ; C, Serge Golovine ; D, E, Jacques Namont.
Le Maure : A, Lucien Duthoit ; B, Jean Guizerix ; C, D, Charles Jude ;
E, Lucien Duthoit.
Le Charlatan : A, B, Jean-Paul Gravier ; C, Serge Peretti ; D, Michel Dussaigne ;
E, Serge Peretti.

Phèdre

Chorégraphie :
Serge Lifar.
Musique :
George Auric.
Argument, décors et costumes :
Jean Cocteau.

1977 : 18, 20, 21, 24, 26, 31 octobre, 2, 3, 4, 7, 9, 10, 12 novembre.
     Soirée de ballets en hommage à Serge Lifar. Au Palais Garnier.

Direction musicale :
Manuel Rosenthal.

Distribution de la première représentation :
Phèdre : Claire Motte.
Œnone : Wilfride Piollet.
Hippolyte : Michaël Denard.
Thésée : Jean Guizerix.
Aricie : Françoise Legrée.

Platée

(chorégraphie : Pierre Lacotte)
Voir **Platée**, p. 281.

Poème électronique

Chorégraphie :
Félix Blaska.
Musique :
Edgar Varèse.
Décors et costumes :
Bernard Daydé.
Lumières :
Serge Apruzzese.

Création
1973 : 24 28 mai, 4, 6, 9, 16, 20, 21, 23, 26 juin.
     Soirée de ballets en hommage à Edgar Varèse. Au Palais Garnier.

Direction musicale :
Marius Constant.

Distribution de la première représentation :
Wilfride Piollet, Jean-Pierre Franchetti.

Les Quatre Saisons

Chorégraphie :
Kenneth MacMillan.
Musique :
Giuseppe Verdi, ballet des *Vêpres siciliennes*.
Décors, costumes et lumières :
Barry Kay.

Création à l'Opéra
1978 : 23, 24, 29, 30 novembre, 2, 4, 5, 8, 11, 13, 14 décembre.
     Au Palais Garnier.

Ballets

Direction musicale :
Stewart Kershaw.

Distribution de la première représentation :
L'Hiver : Brigitte Hermetz, Marie-Christine Mouis, Stéphane Prince.
Le Printemps : Françoise Legrée, Fabrice Bourgeois, Patrick Dupond, Jean-Christophe Paré.
L'Été : Wilfride Piollet, Michaël Denard.
L'Automne : Noëlla Pontois, Patrice Bart, Jean Yves Lormeau.

LES QUATRE TEMPÉRAMENTS

Chorégraphie :
George Balanchine.
Musique :
Paul Hindemith.

A   1974 : 28 février, 2, 4, 5, 7, 27 mars, 5 avril. Au Palais Garnier.
B   1974 : 1er, 2, 5 juin. Au Palais Garnier.
C   1978 : 31 mars, 3, 5, 14, 24 avril. Au Palais Garnier.
D   1979 : 4, 5, 6, 7, 9 avril. Au Centre Georges Pompidou.

Direction musicale :
A, Manuel Rosenthal ; B, Jean-Pierre Jacquillat ; C, Robert Irving ; D, musique enregistrée.

Distribution des premières représentations :
Mélancolique : A, B, Jean-Paul Gravier ; C, Jean Guizerix.
Sanguin : A, Wilfride Piollet, Jean Guizerix ; B, Jacqueline Rayet, Jean Guizerix ; C, Wilfride Piollet, Patrice Bart ; D, Florence Clerc, Claude de Vulpian, Patrice Bart, Jacques Namont.
Flegmatique : A, B, C, Georges Piletta.
Colérique : A, Nanon Thibon ; B, Christiane Vlassi ; C, Florence Clerc.

QUININE

Chorégraphie :
Carolyn Carlson.
Musique :
John Surman, Barre Phillips, Stu Martin, Dieter Feichtner.
Scénographie et lumières :
John Davis.

Création du G.R.T.O.P.

1976 : 10, 11 juin. Au Palais Garnier.

Distribution :
Carolyn Carlson, Caroline Marcadé, Peter Morin, Dominique Petit, Anne-Marie Reynaud, Quentin Rouillier, Douglas Rouse, Rosario Toledano, Fritz Tummers.

RELÂCHE

Chorégraphie :
Moses Pendleton.
Musique :
Erik Satie.
Argument, décor et costumes :
Francis Picabia.

1979 : 11 mai. Intégrale Erik Satie à la Salle Favart.

Direction musicale :
Marius Constant.

Distribution :
La Femme : Isabelle Guérin.
Le Danseur : Moses Pendleton.

Voir également la notice sur l'**Intégrale** Erik **Satie** (p. 304).

RÉVERSIBILITÉ

Chorégraphie :
Serge Lifar.
Argument sur un poème de Charles Baudelaire.

1979 : 4, 5, 6, 7, 9 avril. Au Centre Georges Pompidou.

Distribution de la première représentation :
La Muse : Nanon Thibon.
L'Ame du poète : Jean-Pierre Franchetti.

ROMÉO ET JULIETTE

Chorégraphie :
Youri Grigorovitch.
Musique :
Serguei Prokofiev.
Argument :
Youri Grigorovitch, d'après la pièce de William Shakespeare.
Décors, costumes et lumières :
Simon Virsaladzé.

A   1978 : 22, 24, 27 février, 2, 3, 6, 16, 18 mars. Au Palais Garnier.
B   1978 : 5, 7 octobre, 2, 10 novembre. Au Palais Garnier.

Direction musicale :
A, Algis Juraitis ; B, Paul Strauss.

Distribution des premières représentations :
Juliette : A, Dominique Khalfouni ; B, Florence Clerc.
Roméo : A, Michaël Denard ; B, Charles Jude.
Tybalt : A, B, Jean Guizerix.
Mercutio : A, B, Georges Piletta.
Pâris : A, B, Bernard Boucher.

SABLIER PRISON

Chorégraphie :
Carolyn Carlson.
Musique :
John Surman, Michaël Osborne, Allan Skidmore, S.O.S.
Costumes :
Georges Gatecloud dit Bellecroix.
Lumières :
John Davis.

Création

A   1974 : 30 avril ; 4, 6, 7, 9, 10, 13, 18, 24 mai. Au Palais Garnier.
B   1976 : 14, 16 juillet. Au Palais Garnier.

Distribution :
A : Carolyn Carlson, Larrio Ekson, Patrick Fort, Caroline Marcadé, Peter Morin, Anne-Marie Reynaud, Quentin Rouillier, Georges Tugdual, Anna Weil, participation de Jordan Crawford.
B : Carolyn Carlson, Patrick Fort, Caroline Marcadé, Peter Morin, Dominique Petit, Anne-Marie Reynaud, Quentin Rouillier, Douglas Rouse, Rosario Toledano, Fritz Tummers.

LE SACRE DU PRINTEMPS

Chorégraphie :
Maurice Béjart.
Musique :
Igor Stravinsky.
Décors :
Pierre Caille.
Lumières :
Serge Apruzzese.

A   1973 : 30 novembre, 3, 12, 15, décembre, 1974 : 8, 21, 22, 25 janvier. Au Palais Garnier.
B   1977 : 18, 21, 24 février, 1er, 2, 3, 5, 10, 11, 19 mars. Au Palais Garnier.

Direction musicale :
A, Manuel Rosenthal ; B, Peter Maag.

Distribution des premières représentations :
A : Jacqueline Rayet, Cyril Atanassoff.
B : Nanon Thibon, Cyril Atanassoff.

Ballets

SCHERZO FANTASTIQUE

Chorégraphie :
Jerome Robbins.
Musique :
Igor Stravinsky.
Création à l'Opéra
A   1974 : 13, 14, 16, 25, 26, 30 mars ; 2, 8, 11 avril.
    Soirée de ballets en hommage à Igor Stravinsky.
    Au Palais Garnier.
B   1974 : 11, 16, 17 octobre, 2 novembre. Au Palais Garnier.
Direction musicale :
A, Manuel Rosenthal ; B : Catherine Comet.
Distribution des premières représentations :
A : Noëlla Pontois, Jean-Pierre Franchetti, Jacques Namont.
B : Christiane Vlassi, Georges Piletta, Jacques Namont.

SERAIT-CE LA MORT ?

Chorégraphie :
Maurice Béjart.
Musique :
Richard Strauss, *Quatre derniers Lieder*.
Décors, costumes et lumières :
Alan Burett.
Création à l'Opéra
1979 : 9, 14, 16, 28 juin, 6, 11, 14, 19 juillet, 14, 15, 17, 18, 19, 20 septembre.
Au Palais Garnier.
Direction musicale :
Stewart Kershaw
Soliste :
Arlène Saunders.
Distribution :
Florence Clerc, Dominique Khalfouni, Noëlla Pontois, Claude de Vulpian, Michaël Denard.

SHÉHÉRAZADE

Chorégraphie :
Roland Petit.
Musique :
Maurice Ravel, ouverture de *Féerie*.
Costumes :
Yves Saint Laurent.
Création
1974 : 28 février, 2, 4, 5, 7, 27 mars, 5 avril. Au Palais Garnier.
Direction musicale :
Manuel Rosenthal.
Distribution de la première représentation :
Ghislaine Thesmar, Michaël Denard.

SLOW, HEAVY AND BLUE

Chorégraphie :
Carolyn Carlson.
Musique :
René Aubry.
Lumières :
Peter Vos.
Création du G.R.T.O.P.
1980 : 2, 5, 8, 9, 13, 16 février. Au Palais Garnier.
Distribution :
Carole Arbo, Serge Daubrac, Jean-Marie Didière, Fanny Gaïda, Katia Grey, Bruno Lehaut, Jean-Christophe Paré, Marie-Claude Pietragalla, Eric Vu An.

SOIR DE FÊTE

Chorégraphie :
Léo Staats.
Musique :
Léo Delibes, dernier acte de *La Source*.
Costumes :
Bernard Daydé.
A   1974 : 1er, 2, 5 juin. Au Palais Garnier.
B   1974 : 24 juin. Gala à Versailles.
Direction musicale :
A, B, Jean-Pierre Jacquillat.
Distribution des premières représentations :
A, B : Noëlla Pontois, Patrice Bart.

SOIRÉE DE BALLETS EN HOMMAGE À EDGAR VARÈSE

1973 : 24, 25, 28 mai, 4, 6, 9, 16, 20, 21, 23, 26 juin.
Comprend : **Amériques**, **Arcana**, **Density 21,5**, **Hyperprism**, **Intégrales**, **Ionisation**, **Octandre**, **Offrandes**, **Poème électronique**.
Voir les notices de ces ballets.

SOIRÉE DE BALLETS EN HOMMAGE À IGOR STRAVINSKY

1974 : 13, 14, 16, 25, 26, 30 mars, 2, 8, 11 avril.
Comprend : **Agon**, **Capriccio**, **Circus Polka**, **Orphée**, **Scherzo fantastique**.
Voir les notices de ces ballets.

SOIRÉE DE BALLETS EN HOMMAGE À MAURICE RAVEL

1975 : 12, 16, 17, 19, 22, 24, 26, 27, 29, 30, 31 décembre,
1976 : 14, 15, 16, 24, 28, 30 janvier.
Comprend : **Boléro**, **En Sol**, **Sonatine**, **Le Tombeau de Couperin**, **Tzigane**, **La Valse**.
Voir les notices de ces ballets.

SOIRÉE DE BALLETS EN HOMMAGE À SERGE LIFAR

1977 : 18, 20, 21, 24, 26, 31 octobre, 2, 3, 4, 7, 9, 10, 12 novembre.
Comprend : **Les Mirages**, **Phèdre**, **Suite en blanc**.
Voir les notices de ces ballets.

LA SOMNAMBULE, PAS DE DEUX

Chorégraphie :
George Balanchine.
Musique :
Vittorio Rieti d'après Vincenzo Bellini.
Création à l'Opéra
1976 : 15, 16, 17, 18, 20, 21, 24, 25 septembre. À la Salle Favart.
Direction musicale :
Ashley Lawrence.
Distribution de la première représentation :
Ghislaine Thesmar, Jean-Pierre Franchetti.

SONATINE

Chorégraphie :
George Balanchine.
Musique :
Maurice Ravel.
Costumes :
Bernard Daydé.

Ballets

Lumières :
Roland Bates.

Création à l'Opéra

A   1975 : 12, 16, 17, 19, 22, 24, 26, 27, 29, 30, 31 décembre. Soirée de ballets en hommage à Maurice Ravel. Au Palais Garnier.
B   1976 : 3, 4, 9, 11, 19 mars, 1er, 5, 6 avril. Au Palais Garnier.
C   1977 : 16, 22 janvier. À Evry.
D   1977 : 17 février. À Versailles.

Direction musicale :
A, B, Manuel Rosenthal ; C, D, musique enregistrée.

Piano solo :
A, B, Georges Pludermacher.

Distribution des premières représentations :
A : Violette Verdy, Jean-Pierre Bonnefous.
B, C, D : Noëlla Pontois, Jean-Pierre Franchetti.

Spar

Chorégraphie :
Carolyn Carlson.
Musique :
Dieter Feichtner.
Scénographie et lumières :
John Davis.

Création du G.R.T.O.P.

1976 : 10, 11 juin. Au Palais Garnier.

Distribution :
Quentin Rouillier.

Le Spectre de la rose

Poème :
Théophile Gautier.
Chorégraphie :
Michel Fokine.
Musique :
Carl Maria von Weber, orchestrée par Hector Berlioz.
Décor et costumes :
Léon Bakst.
A   1978 : 2, 6, 7, 8, 9, 10, 15, 16, 17, 22, 24, 29 juin. Au Palais Garnier.
B   1978 : 12 octobre. Au Palais Garnier.

Direction musicale :
A, Gilbert Amy ; B, Stewart Kershaw.

Distribution des premières représentations :
La Jeune fille : A, Christiane Vlassi ; B, Dominique Khalfouni.
Le Spectre : A, Patrice Bart ; B, Mikhail Baryshnikov.

Suite de danses

Chorégraphie :
Ivan Clustine.
Musique :
Frédéric Chopin.
A : 1973 : 29, 30 novembre, 3, 12, 15 décembre,
     1974 : 8, 21, 22, 25 janvier. Au Palais Garnier.
B : 1977 : 25, 26 mai. Spectacle de l'École de Danse, Salle Favart.

Piano solo :
Michel Quéval.

Distribution de la première représentation :
Un Couple : A, Noëlla Pontois, Jean-Pierre Franchetti.

Suite de danses

Chorégraphie :
Léo Staats.
Musique :
Frédéric Chopin.
1977 : 25, 26 mai. Spectacle de l'École de Danse. À la Salle Favart

Piano :
Pietro Galli, Françoise Le Godinec

Suite en blanc

Chorégraphie :
Serge Lifar.
Musique :
Édouard Lalo. Extraits de *Namouna*.

1977 : 18, 20, 21, 24, 26, 31 octobre, 2, 3, 4, 7, 9, 10, 12 novembre. Soirée de ballets en hommage à Serge Lifar. Au Palais Garnier.

Direction musicale :
Manuel Rosenthal.

Distribution de la première représentation :
Thème varié : Ghisliane Thesmar, Jean-Pierre Franchetti, Georges Piletta.
Sérénade : Claude de Vulpian.
La Cigarette : Dominique Khalfouni.
Mazurka : Patrice Bart.
Adage : Noëlla Pontois, Charles Jude.
La Flûte : Noëlla Pontois.

La Sylphide

Chorégraphie :
Pierre Lacotte, d'après la chorégraphie de Philippe Taglioni.
Musique :
Jean Schneitzhoeffer.
Décors :
Marie-Claire Musson, d'après Ciceri.
Costumes :
Michel Fresnay, d'après Eugène Lamy.
A   1973 : 8, 10, 11, 14, 15, 19, 25, 29 juin, 2, 3, 4, 5, 6, 7, 9 juillet ;
     1er (Acte II), 28 juin. Soirées réservées. Au Palais Garnier.
B   1975 : 8, 9, 12, 14, 15, 17 mai, 23 mai (Acte II), 5 juin.
     Au Palais Garnier.
C   1976 : 23, 24, 27, 28, 29, 30, 31 décembre,
     1977 : 20, 26, 29 janvier, 1er, 3, 4, 10 février. Au Palais Garnier.
D   1979 : 9, 12, 15, 24, 27, 30, 31 octobre, 2, 3, 6, 8, 9 novembre.
     Au Palais Garnier.

Direction musicale :
A, B, Catherine Comet ; C, Ashley Lawrence, Michel Quéval ;
D, Ashley Lawrence, Stewart Kershaw.

Distribution des premières représentations :
La Sylphide : A, Noëlla Pontois ; B, C, D, Ghislaine Thesmar.
James : A, Cyril Atanassoff ; B, C, D, Michaël Denard.
Effie : A, Nicole Chouret ; B, C, D, Francesca Zumbo.
Gurn : A, B, Lucien Duthoit ; C, D, Alain Bogréau.
La Sorcière : A, Liliane Garry ; B, C, Liliane Oudart ; D, Georges Piletta.
Pas de deux : A, Marie-Claude Folyot, Jacques Namont ;
B, Evelyne Desutter, Marc du Bouays ; C, Claude de Vulpian, Jacques Namont ; D, Elisabeth Platel, Olivier Patey.

Sylvia

Chorégraphie :
Lycette Darsonval, d'après la chorégraphie de Louis Mérante.
Musique :
Léo Delibes.
Décors, costumes et lumières :
Bernard Daydé.

1979 : 16, 19, 20, 22, 23, 24, 26, 27, 30 novembre,
3, 5, 6, 8, 10, 11, 13, 14, 17 décembre. Au Palais Garnier.

Ballets

Direction musicale :
Stewart Kershaw.

Distribution de la première représentation :
Sylvia : Noëlla Pontois.
Orion : Cyril Atanassoff.
Éros : Georges Piletta.
Aminta : Jean-Yves Lormeau.
Diane : Sylvie Clavier.

Enregistrement TV : 16 novembre 1979 ;
diffusion Antenne 2 : 18 septembre 1980

SYMPHONIE CONCERTANTE

Chorégraphie :
Michel Descombey.
Musique :
Frank Martin, *Petite Symphonie concertante*.
Décors et costumes :
Bernard Daydé.

1974 : 28 février, 2, 4, 5, 7, 27 mars, 5 avril, 1er, 2, 5 juin. Au Palais Garnier.

Direction musicale :
Manuel Rosenthal, Jean-Pierre Jacquillat.

Distribution de la première représentation :
Wilfride Piollet, Jean-Pierre Franchetti.

SYMPHONIE EN UT
Voir **Le Palais de cristal**

LA SYMPHONIE FANTASTIQUE

Chorégraphie :
Roland Petit.
Musique :
Hector Berlioz.
Argument :
Roland Petit, en collaboration avec Marcel Schneider.
Décors :
Joseph Svoboda.
Costumes :
Jan Skalicky.

Création
A   1975 : 18, 20, 22, 26, 31 mars, 1er, 3, 8, 9, 10 avril. Au Palais Garnier.
B   1975 : 11, 14, 17, 19, 27 novembre, 4 décembre. Au Palais Garnier.

Direction musicale :
A, B : Marius Constant.

Distribution des premières représentations :
A : Zizi Jeanmaire, Michaël Denard, Lucien Duthoit.
B : Ghislaine Thesmar, Michaël Denard, Lucien Duthoit.

SYMPHONIE INACHEVÉE

Chorégraphie :
Peter Van Dyk.
Musique :
Franz Schubert.
Costumes :
Horst Egon Kalinowski.
Lumières :
Serge Apruzzese.

1975 : du 28 janvier au 8 février. Au Palais des Sports.

Direction musicale :
Catherine Comet.

Distribution de la première représentation :
Jacqueline Rayet, Jean-Pierre Franchetti.

THIS, THAT AND THE OTHER

Musique :
Igor Wakhévitch.
Mise en scène :
Carolyn Carlson.
Scénographie et lumières :
John Davis.

Création du G.R.T.O.P.

A : 1977 : 19, 22, 30 avril, 6, 14, 16, 19 mai. Au Palais Garnier.
B : 1977 : 9, 14 octobre. Avec **The Beginning** et **The End**. Au Palais Garnier.

Distribution :
A, B : Carolyn Carlson, Michelle Collison, Larrio Ekson, Caroline Marcadé, Peter Morin, Dominique Petit, Jorma Uotinen.

LE TOMBEAU DE COUPERIN

Chorégraphie :
George Balanchine.
Musique :
Maurice Ravel, Suite d'orchestre d'après la suite pour piano.
Costumes :
Bernard Daydé.
Lumières :
Roland Bates.

Création à l'Opéra.

1975 : 12, 16, 17, 19, 22, 24, 26, 27, 29, 30, 31 décembre,
1976 : 14, 15, 16, 24, 28, 30 janvier.
Soirée de ballets en hommage à Maurice Ravel. Au Palais Garnier.

Direction musicale :
Manuel Rosenthal.

Distribution de la première représentation :
Quadrille Jardin : Evelyne Desutter, Dominique Khalfouni.
Quadrille Cour : Claude de Vulpian, Jacques Namont.

TRISTAN

Chorégraphie :
Glen Tetley.
Musique :
Hans Werner Henze.
Décors et costumes :
Nadine Baylis.
Lumières :
John B. Read.

Création mondiale
A   1974 : 13, 16, 22, 23 novembre. Au Palais Garnier.
B   1975 : 19, 20, 21, 26, 27, 28 février. Au Palais Garnier.

Direction musicale :
A, B, Marius Constant.

Distribution des premières représentations :
A, B : Carolyn Carlson, Sylvie Clavier, France Mérovak, Wilfride Piollet ;
A, Claude Ariel, Michaël Denard, Jean Guizerix, Rudolf Noureev ;
B : Alain Debrus, Jean Guizerix, Charles Jude.

TZIGANE

Chorégraphie :
George Balanchine.
Musique :
Maurice Ravel.
Costumes :
Bernard Daydé.
Lumières :
Ronald Bates.

Ballets

Création à l'Opéra
A   1975 : 12, 16, 17, 19, 22, 24, 26, 27, 29, 30, 31 décembre,
       1976 : 14, 15, 16, 24, 28, 30 janvier. Soirée de ballets
       en hommage à Maurice Ravel. Au Palais Garnier.
B   1976 : 3, 4, 9, 11, 19 mars, 1er, 5, 6 avril. Au Palais Garnier.
C   1979 : 28, 29 31 mars, 10, 18, 20, 21, 27 avril,
       12, 15, 16, 18, 21, 23 mai. Au Palais Garnier.

Direction musicale :
A, B, Manuel Rosenthal ; C, Stewart Kershaw.
Piano :
A, B, C, Michel Tranchant.
Violon :
A, Hervé Le Floch ; B, Augustin Dumay.

Distribution des premières représentations :
A : Suzanne Farrell, Peter Martins.
B : Wilfride Piollet, Jean Guizerix.
C : Wilfride Piollet, Jean-Yves Lormeau.

UN JOUR OU DEUX

Chorégraphie :
Merce Cunningham.
Musique :
John Cage.
Décors et costumes :
Jasper Jones.

Création mondiale, en coproduction avec le Festival d'Automne à Paris.
A   1973 : 6, 8, 9, 14, 17, 22, 24 novembre. Au Palais Garnier.
B   1974 : 15, 19 juin, 4, 10, 15 juillet, 20 novembre. Au Palais Garnier.

Coordinateurs de la musique :
Catherine Comet, Marius Constant, Boris de Vinogradov.

Distribution des premières représentations :
A : Wilfride Piollet, Michaël Denard, Charles Jude.
B : Wilfride Piollet, Jean Guizerix, Charles Jude.

LA VALSE

Chorégraphie :
George Balanchine.
Musique :
Maurice Ravel.
Décors et lumières :
Jean Rosenthal.
Costumes :
Karinska.

Création à l'Opéra
1975 : 12, 16, 17, 19, 22, 24, 26, 27, 29, 30, 31 décembre,
1976 : 14, 15, 16, 24, 28, 30 janvier.
      Soirée de ballets en hommage à Maurice Ravel. Au Palais Garnier.

Direction musicale :
Manuel Rosenthal.

Distribution de la première représentation :
Ghislaine Thesmar, Jean-Pierre Franchetti.

VARIATIONS

Chorégraphie :
Violette Verdy.
Musique :
Johannes Brahms, extraits des *Variations pour piano sur un thème de Paganini*.
Lumières :
John Davis.

Création salle Favart.
1979 : 6, 7, 8, 9, 10, 13, 14, 15, 16, 17 février. À la Salle Favart.

Direction musicale :
Stewart Kershaw.

Distribution de la première représentation :
Claudette Scouarnec, Patrice Bart, Patrick Dupond.

VARIATIONS ON A SIMPLE THEME

Chorégraphie :
Brian MacDonald.
Musique :
Ludwig van Beethoven, *Variations Diabelli en ut majeur, op. 120*.

Création
1974 : 30 avril, 4, 6, 7, 9, 10, 18, 24, 27 mai. Au Palais Garnier.

Piano : Georges Pludermacher.

Distribution de la première représentation :
Josiane Consoli, Janine Guiton, Wilfride Piollet, Noëlla Pontois, Claudette Scouarnec, Ghislaine Thesmar ; Cyril Atanassoff, Michaël Denard, Jean Guizerix, Charles Jude.

LA VIVANDIÈRE : PAS DE SIX

Chorégraphie :
Arthur Saint-Léon.
Musique :
Cesare Pugni, Jean-Baptiste Nadaud.

Création
A   1976 : 15, 16, 17, 18, 20, 21, 22, 23, 24, 25, 27, 28, 29 septembre.
       À la Salle Favart.
B   1976 : 30 novembre. Au Palais Garnier.
C   1979 : 4, 5, 6, 7, 9 avril. Au Centre Georges Pompidou.

Direction musicale :
A, B, Ashley Lawrence ; C, musique enregistrée.

Distribution des premières représentations :
A, Patrice Bart, Florence Clerc ; B, Patrice Bart, Évelyne Desutter ;
C, Patrice Bart, Florence Clerc.

WEBERN OPUS V

Chorégraphie :
Maurice Béjart.
Musique :
Anton Webern.
Lumières :
Serge Apruzzese.

A   1973 : 12, 21, 28 avril, 6, 9, 12, 18 mai. Au Palais Garnier.
B   1974 : 24 juin. Gala à Versailles.
C   1977 : 15, 19, 21, 26, 28, 29, 30 juillet. Au Palais Garnier.

Direction musicale :
A, B, Catherine Comet ; C, Ashley Lawrence.

Distribution des premières représentations :
A, B, C : Jacqueline Rayet, Jean-Pierre Franchetti.

WIND, WATER, SAND

Chorégraphie :
Création collective.
Musique :
John Surman, Barre Phillips.
Mise en scène :
Carolyn Carlson.
Scénographie et lumières :
John Davis.
Costumes :
Jean-Claude Ramseyer.
Direction vidéo :
Jack Moore.

Ballets

Sonorisation :
Philippe Besombes.

Création du G.R.T.O.P.

A 1974 : 4, 5, 6, 10, 13, 25, 28 février. Au Palais Garnier.
B 1976 : 4, 5, 6, 7, 8 février, 24, 26 juin, 1er, 7 juillet. Au Palais Garnier.

Direction musicale :
A, B, Boris de Vinogradov.
Musiciens :
John Surman, Barre Phillips, Dieter Feichtner, Stu Martin.
Chanteuses :
Bernadette Antoine, Ursula Boese, Eve Brenner, Jocelyne Chamonin, Anna Ringart.
Distribution :
Comédiens et danseurs du G.R.T.O.P. : A, Odile Azagury, Catherine Bresson, Patrick Fort, Petrika Ionesco, Caroline Marcadé, Dominique Mercy, Peter Morin, Dominique Petit, Anne-Marie Reynaud, Quentin Rouillier, Fritz Tummers, Christine Varjan ; B, Patrick Fort, Petrika Ionesco, Caroline Marcadé, Peter Morin, Dominique Petit, Anne-Marie Reynaud, Quentin Rouillier, Rosario Toledano, Fritz Tummers.

WRITINGS IN THE WALL

Performance filmée dans le Palais Garnier. Film projeté à la Salle Favart.

Performance
Chorégraphie :
Carolyn Carlson.
Musique :
Barre Phillips, John Surman.
Scénographie, mise en scène et lumières :
Carolyn Carlson.
Film
Réalisation :
Petrika Ionesco.
Musique :
Jean Schwarz.
Création
1979 : 9, 10, 11, 12, 13, 15, 16 janvier ; 7, 8, 10, 11, 12, 13, 14, 15 septembre. À la Salle Favart.
Distribution :
Carolyn Carlson.

X. LAND

Chorégraphie :
Création collective.
Musique :
John Surman, Barre Phillips, Stu Martin, Dieter Feichtner.
Mise en scène :
Carolyn Carlson.
Scénographie et lumières :
John Davis.

Création du G.R.T.O.P.

1976 : 10, 11 juin. Au Palais Garnier.

Distribution :
Carolyn Carlson, Patrick Fort, Caroline Marcadé, Peter Morin, Dominique Petit, Anne-Marie Reynaud, Quentin Rouillier, Douglas Rouse, Fritz Tummers.

YEAR OF THE HORSE

Chorégraphie :
Carolyn Carlson.
Musique :
Jean Schwarz.
Scénographie et lumières :
John Davis.
Costumes :
Hachiro Kanno.

Création du G.R.T.O.P.

A 1978 : 28 avril, 4, 8, 11, 23, 25, 27, 30 mai. Au Palais Garnier.
B 1979 : 6, 8, 14, 20, 23 mars. Au Palais Garnier.

Distribution :
Carolyn Carlson, Caroline Marcadé ; Larrio Ekson, Peter Morin, Dominique Petit, Jorma Uotinen
Avec la participation de Petrika Ionesco (comédien) et Hachiro Kanno.

Soirées mixtes

INTÉGRALE ERIK SATIE

1979 : 7, 9, 10, 11, 12, 14, 15, 16 mai. À la Salle Favart.

L'Ensemble Ars Nova.
Les artistes du Ballet de l'Opéra de Paris.
L'École de Danse de l'Opéra de Paris.
Les marionnettes de Bruxelles (Théâtre Toone).

Direction musicale :
Marius Constant.
Coordination et mise en scène :
Humbert Camerlo.
Chorégraphies :
Jean Guizerix, Léonide Massine, Wilfride Piollet, Moses Pendleton, Michel Rayne.
Marionnettes Toone :
José Geal.
Décors et costumes :
Max Schœndorff, Bernard Arnould, Jean-Albert Deroudille.
Relâche, d'après Francis Picabia ; *Parade*, d'après Pablo Picasso.

Éclairages : John Davis.
Film de René Clair.
Photos : Robert Doisneau.

Pianistes :
Elisabeth Cooper, Anne-Marie Fontaine, Christian Ivaldi, Janine Reiss, Michel Tranchant.
Violon :
Pierre Hofer.
Artistes du chant :
Colette Alliot-Lugaz, Francine Arrauzau, Renée Auphan, Eliane Lublin, Suzanne Sarroca, Jean-Philippe Lafont, Robert Dumé.
Comédiens :
Maurice Baquet, Roland Bertin, Bernadette Le Saché, Jean-Marie Villégier.
Artistes de la danse :
Bernard Boucher, Patrick Dupond, Jean Guizerix, France Mérovak, Moses Pendleton, Élisabeth Platel, Wilfride Piollet.
Les gymnastes de la brigade des sapeurs-pompiers de Paris.

Voir également les notices consacrées spécifiquement à **Parade** (p. 297) et à **Relâche** (p. 299).

Soirées mixtes

Soirée Mauricio Kagel

En coproduction avec l'Ensemble Intercontemporain.
Président : Pierre Boulez.

1979 : 29, 30, 31 mai. À la Salle Favart.

Direction musicale :
Mauricio Kagel.

En coproduction avec l'Opéra de Cologne

Kontra-Danse
Ballet pour non-danseurs
Chorégraphie : Jochen Ulrich.
Décors et costumes : Achim Freyer.

Recitativarie
pour claveciniste chantant
Mise en scène :
Mauricio Kagel.
Décors et costumes :
Achim Freyer.

Camera obscura
Jeu chromatique pour sources de lumière et acteurs
Mise en scène :
Mauricio Kagel.
Décors et costumes :
Achim Freyer.

Atem (Souffle) pour instruments à vent
simultanément avec **Mirum** pour tuba
Mise en scène et costumes :
Mauricio Kagel.

Con voce
pour trois acteurs muets
Mise en scène et costumes :
Mauricio Kagel.

En coproduction avec le Théâtre Municipal de Metz

Déménagement (Umzung)
Mise en scène, décors et costumes :
Achim Freyer - *Assistant* : Lilot Hegi.

Soirée Stockhausen

1979 : 20, 21, 22, 23, 24 novembre. À la Salle Favart.

Direction musicale :
Karlheinz Stockhausen.
Mise en scène :
Humbert Camerlo.
Décors :
Maxime Descombin.
Costumes :
Kenzo.

Harlequin
Soliste : Suzanne Stephens.

Der Jahreslauf
Création occidentale.

Théâtre musical I

En coproduction avec l'Ensemble Intercontemporain.
Président : Pierre Boulez.

1978 : 16, 17, 18 novembre. À la Salle Favart.

Direction musicale :
Lucas Vis, Claire Gibault.
Mise en scène :
Jean-Marie Simon, *assistante* : Madeleine Simoni.
Scénographie et animations :
Georges Lafaye.
Eclairages :
André Diot.

Les Mots croisés
Opéra cruciverbal de Claude Prey.

Triptyque
La Vigne de Naboth ; Jeux d'ombres ; Sonate à Jérusalem
Opéra d'Alexander Goehr.
Avec Jean Babilée, Ian Caley, Rosanne Creffield, Hélène Garetti, François Loup, Gabriella Ravazzi.

Théâtre musical II

En coproduction avec l'Ensemble Ars Nova.

1978 : 7, 8, 9, 14, 15, 16 décembre. À la Salle Favart.

Direction musicale :
Marius Constant.

Les Chants de Maldoror
Musique de Marius Constant, sur des poèmes de Lautréamont.
La Voix : Pierre Reynal.
Chorégraphie : Alain Bogréau.

Formes
Ballet de Roland Petit.
Improvisation collective sous la direction de Marius Constant.
Avec Ghislaine Thesmar, Wilfride Piollet, Jean-Pierre Franchetti et Jean Guizerix.

My Chau Trong Thuy.
Opéra vietnamien de Nguyen Thien Dao.
Création mondiale.

Décors et costumes :
Le Ba Dang.
Eclairages :
John Davis.
Distribution :
Le Roi : Udo Reinemann.
Le Prince : Anna Ringart.
La Princesse : Christiane Chateau.

Théâtre musical III

En coproduction avec l'Ensemble Intercontemporain.
Président : Pierre Boulez.

1979 : 14, 15, 16 mars. À la Salle Favart.

Direction musicale :
Jacques Mercier.
Mise en scène :
Brigitte Jaques.
Décors et costumes :
Serge Marzolff.
Eclairages :
André Diot.

Aventures et Nouvelles aventures
Musique et texte de György Ligeti.
Création à Paris.
Les trois chanteurs : Marie-Thérèse Cahn (soprano), Gabriella Ravazzi (alto) et François Le Roux (baryton).
Les trois acteurs : Edith Scob, Claudia Stavisky et Marcel Bozonnet.

Huit Chants pour un roi fou
Musique de Peter Maxwell Davies.
Texte de Randolph Stow.
Création française.
Chanteur : David Wilson-Johnson (baryton).

Je vous dis que je suis mort
Variations d'opéra tirées d'Edgar Allan Poe.
Musique de Georges Aperghis.
Livret de François Regnault.
Création mondiale. Commande de l'Opéra de Paris.
Odd, l'Ange de la musique : Alexandra Papadjiakou.
Auguste Dupin, détective : François Le Roux.
William Wilson, libertin : Knut Skram.
Arthur Gordon Pym, marin : Philippe Devine.
Valdemar, le mort : James Bowman.
Ligeia, la brune : Gillian Knight.
Rowena, la blonde : Gabriella Ravazzi.

Récitals et concerts exceptionnels

1974

24 septembre.
Chicago Symphony Orchestra.
Symphonie Héroïque n° 3, de Ludwig van Beethoven.
Le Sacre du Printemps, d'Igor Stravinsky.
Direction : Sir Georg Solti.

20 novembre.
Troisième centenaire de l'Hôtel des Invalides.
« Musique aux Invalides ».
Concert donné en l'église Saint-Louis des Invalides.
Requiem, d'Hector Berlioz.
Orchestre et chœurs de l'Opéra.
Direction : Colin Davis.
Ténor : Nicolai Gedda.
Chef des choeurs : Jean Laforge.

1976

10 juillet.
Récital Luciano Pavarotti.
Orchestre et chœurs de l'Opéra.
Direction : Nello Santi.
Chef des chœurs Jean Laforge.

22 septembre.
Tournée aux États-Unis. Washington.
La Damnation de Faust, d'Hector Berlioz.
Orchestre et chœurs de l'Opéra.
Direction Michel Plasson.
Faust : Nicolai Gedda.
Mephisto : Tom Krause.
Marguerite : Jane Berbié.
Brander : Jean-Louis Soumagnas.
Chef des chœurs : Jean Laforge.

29 septembre.
Tournée aux États-Unis. Washington.
Requiem, d'Hector Berlioz.
Orchestre et chœurs de l'Opéra.
Direction Michel Plasson.
Soliste : Nicolai Gedda.
Chef des chœurs : Jean Laforge.

1977

9 mars.
Fondation Claude Pompidou.
Haydn. Tchaikovsky. Dvorak.
Violoncelle : Mstislav Rostropovitch.
Orchestre de l'Opéra.
Direction : Peter Maag.

12 avril.
Palais des Congrès.
La Damnation de Faust, d'Hector Berlioz.
Orchestre et chœurs de l'Opéra.
Direction : Seiji Ozawa.
Faust : Stuart Burrows.
Méphisto : Ernest Blanc.
Marguerite : Viorica Cortez.
Brander : Jean-Louis Soumagnas.
La Voix Céleste : Edwige Perfetti.
Chef des chœurs : Jean Laforge.

10 octobre.
Symphonie de trois orchestres, d'Elliott Carter.
Oiseaux exotiques, d'Olivier Messiaen.
Le Château de Barbe-Bleue, de Béla Bartók.
Direction : Pierre Boulez.
Solistes : Yvonne Minton, Siegmund Nimsgern.
Le récitant : Jean-Louis Barrault.

11 octobre.
Die Soldaten, de Bernd Alois Zimmerman.
Direction : Pierre Boulez.
Solistes : Phyllis Bryn-Julson, Anna Ringart, Ursula Boese, Thomas Herndon, Franz Grundheber, Franz Mazura.
Le Château de Barbe-Bleue, de Béla Bartók.
Direction : Pierre Boulez.
Solistes : Yvonne Minton, Siegmund Nimsgern.
Le récitant : Jean-Louis Barrault.

27 novembre.
Inori, de Karlheinz Stockhausen,
Ensemble Intercontemporain :
Direction : Karlheinz Stockhausen.
Solistes : Elizabeth Clarke, Alain Louafi.

1978

7 novembre.
Récital Leontyne Price.
Pianiste : David Garvey.

17 novembre.
Récital Christa Ludwig.
Pianiste : Érik Werba.

27 novembre.
Récital Frederica von Stade.
Pianiste : Martin Katz.

1er décembre.
Scènes et airs d'opéra.
Orchestre et chœurs de l'Opéra.
Direction : Nello Santi.
Francine Arrauzau, Elizabeth Connel, Mirella Freni, Piero Cappuccilli, Giovanni Foiani, Peyo Garazzi, Nicolai Ghiaurov, Veriano Luchetti, Benjamin Prior, Matti Salminen.
Chef des chœurs : Jean Laforge.

Récitals et concerts exceptionnels

1979

3 avril.
Récital Kiri Te Kanawa.
Pianiste : Richard Amner.

26 avril.
Récital Joan Sutherland.
Pianiste : Richard Bonynge.

10 mai.
Récital Gundula Janowitz.
Pianiste : Irwin Gage.

12 juin.
Récital Teresa Berganza.
Pianiste : Ricardo Requejo.

19 juin.
Récital Margaret Price.
Pianiste : Geoffrey Parsons.
Clarinette : Janet Hilton.

11 septembre.
Concert Hector Berlioz.
Ouverture du *Carnaval romain* ; *Roméo et Juliette*, suite symphonique ; *Harold en Italie*, symphonie en quatre parties ; *Marche hongroise*.
Alto solo : Bruno Pasquier.
Orchestre de l'Opéra.
Direction : Sylvain Cambreling.

16 octobre.
Récital Birgit Finnilä.
Pianiste : Dag Achatz.

25 novembre.
Récital Luciano Pavarotti.
Pianiste : John Wustman.

1980

18 janvier.
Récital Edita Gruberova.
Pianiste : Érik Werba.

24 janvier.
Salle Favart.
Récital à deux pianos Güher et Süher Pekinel.

28 janvier.
Salle Favart.
Récital Colette Herzog.
Pianiste : Dalton Baldwin.

12 février.
Salle Favart.
Récital Alicia Nafé.
Pianiste : Miguel Zanetti.

14 février.
Récital Shirley Verrett.
Pianiste : Warren Wilson.

29 février.
Récital Alfredo Kraus.
Pianiste : Miguel Zanetti.

13 mars.
Récital Martina Arroyo.
Pianiste : Janine Reiss.

18 mars.
Salle Favart.
Récital Françoise Garner.
Pianiste : Danilo Dusi.
Flûte : Raymond Guiot.

21 mars.
Salle Favart.
Récital Tom Krause.
Pianiste : Irwin Gage.

1er avril.
Salle Favart.
Récital Jane Rhodes.
Pianiste : Christian Ivaldi.

28 avril.
Salle Favart.
Récital Alain Vanzo.
Pianiste : Simone Féjart.

29 avril.
Récital Nicolai Ghiaurov,
avec Francine Arrauzau et Michel Trempont.
Orchestre de l'Opéra.
Direction : Miguel-Angel Gomez-Martinez.

5 mai.
Récital Peter Schreier.
Pianiste : Norman Shelter.

14 mai.
Récital Georges Pludermacher, pianiste.

22 mai.
Récital Katia Ricciarelli.
Pianiste : Edelmiro Arnaltes.

29 mai.
Récital Mirella Freni.
Pianiste : Richard Amner.

2 juillet.
Cathédrale de Chartres.
Requiem, d'Hector Berlioz.
Orchestre et Chœurs de l'Opéra.
Direction : Colin Davis.
Soliste : Alain Vanzo.
Chef des chœurs : Jean Laforge.
Chœurs de Radio-France.
Cuivres du Grand Orchestre de la Garde Républicaine.

Sources et bibliographie

SOURCES MANUSCRITES

La plupart des archives du mandat de Rolf Liebermann à la tête de l'Opéra de Paris sont conservées au sein des collections de la Bibliothèque-musée de l'Opéra et des Archives nationales.

Aux Archives nationales :
    Les archives administratives, déposées par le théâtre en plusieurs versements : n°19900035 (=AJ[13] 1707 à 1799), 19900036 (=AJ[13] 1800 à 1837), 19900457 (=AJ[13] 1838 à 1906), 19900458 (=AJ[13] 1907 à 2024) et 19930357.

    Elles sont décrites dans :
    • Bruno Galland, *Archives de l'Opéra de Paris : Opéra de paris et Opéra-Comique, 1897-1939 ; Réunion des Théâtres Lyriques Nationaux, 1939-1978 ; Théâtre national de l'Opéra de Paris, 1978-1980 (AJ[13] 1467 à 2024)*, Paris, Mission des Archives nationales auprès du Ministère de l'Agriculture et de la Forêt, 1992 [disponible à la Bibliothèque-musée de l'Opéra sous la cote US. BUR 2015].
    • Le répertoire dactylographié du versement 19930357 [disponible à la Bibliothèque-musée de l'Opéra sous la cote US. BUR 2037].

À la Bibliothèque-musée de l'Opéra :
    Les journaux de régie, cotés RE 380-385.
    Une série d'archives administratives en liasse, cotées Opéra arch. 20.
    Les esquisses de décors des productions, cotées Esq. O.
    Les maquettes en volume correspondantes, cotées MAQ.
    Les maquettes de costumes des productions, cotées D 216.

La Bibliothèque-musée de l'Opéra conserve, par ailleurs, une riche documentation sur le mandat et sur les différentes productions : programmes, cartons d'invitation, photographies, presse, etc.

L'ensemble de ces documents est décrit dans les fichiers de la salle de lecture de la Bibliothèque-musée de l'Opéra et dans *Archives de l'Opéra de Paris : inventaire sommaire*, Paris, Bibliothèque Nationale, 1988.

SOURCES IMPRIMÉES

Jacques Duhamel, ministre des affaires culturelles, 1971-1973 : discours et écrits, Paris, la Documentation française, 1993.
Marcel Landowski, *Batailles pour la musique*, Paris, Le Seuil, 1979.
Bernard Lefort, *Opéra, mon métier : carnet de notes*, Paris, la Table ronde, 1980.
Rolf Liebermann, *Actes et entractes*, Paris, Stock, 1976.
Rolf Liebermann, *En passant par Paris : opéras*, Paris, Gallimard, 1980.
Rolf Liebermann, *Und jedermann erwartet sich ein Fest : Musiktheater*, Frankfurt am Main, Propyläen, 1981 [adaptation allemande de l'ouvrage précédent].
Antoine Livio, *Conversations avec… Marcel Landowski*, Paris, Denoël, 1998.

SOURCES AUDIOVISUELLES : OPÉRAS FILMÉS ET FILMS D'OPÉRA
Liste établie par Xavier Loyant et Inès Piovesan.

Captations des productions de l'Opéra de Hambourg pour la télévision

D'après Irmgard Scharberth et Herbert Paris, *Rolf Liebermann zum 60. Geburtstag*, Hamburg, H. Christians, 1970, p. 164 :

La Traviata (G. Verdi), 25 décembre 1960
Grandeur et décadence de la ville de Mahagonny (K. Weill), 23 juin 1963
La Pietra del paragone (G. Rossini), 25 août 1963
Le Turc en Italie (G. Rossini), 30 août 1964, 30 décembre 1965
Orphée et Eurydice (C. W. Gluck), 18 avril 1965
Incidents lors d'un atterrissage forcé (B. Blacher) [extraits], 25 mars 1966.
Productions de l'Opéra de Hambourg filmées en studio pour la télévision

D'après Irmgard Scharberth et Herbert Paris, *Rolf Liebermann zum 60. Geburtstag*, Hamburg, H. Christians, 1970, p. 164 :

Les Noces de Figaro (W. A. Mozart), 1967
Fidelio (L. van Beethoven), 1968
Le Freischutz (C.-M. von Weber), 1968
Elektra (R. Strauss), 1968
Arabella (R. Strauss), 1969
Help, Help, the Globolinks ! (G. C. Menotti) 1969
Les Diables de Loudun (K. Penderecki), 1969
Zar und Zimmermann (A. Lortzing) 1969
Les Maîtres chanteurs de Nuremberg (R. Wagner), 1970
Orphée aux enfers (J. Offenbach) 1971
La Flûte enchantée (W. A. Mozart), 1971
Wozzeck (A. Berg), 1972.

Captations des productions de l'Opéra de Paris diffusées sur Antenne 2

Opéras

La Bohème (G. Puccini)
Diffusion Antenne 2 : 11 juillet 1980
Boris Godounov (M. Moussorgski)
Diffusion Antenne 2 : 24 août 1980
Carmen (G. Bizet)
Diffusion Antenne 2 en direct : 9 mai 1980
La Cenerentola (G. Rossini)
Diffusion Antenne 2 : 1er octobre 1977
Le Chevalier à la rose (R. Strauss)
Diffusion Antenne 2 : 25 juin 1977
Les Contes d'Hoffmann (J. Offenbach)
Diffusion Antenne 2 : 4 mars 1978

Don Giovanni (W. A. Mozart)
Diffusion Antenne 2 : 24 septembre 1975
L'Enfant et les sortilèges (M. Ravel)
Diffusion Antenne 2 : 27 mai 1979 (donné avec *Œdipus Rex*)
L'Enlèvement au sérail (W. A. Mozart)
Diffusion Antenne 2 : 12 mai 1977
Faust (Ch. Gounod)
Diffusion Antenne 2 : 30 mars 1976
La Fille du régiment (G. Donizetti)
Diffusion Antenne 2 : 1er janvier 1980
Le Couronnement de Poppée (C. Monteverdi)
Diffusion Antenne 2 : 6 juillet 1978
Lulu (A. Berg)
Diffusion Antenne 2 : 15 avril 1979
Le Marchand de Venise (R. Hahn)
Diffusion Antenne 2 : 12 juillet 1979
Nabucco (G. Verdi)
Diffusion Antenne 2 : 6 janvier 1980
Œdipus Rex (I. Stravinsky)
Diffusion Antenne 2 : 27 mai 1979 (donné avec *L'Enfant et les sortilèges*)
Otello (G. Verdi)
Diffusion Antenne 2 : 13 juillet 1978
Platée (J.-Ph. Rameau)
Diffusion Antenne 2 : 9 juillet 1977
Samson et Dalila (C. Saint-Saëns)
Diffusion Antenne 2 : 21 décembre 1978
Simon Boccanegra (G. Verdi)
Diffusion Antenne 2 : 3 décembre 1978
Véronique (A. Messager)
Diffusion Antenne 2 : 30 décembre 1978
Vive Offenbach !
Diffusion Antenne 2 : 20 décembre 1979
Werther (J. Massenet)
Diffusion Antenne 2 : 20 juillet 1978

Ballets

Giselle
Diffusion Antenne 2 : 1er janvier 1978
Sylvia
Diffusion Antenne 2 : 18 septembre 1980

Film d'opéra

Don Giovanni (W. A. Mozart), 1979. Film de Joseph Losey.

Sources et bibliographie

BIBLIOGRAPHIE

Gisa Aurbek, *Hamburger Köpfe : Rolf Liebermann*, Hamburg, Ellert und Richter Verlag, 2001.

Cécile Auzolle (dir.), *Regards sur Daniel-Lesur : compositeur et humaniste, 1908-2002*, Paris, PUPS, 2009.

Carolyn Carlson et Claude Lê-Anh, *Carolyn Carlson : Paris, Venise, Paris*, Arles, Actes Sud, 2010.

Michèle Dardy-Cretin, *Michel Guy, secrétaire d'État à la culture, 1974-1976 : un innovateur méconnu*, Paris, Comité d'histoire du ministère de la Culture, 2007 (Travaux et documents, 22).

Charles Dupêchez, *Histoire de l'Opéra de Paris : un siècle au palais Garnier (1875-1980)*, Paris, Perrin, 1981.

Geneviève Gentil et Augustin Girard, *Les affaires culturelles au temps de Jacques Duhamel, 1971-1973*, Paris, la Documentation française, 1995.

Ivor Guest, *Le ballet de l'Opéra de Paris : trois siècles d'histoire et de tradition*, Paris, Flammarion, Opéra national de Paris, 2001.

Jean Gourret, *Ces hommes qui ont fait l'Opéra (1669-1984)*, Paris, Albatros, 1984.

Jean Gourret, *Le miracle Liebermann : sept saisons à l'Opéra de Paris*, Paris, Le Sycomore, 1980.

Jean Gourret, *La vraie crise de l'opéra*, Paris, La pensée universelle, 1976.

Hommage à Rolf Liebermann : programme de la soirée du 26 février 1999, Paris, Opéra national de Paris, 1999.

Rolf Liebermann à l'Opéra de Paris (1973-1980), Paris, Théâtre national de l'Opéra de Paris, 1980.

Irmgard Scharberth et Herbert Paris, *Rolf Liebermann zum 60. Geburtstag*, Hamburg, H. Christians, 1970.

Helmut Söring, *Intendant, Musiker : Rolf Liebermann in Hamburg*, Hamburg, H. Christians, Hamburgische Staatsoper, 1999.

Agnès Terrier, *L'orchestre de l'Opéra de Paris, de 1669 à nos jours*, Paris, La Martinière, 2003.

DOCUMENTAIRES FILMÉS

André Flédérick. *Évocation en images*. Diffusé lors de l'Hommage à Rolf Liebermann au Palais Garnier, 26 février 1999.

Mürra Zabel, *Rolf Liebermann – Musiker : Porträt des Musik-Kosmopoliten*, 2010. Documentaire télévisé en deux parties. 106 minutes.

Table des illustrations

Rolf Liebermann © Scheeler / Picture Press / Studio X
Rolf Liebermann © Michel Szabo
BmO, ESQ. O 1973, Les Noces de Figaro, pl. 1 © Ezio Frigerio
BmO, ESQ. O 1973, Les Noces de Figaro, pl. 2 © Ezio Frigerio
BmO, ESQ. O 1973, Les Noces de Figaro, pl. 3 © Ezio Frigerio
BmO, D 216 M 24, pl. 2 © Ezio Frigerio
BmO, D 216 M 24, pl. 14 © Ezio Frigerio
BmO, D 216 / 145, pl. 4 © Arik Brauer
BmO, D 216 / 148, pl. 1 © José Varona
BmO, D 216 / 148, pl. 38 © José Varona
BmO, D 216 G 45, Elektra, pl. 15 © Andrzei Majewski
BmO, D 216 G 45, Elektra, pl. 2 © Andrzei Majewski
BmO, D 216 G 36, pl. 6 © Jurgen Rose
BmO, D 216 G 36, pl. 3 © Jurgen Rose
BmO, D 216 M 33, pl. 3 © Max Bignens
BmO, D 216 M 33, pl. 5 © Max Bignens
BmO, D 216 M 33, pl. 10 © Max Bignens
BmO, D 216 G 45, L'Or du Rhin, pl. 4 © Moidele Bickel
BmO, D 216 G 45, La Walkyrie, pl. 1 © Moidele Bickel
BmO, D 216 G 45, La Walkyrie, pl. 12 © Moidele Bickel
BmO, ESQ. O 1976, pl. 1 © Ezio Frigerio
BmO, D 216 M 31, pl. 1 © Ezio Frigerio
BmO, D 216 M 31, pl. 34 © Ezio Frigerio
BmO, ESQ. O 1973, La Bohème, pl. 2 © Pier Luigi Samaritani
BmO, D 216 / 134, pl. 14 © Pier Luigi Samaritani
BmO, D 216 M 29, pl. 36 © Max Bignens
BmO, ESQ. O 1974, Così fan tutte, pl. 7 © Jean-Pierre Ponnelle
BmO, ESQ. O 1974, Così fan tutte, pl. 11 © Jean-Pierre Ponnelle
BmO, D 216 / 132, vol. 1, pl. 9 © José Varona
BmO, D 216 / 132, vol. 1, pl. 28 © José Varona
BmO, Portr. Photo Hugues Gall, n°2 © Colette Masson / Roger-Viollet
BmO, Portr. Photo Rolf Liebermann, n°6 © DR

Les Noces de Figaro
BmO, Sc. Photo Les Noces de Figaro (répétitions avec G. Strehler, 1973), n°24 © Erich Lessing / Magnum
BmO, Portr. Photo Ezio Frigerio, n°7 © Erich Lessing / Magnum
BmO, Sc. Photo Les Noces de Figaro (répétitions avec G. Strehler, 1973), n°25 © Erich Lessing / Magnum
BmO, Sc. Photo Les Noces de Figaro (répétitions avec G. Strehler, 1973), n°26 © Erich Lessing / Magnum
BmO, Sc. Photo Les Noces de Figaro (1973-1976), n°16 © Erich Lessing / Magnum
BmO, Sc. Photo Les Noces de Figaro (répétitions avec G. Strehler, 1973), n°68 © Daniel Cande / BnF
BmO, Sc. Photo Les Noces de Figaro (1973-1976), n°56 © Colette Masson / Roger-Viollet
BmO, Sc. Photo Les Noces de Figaro (1973-1976), n°81 © Colette Masson / Roger-Viollet
BmO, Portr. Photo Margaret Price © Michel Szabo
BmO, Sc. Photo Les Noces de Figaro (1973-1976), n°50 © Colette Masson / Roger-Viollet

Orphée et Eurydice
BmO, Portr. Photo Nicolaï Gedda, n°2 © Colette Masson / Roger-Viollet
BmO, Portr. Photo Nicolaï Gedda, n°11 © Colette Masson / Roger-Viollet
BmO, Sc. Photo Orphée et Eurydice, n°12 © Colette Masson / Roger-Viollet
BmO, Sc. Photo Orphée et Eurydice, n°40 © Colette Masson / Roger-Viollet

Parsifal
BmO, Sc. Photo Parsifal, n°60 © Colette Masson / Roger-Viollet

Le Trouvère
BmO, Sc. Photo Le Trouvère (1973-1976), n°80 © Colette Masson / Roger-Viollet
BmO, Sc. Photo Le Trouvère (1973-1976), n°30 © Colette Masson / Roger-Viollet

Densité 21,5
BmO, Sc. Photo Densité 21,5, n°41 © Daniel Cande / BnF

La Sylphide
BmO, Sc. Photo La Sylphide, enveloppe II/ 2, n°130 © Francette Levieux

Moïse et Aaron
BmO, Sc. Photo Moïse et Aaron, n°79 © Colette Masson / Roger-Viollet
BmO, Sc. Photo Moïse et Aaron, n°53 © Colette Masson / Roger-Viollet

Un Jour ou deux
BmO, Sc. Photo Un jour ou deux 2, n°2 © Babette Mangolte
BmO, Sc. Photo Un jour ou deux 2, n°3 © Colette Masson / Roger-Viollet

La Bohème
BmO, Sc. Photo La Vie de Bohème © DR
BmO, Portr. Photo Placido Domingo, n°9 © Colette Masson / Roger-Viollet
BmO, Portr. Photo Luciano Pavarotti, n°36 © Colette Masson / Roger-Viollet

Le Fils prodigue
BmO, Sc. Photo Le Fils prodigue (1973), n°57 © Francette Levieux

Don Quichotte
BmO, Sc. Photo Don Quichotte (1974), n°64 © Colette Masson / Roger-Viollet

Tosca
BmO, Sc. Photo Tosca (1976), n°40 © Colette Masson / Roger-Viollet

Agon
BmO, Sc. Photo Agon, n°12 © Colette Masson / Roger-Viollet

Les Vêpres siciliennes
BmO, Sc. Photo Les Vêpres siciliennes, n°39 © Colette Masson / Roger-Viollet
BmO, Sc. Photo Les Vêpres siciliennes © Colette Masson / Roger-Viollet
BmO, Sc. Photo Les Vêpres siciliennes, n°11 © Colette Masson / Roger-Viollet
BmO, Sc. Photo Les Vêpres siciliennes, n°37 © Colette Masson / Roger-Viollet
BmO, Sc. Photo Les Vêpres siciliennes, n°5 © Colette Masson / Roger-Viollet

Così fan tutte
BmO, Sc. Photo Così fan tutte © Colette Masson / Roger-Viollet
BmO, Sc. Photo Così fan tutte, n°32 © DR
BmO, Portr. Photo Rolf Liebermann, n°3 © Maria Rehfus-Oberländer
BmO, Sc. Photo Così fan tutte, n°55 © Colette Masson / Roger-Viollet

Elektra
BmO, Sc. Photo Elektra (1974-1976), n°38 © Colette Masson / Roger-Viollet
BmO, Sc. Photo Elektra (1974-1976), n°25 © Colette Masson / Roger-Viollet
BmO, Sc. Photo Elektra (1974-1976), n°32 © Colette Masson / Roger-Viollet

La Bayadère (acte III : Les Ombres)
BmO, Sc. Photo La Bayadère (1974), n°21 © Daniel Cande / BnF

Afternoon of a Faun
BmO, Sc. Photo Afternoon of a Faun, n°15 © Colette Masson / Roger-Viollet
BmO, Sc. Photo Afternoon of a Faun, n°3 © Francette Levieux
BmO, Sc. Photo Afternoon of a Faun, n°11 © Daniel Cande / BnF
BmO, Sc. Photo La Bayadère (1974), n°10 © Colette Masson / Roger-Viollet

Les Contes d'Hoffmann
ASP, fonds Cande, Les Contes d'Hoffmann, n°35A © Daniel Cande / BnF
BmO, Portr. Photo Christiane Eda-Pierre, n°4 © Daniel Cande / BnF
BmO, Portr. Photo Patrice Chéreau, n°2 © Daniel Cande / BnF
ASP, fonds Cande, Les Contes d'Hoffmann, n°22A © Daniel Cande / BnF

Tristan
BmO, Sc. Photo Tristan (Tetley), n°8 © Daniel Cande / BnF

La Belle au bois dormant
BmO, Sc. Photo La Belle au bois dormant (Alonso, Aurore et Désiré), n°3 © Daniel Cande / BnF
BmO, Sc. Photo La Belle au bois dormant (Alonso, Aurore et Désiré), n°119 © Francette Levieux

Don Giovanni
BmO, Sc. Photo Don Juan (1975-1979), n°47 © Colette Masson / Roger-Viollet
BmO, Sc. Photo Don Juan (1975-1979), n°66 © Colette Masson / Roger-Viollet
BmO, Sc. Photo Don Juan (1975-1979), n°22 © Daniel Cande / BnF
ASP, fonds Cande, Don Giovanni, n°7A © Daniel Cande / BnF

Le Loup
BmO, Sc. Photo Le Loup, n°21 © Francette Levieux
BmO, Sc. Photo Le Loup, n°28 © Francette Levieux

La Symphonie fantastique
BmO, Sc. Photo La Symphonie fantastique, n°13 © DR
BmO, Sc. Photo La Symphonie fantastique, n°32 © Colette Masson / Roger-Viollet

Faust
BmO, Sc. Photo Faust (1975-1976), n°23 © Michel Szabo
BmO, Sc. Photo Faust (1975-1976), n°64 © Studio Harcourt

Table des illustrations

ASP, fonds Cande, Faust, n°1 © Daniel Cande / BnF
BmO, Portr. Photo José Van Dam, n°2 © Daniel Cande / BnF
BmO, Sc. Photo Faust (1975-1976), n°4 © Studio Harcourt

Ariane et Barbe-Bleue
BmO, Sc. Photo Ariane et Barbe-Bleue (1975-1976), n°28 © Daniel Cande / BnF
BmO, Sc. Photo Ariane et Barbe-Bleue (1975-1976), n°53 © Colette Masson / Roger-Viollet

Samson et Dalila
BmO, Sc. Photo Samson et Dalila (1975), n°45 © Daniel Cande / BnF

Le Chevalier à la rose
BmO, Sc. Photo Le Chevalier à la rose (1976-1977), n°52 © Daniel Cande / BnF
BmO, Sc. Photo Le Chevalier à la rose (1976-1977), n°48 © Michel Szabo
BmO, Sc. Photo Le Chevalier à la rose (1976-1977), n°32 © Daniel Cande / BnF
BmO, Sc. Photo Le Chevalier à la rose (1976-1977), n°27 © Daniel Cande / BnF
BmO, Sc. Photo Le Chevalier à la rose (1976-1977), n°31 © Daniel Cande / BnF

Noces
BmO, Sc. Photo Noces (répétitions), n°11 © Colette Masson / Roger-Viollet
BmO, Sc. Photo Noces, n°41 © Daniel Cande / BnF

L'Enlèvement au sérail
BmO, Sc. Photo L'Enlèvement au sérail (1976), n°5 © Daniel Cande / BnF
BmO, Sc. Photo L'Enlèvement au sérail (1976), n°34 © DR

Otello
BmO, Sc. Photo Othello (1976), n°58 © DR
BmO, Sc. Photo Othello (1976), n°61 © Michel Szabo
BmO, Sc. Photo Othello (1976) © Michel Szabo
BmO, Sc. Photo Othello (1976), n°20 © DR
BmO, Sc. Photo Othello (1976), n°3 © Michel Szabo
BmO, Alb. Portr. Gabriel Bacquier © Michel Szabo

Ivan le Terrible
BmO, Sc. Photo Ivan le Terrible © Michel Szabo
BmO, Sc. Photo Ivan le Terrible, n°6 © Francette Levieux

L'Or du Rhin
BmO, Sc. Photo L'Or du Rhin (1976), n°119 © Michel Szabo
BmO, Sc. Photo L'Or du Rhin (1976), n°32 © Michel Szabo
BmO, Sc. Photo Or du Rhin (1976), n°85 © Michel Szabo
ASP, fonds Cande, L'Or du Rhin, n°28A © Daniel Cande / BnF
BmO, Sc. Photo L'Or du Rhin (1976), n°37 © Michel Szabo
BmO, Sc. Photo L'Or du Rhin (1976), n°131 © Michel Szabo
BmO, Sc. Photo L'Or du Rhin (1976), n°55 © Michel Szabo

La Walkyrie
BmO, Sc. Photo La Walkyrie (1976-1977), n°38 © Michel Szabo
BmO, Sc. Photo La Walkyrie (1976-1977) © Colette Masson / Roger-Viollet
BmO, Sc. Photo La Walkyrie (1976-1977), n°46 © Studio Harcourt
BmO, Sc. Photo La Walkyrie (1976-1977) © Michel Szabo
BmO, Sc. Photo La Walkyrie (1976-1977), n°60 © Michel Szabo

Pelléas et Mélisande
BmO, Portr. Photo Frederica von Stade © Michel Szabo
BmO, Sc. Photo Pelléas et Mélisande (1977-1978), n°42 © Daniel Cande / BnF
BmO, Portr. Photo Frederica von Stade © Daniel Cande / BnF
ASP, fonds Cande, Pelléas et Mélisande, n°29A © Daniel Cande / BnF
BmO, Sc. Photo Pelléas et Mélisande (1977-1978), n°2 © Michel Szabo
ASP, fonds Cande, Pelléas et Mélisande, n°29A © Daniel Cande / BnF

Platée
BmO, Sc. Photo Platée (1977), n°8 © Michel Szabo
BmO, Sc. Photo Platée (1977), n°31 © DR
BmO, Sc. Photo Platée (1977), n°45 © DR

La Cenerentola
BmO, Sc. Photo La Cenerentola (1977), n°1 © Michel Szabo
BmO, Sc. Photo La Cenerentola (1977), n°19 © Michel Szabo
BmO, Portr. Photo Rolf Liebermann, n°24 © Michel Szabo

Roméo et Juliette
BmO, Sc. Photo Roméo et Juliette de Youri Grigorovitch, n°14 © Francette Levieux
BmO, Sc. Photo Roméo et Juliette de Youri Grigorovitch © Daniel Cande / BnF

Le Couronnement de Poppée
ASP, fonds Cande, Le Couronnement de Poppée, n°4 © Daniel Cande / BnF
BmO, Sc. Photo Le Couronnement de Poppée (1978-1979) - planches contact, n°3 © Colette Masson / Roger-Viollet
BmO, Sc. Photo Le Couronnement de Poppée (1978-1979), n°43 © DR
BmO, Portr. Photo Nicolaï Ghiaurov © DR
BmO, Sc. Photo Le Couronnement de Poppée (1978-1979), n°79 © Daniel Cande / BnF
BmO, Sc. Photo Le Couronnement de Poppée (1978-1979) - planches contact, n°86 © Daniel Cande / BnF

Simon Boccanegra
ASP, fonds Cande, Simon Boccanegra © Daniel Cande / BnF
BmO, Sc. photos Simon Boccanegra (1978), n°13 © Daniel Cande / BnF

Writings in the Wall
BmO, Sc. Photo Writings in the Wall, n°2 © Claude Lê-Anh

Lulu
ASP, fonds Cande, Lulu, n°1 © Daniel Cande / BnF
ASP, fonds Cande, Lulu, n°2b © Daniel Cande / BnF
ASP, fonds Cande, Lulu, n°7 © Daniel Cande / BnF
BmO, Portr. Photo Rolf Liebermann, n°35 © DR
BmO, Sc. Photo Lulu divers, n°62 © Daniel Cande / BnF
ASP, fonds Cande, Lulu, n°33A © Daniel Cande / BnF
ASP, fonds Cande, Lulu, n°9 © Daniel Cande / BnF
ASP, fonds Cande, Lulu, n°11 © Daniel Cande / BnF
ASP, fonds Cande, Lulu, n°5 © Daniel Cande / BnF
BmO, Sc. Photo Lulu divers © Daniel Cande / BnF

Life
BmO, Sc. Photo Life, n°8 © Daniel Cande / BnF

Serait-ce la mort ?
BmO, Portr. Photo Maurice Béjart, n°38 © Francette Levieux

Boléro
BmO, Sc. Photo Boléro, n°8 © Daniel Cande / BnF
BmO, Sc. Photo Boléro, n°6 © Colette Masson / Roger-Viollet
BmO, Sc. Photo Boléro, n°2 © Francette Levieux

Les Animaux modèles
BmO, Sc. Photo Les Animaux modèles, n°100 © Francette Levieux

Sylvia
BmO, Sc. Photo Sylvia (1979-1980), n°23 © Daniel Cande / BnF
BmO, Sc. Photo Sylvia (1979-1980) © Francette Levieux
BmO, Sc. Photo Sylvia (1979-1980) © Francette Levieux

Le Fantôme de l'Opéra
BmO, Portr. Photo Roland Petit © DR
BmO, Sc. Photo Le Fantôme de l'Opéra, n°24 © Francette Levieux

Erwartung
BmO, BmO, Sc. Photo Erwartung, n°13 © Michel Szabo
BmO, BmO, Sc. Photo Erwartung, n°14 © Michel Szabo

The Architects
BmO, Portr. Photo Rolf Liebermann, n°4 © DR

Carmen
BmO, Sc. Photo Carmen (1980), n°11 © Daniel Cande / BnF
ASP, fonds Cande, Carmen, n°2 © Daniel Cande / BnF
ASP, fonds Cande, Carmen, n°1 © Daniel Cande / BnF
BmO, Portr. Photo Ruggero Raimondi © Daniel Cande / BnF
ASP, fonds Cande, Carmen, n°3 © Daniel Cande / BnF

Boris Godounov
BmO, Sc. Photo Boris Godounov (1980), n°57 © Daniel Cande / BnF
BmO, Sc. Photo Boris Godounov (1980), n°56 © Daniel Cande / BnF
BmO, Sc. Photo Boris Godounov (1980), n°54 © Daniel Cande / BnF
ASP, fonds Cande, Boris Godounov © Daniel Cande / BnF
BmO, Sc. Photo Boris Godounov (1980), n°40 © Daniel Cande / BnF

Achevé d'imprimer pour les éditions Gourcuff Gradenigo en novembre 2010

Photogravure : Process-Graphic
Impression : Stipa, Montreuil (Seine-Saint-Denis)